KB203134

STILL DOING THE IMPOSSIBLE

STILL DOING THE IMPOSSIBLE

씨를 심고 영으로 기도하고

불가능한 당신의 꿈이 실현되는 것을 지켜보라

오랄 로버츠 지음 / 박홍래 옮김

서로사랑

씨를 심고 영으로 기도하고

1판1쇄 발행 2015년 12월 20일

지은이 오랄 로버츠
옮긴이 박홍래
펴낸이 이상준
펴낸곳 서로사랑(알파코리아 출판 사역기관)
만든이 이정자, 주민순
　　　　　이소연, 박미선, 엄지일
이메일 publication@alphakorea.org

등록번호 제21-657-1
등록일자 1994년 10월 31일
주소 서울시 서초구 방배1동 918-3 완원빌딩 5층
전화 02-586-9211~3
팩스 02-586-9215
홈페이지 www.alphakorea.org

우리는 하나님께서 인간들에 대해 화가 나신 것이 아니라, 오히려 그분은 좋으신 하나님으로서 생명의 능력을 가져다주시며, 우리의 영혼 구원뿐 아니라 육과 혼 및 경제 상황과 가족까지 모두 치유하신다는 새로운 지경으로 나아가야 한다.

오랄 로버츠와 빌리 그레이엄 (1967년) "씨를 심고, 영으로 기도하고, 불가능한 당신의 꿈이 실현되는 것을 지켜보라."

우리는 절대 우리를 향한 하나님의 기름부음의 능력을 간과해서는 안 된다. 내가 하나님을 위해 무엇인가를 시도하기 전에, 나는 그분의 기름부음을 위해 기도로 부르짖었다.

make
no little plans
here.

하나님께서 주시는 계시의 지식과 씨 뿌림이 없었다면 나는 절대 하나님의 부르심의 큰 계획을 완성하지 못했을 것이고, 그것은 당신에게 도 마찬가지다.

차례

3부 생각, 개념, 통찰력

소개의 글

지난 반세기 동안 계속된 나의 사역을 지켜본 사람이라면 이렇게 이야기할 것이다: "그는 늙은 목사예요. 어떻게 그런 사람이 내게 조언을 할 수 있겠어요?" 또 다른 사람들은, "그는 그저 늙은 목사가 아니라 하나님께 순종하는 사람입니다. 이미 내가 겪고 있는 것들을 경험했으니 내가 직면하고 있는 문제들에 대한 답을 얻도록 도와줄 수 있습니다"라고 이야기할 것이다.

내 육체가 더 이상 젊은 상태가 아니고 매년 점점 더 나이를 먹어가고 있는 것만은 사실이다. 하지만 앞으로의 모든 이야기들은 다음과 같은 내용들을 담고 있다.

- 내 안에 역동적으로 역사하시는 성령님
- 성령의 기도 언어와 다시 내 마음에 주시는 해석을 통해 끊임없이 새로워지는 마음
- 다른 사람들과 소통하는 방법들을 지배하는 '씨앗 믿음' 의 기적

이 모든 것들이 나를 더욱 젊어지게 만들고, 날마다 독수리와 같은

새로운 힘을 선사한다(이사야 40장 31절을 보라). 나는 해안선을 따라 국경을 넘어 다니며 엄청난 기름부음과 내 안에 계신 주님께서 주시는 불로 말씀을 전하고 있다. 또한 선포하고 가르치고 치유하는 사역 가운데 하나님의 기적의 능력을 느낄 뿐만 아니라, 저자요 교육자로서의 소명 가운데 계시는 주님의 불을 느끼며 다니고 있다.

내가 이 책에서 이야기하고 있는 것들은 살아 계신 하나님만큼이나 분명하고, 아침 이슬만큼이나 신선한 것들이다. 내가 이 책을 통해 주는 조언은 비록 내가 영적으로뿐만 아니라 세상적으로도 여전히 학생이지만, 그저 한 권의 책이 주는 단순한 지식이 아니다. 나는 당신이 있는 그곳을 이미 지나 왔지만 그저 앉아서 죽는 것을 거부해 왔다(왕하 7:3). 나는 불끈 일어나서 구원을 얻기 위해 저항했다. 당신이 앉아 있는 그곳에 앉아 봤고, 당신이 느끼는 것을 느껴 봤으며, 볼 수 없는 것을 보았고, 불가능한 것을 행했다.

이것이 바로 당신에게 하라고 도전하고 싶은 것이다! 하나님께 순종하고, 볼 수 없는 것을 보며, 그리고 불가능한 것을 행하라.

성경은 모세가 하나님으로부터 이스라엘 자손을 애굽의 속박으로부터 구원하는 불가능한 사명을 받기 전에 그가 볼 수 없는 것을 보았다고 전하고 있다!

> "믿음으로 애굽을 떠나 왕의 노함을 무서워하지 아니하고 곧
> 보이지 아니하는 자를 보는 것 같이 하여 참았으며"(히 11:27).

믿음으로 모세는 인간의 눈으로는 볼 수 없는 그분(예수님)을 볼 수 있었다. 자신의 영으로 그분을 본 것을 통해 더듬거리고 머뭇거리며 믿지 못하는 인간에서 놀라운 언변을 가진 확신과 믿음의 사람이요, 하나님께서 기름 부으셔서 이집트에서 약속의 땅으로 가는 여정 가운데 불가능을 행한 사람으로 변화되었다.

모세는 먼저 볼 수 없는 것을 보았고, 그런 다음 불가능한 일을 행할 수 있게 되었다.

내가 볼 수 없는 것을 보게 된 것은 의사들이 부모님께 내 죽음이 임박했다고 말했을 때였다. 아버지와 어머니, 간호사가 내 침대 곁에 무릎을 꿇고 앉아서는 내가 그리스도를 영접하게 해 달라고 필사적으로 기도했다. 아버지께서는 이렇게 말씀하셨다.

"아들아, 나는 네가 죽어 네 영혼을 잃게 되는 것을 지켜보고만 있을 수가 없다."

그들의 기도에 나는 조금도 관심이 없었다. 내 평생 동안 그렇게 기도하시는 것을 들어 왔지만 그것이 내게는 아무런 효과도 없었다.

어머니와 간호사가 기도를 마치고 의자에 앉았을 때도 아버지께서는 기도를 계속하셨다. 침상에 누워 있는 나의 발치에 무릎을 꿇고 있는 아버지의 얼굴에 눈물이 계속 흐르고 있었다. 아버지는 무릎을 꿇은 상태로 몸을 일으키시고는 하나님께 자신의 아들인 나를 구원해 달라고 부르짖으셨다. 아버지는 완전히 기도에 몰입해 있는 것처럼 보였다.

그때 갑자기 내 침대 맞은편에 있던 아버지의 얼굴이 사라지더니 그 자리에 예수님의 모습이 내 눈에 들어왔다. 마치 번개가 치는 듯한 짧은 순간이었지만 너무도 분명했고 틀림없는 예수님의 모습이었다. 그것이 인간의 눈이건 영의 눈이건 간에 나는 내가 알지 못하는 그분을 정말 보았다. 그 순간, 나는 볼 수 없는 것을 보았고, 그로 인해 나 자신이 깨어지게 되었다. 하나님께 기도하거나 그분을 갈망하는 것을 조금도 기억하지 못하는 나의 영혼이 뿌리째 흔들리게 된 것이었다.

그 번쩍이는 듯한 순간에 나는 내 자신이 크게 소리치는 것을 듣게 되었다.

"저를 구원해 주세요, 예수님. 저를 구원해 주세요."

그 후 1~2분 동안 내 죄가 나를 덮쳐 왔고, 나는 그 죄들을 느끼고 보게 되었다. 그리고 처음으로 내가 죄인이라는 사실을 깨닫게 되었다. 나는 내 죄를 회개하며 울부짖으며 이렇게 말했던 것을 기억한다.

"예수님, 만일 제 영혼을 구원해 주신다면 당신을 전하는 자가 되겠습니다."

그 순간 저항할 수 없는 예수님의 능력이 임했고, 형언할 수 없는 기쁨이 나를 채웠다. 전에는 이러한 일을 경험한 적이 한 번도 없었다. 볼 수 없는 것을 봄으로 내 삶이 열리게 되었고, 내가 불가능한 일을 할 수 있게 되었음을 알게 되었다. 얼마 지나지 않아 나는 기적적으로 고침을 받았고(1장을 통해 이 이야기를 할 것이다), 예수께서 내 삶을 요구하시는 것을 들었으며, 특히 내가 주님을 위해 이루어 드릴 일들에 대해 말씀하셨고(인간의 눈에는 모두 불가능한 일이었다), 나는 새로운 삶과 세계로 들어가게 되었다.

그 후 20년이 못 되어 하나님께서는 내게 그분의 권위와 성령님 위에 세워진 종합대학을 세우라고 명하셨고 그것은 곧 현실로 이루어졌다. 불가능한 것을 행하기 전에 나는 볼 수 없는 것을 보아야만 했다. 그렇지 않다면 건축을 위한 대지나 건물들, 학생들과 학부 혹은 신임장 같은 것들은 보지 못했을 것이다. 이 모든 것들이 완전히 불가능하게만 보였을 것이다.

누구든 그리스도를 영접해야 하는 것의 절대적인 필요에 대한 나의 믿음은 아무리 강조해도 지나치다고 할 수 없는 것이다. 이것 또한 불가능을 보는 일련의 형태다. 그 말이 내가 본 것이나 모세가 본 것을 보아야 한다는 것은 아니지만, 분명히 각자마다 독특한 방법이 있다. 수많은 사람들을 만나게 된 후 분명히 깨닫게 된 것은 많은 죄와 질병을 가진 자들이 구원과 고침을 받게 되고, 이들 각자가 때로는 실질적인 방법으로 볼 수 없는 것을 보고 자신들이 불가능한 것을 행하는 것을 보게 된다는 것이다.

성경의 깨달음은 하나님의 말씀과 삶의 경험을 통해 온다고 이야기하고 있다(잠언 3장 13절을 보라). 84세가 된 나는 이 두 가지를 충분히 가지고 있다. 이 깨달음으로부터 하나님께서는 나로 당신과 나누게 될 나의 삶으로부터 비롯된 조언(실수들과 승리들, 또한 계시들)을 얻을 수 있게 허락하셨다.

나는 하나님의 부르심에 순종하기 시작했을 때 발견하게 된 것들에 대하여 쓰려고 노력했다.

나는 당신이 이 책을 통해 지금 당신이 처한 상황에 예수님께서 당신에게 말씀하시는 것 같은 **정확한 생각들을** 얻도록 초청하는 바이다. 이 단순한 이유로 나는 내가 그분 안에서 경험한 것들과 내게 말하라고 하신 것들을 이야기할 것이다. 사역 초기에 키가 150센티미터밖에 되지 않는 나의 어머니께서 내게 이렇게 말씀하셨다.

"오랄, 하나님께 순종하고 네 눈으로 보는 것을 신뢰하지 말거라."

이 책을 통해 정말로 바라는 것은 하나님께서 당신 안에서 너무나도 전능한 모습으로 역사하셔서 당신이 볼 수 없는 것을 보게 될 뿐만 아니라, 당신에게 행하도록 부르신 불가능한 일을 행하기 시작하는 것이다.

1부

눈에 보이지 않는 것을 보는 방법

SEEING THE INVISIBLE

1장
볼 수 없는 것을 보고, 불가능한 것을 행함

이렇게 말하는 사람들이 있었다.

- "오랄 로버츠는 절대 목사가 될 수 없어. 사실 말을 더듬지 않고 는 한마디도 할 수 없는 사람이란 말이야."
- "오랄 로버츠는 집이 너무 가난해서 절대로 큰 사람이 될 수 없어."
- "그가 하는 치유 사역은 두 달도 못 갈 거야. 아무도 그가 하는 그런 사역은 하지 않기 때문이지."
- "'씨앗 믿음'(Seed-Faith)이라는 개념도 눈속임일 뿐이니 절대 효 과가 없을 거야."
- "오랄 로버츠 대학도 절대 세워지지 못할 거야. 오랄 로버츠가 대학을 어떻게 세우는지를 모르는데 당연한 거잖아."

많은 사람들이 오랄 로버츠에 대해 많은 이야기들을 했다. 하지만 중요한 것은 하나님께서 하신 말씀이다. 이사야 55장 9절은 그분의 생각이 우리의 생각보다 월등하시다고 이야기하고 있다. 그렇기 때문에 나는 나에 대한 하나님의 생각을 믿고 다른 사람들이 나에 대해 생각하는 것보다 훨씬 높은 것들을 성취하기로 결심했던 것이다. 그 결과는 실로 기적이라고 할 만큼 대단한 것이었다!

만일 당신이 하나님께서 당신의 삶을 통해 이루시고자 하시는 것을 이루지 못할 것이라고 생각한다거나, 당신에게 보이는 것이 오직 실패들로만 보여서 낙심하고 있거나, 하나님을 향해 어떻게 하면 성공할 수 있는지 알기를 갈망하고 있다면, 그 자리에 엉덩이 붙이고 앉아서 내가 이 책을 통해 나누고 있는 내용을 읽고, 1년에 적어도 한 번은 다시 읽어서 삶의 원리로 삼아 적용하기를 바란다. 그렇게 하면 나는 하나님께서 당신을 일으켜 세우시고 성공에 이르게 하실 것이라고 믿는다.

다음의 이야기는 성공하기 위해 어떤 것이 요구되는지를 보여 주는 예화다.

옛날에 성공하고 싶어 하는 한 젊은이(이 젊은이를 짐이라고 부르도록 하자)가 있었는데, 그는 어떻게 해야 성공할 수 있는지를 몰랐다. 짐은 그 마을에 살고 있는 한 노인(스미스 씨)을 알고 있었다. 그는 가장 영향력 있고, 부자이며, 가장 성공한 사람이었다. 그래서 짐은 너무도 간절하게 그 나이든 신사를 만나고 싶어 했다.

어느 날 짐이 즐겨 낚시를 하는 곳에 갔을 때 근처에서 스미스 씨가 낚시하는 것을 보게 되었다.

짐은 그에게 다가가서 이렇게 말했다.

"스미스 씨, 저는 짐이라고 합니다. 당신 곁에서 낚시를 해도 괜찮을까요?"

스미스 씨는 이렇게 대답했다.

"괜찮고 말고 젊은이. 자, 내 옆에 앉도록 하게나."

잠시 후 짐은 이렇게 말했다.

"선생님, 저는 평생 성공하기를 원했습니다. 그리고 당신은 제가 만난 사람들 중 가장 성공한 분이십니다. 어떻게 하면 성공할 수 있는지 말씀해 주신다면 정말 감사하겠습니다."

노인은 이렇게 말했다.

"그러지. 먼저 두 발로 일어서 보게."

그러더니 노인은 짐을 물에 빠뜨리고는 그의 머리를 잡아 물속으로 밀어 넣어 버렸다.

얼마 후 스미스 씨는 숨을 참지 못해 허우적거리는 짐의 머리를 물 밖으로 꺼냈다가 다시 물속에 넣었다가 다시 꺼내면서 짐이 필사적으로 숨을 쉬려고 하는 모습을 지켜보았다.

세 번째로 스미스 씨는 짐을 꺼냈다가 다시 물속에 밀어 넣고는 짐이 위험해지기 직전까지 물속에 처박아 두었다. 결국 짐이 물 밖으로 나왔을 때 그는 겨우 숨을 쉬고 있는 지경이었다. 스미스 씨는 짐에게 말했다.

"젊은이, 마지막에 들이마셨던 그 숨을 얼마나 간절히 원했는지 기억하나? 마지막 그 한 모금의 숨만큼이나 간절히 성공을 원한다면, 자넨 성공하게 될 걸세."

오랄 로버츠 대학이 세워지고 37년이 지난 지금까지 수많은 사역자들과 사업가들이 오클라호마 털사에 있는 사우스 르위스 7777번지에 와서는 캠퍼스 전경이 보이는 길 건너 호텔에 방을 잡고 창문으로 캠퍼스를 내려다보았다. 교정을 거닐며 22개의 건물들과 60미터짜리 기도 타워를 바라보며 스스로들에게 이렇게 말했다.

"만일 하나님께서 한 사람을 통해 이런 일을 하실 수 있으시다면, 그분은 내가 원하는 것도 세우실 수 있고, 내 사역을 확장시키실 수 있으며, 내가 가장 잘하는 것으로 내 운명을 완성시키게 하실 수 있으실 거야."

그 사람들은 한때 볼 수 없던 것을 보고 있었고, 그로 인해 불가능한 것을 하도록 그들의 믿음에 자극을 받았다. 그들은 믿음에서 오는 순종의 결과를 보았다.

당신에게도 전혀 다를 것이 없다. 나도 당신과 같은 인간이다. 순종을 통해 당신 삶에서도 기적적인 결과를 볼 수 있다.

하나님께서는 생각들을 부어 주신다

내 삶에 있었던 사건들과 하나님께로부터 배운 것들을 읽으면서 당신은 두 가지 기본적인 것들을 얻게 될 것이다. 첫 번째, 당신은 생각들을 얻게 될 것이다. 우리는 하나님께서 우리에게 주시는 생각들에 의해 움직인다. 나는 그것을 ICI라고 부르겠다[Ideas(생각들), Concepts(개념들), Insights(통찰력)].

말라기 3장 10절은 이렇게 기록하고 있다.

"만군의 여호와가 이르노라 너희의 온전한 십일조를 창고에 들여 나의 집에 양식이 있게 하고 그것으로 나를 시험하여 내가 하늘 문을 열고 너희에게 복을 쌓을 곳이 없도록 붓지 아니하나 보라"

하나님께서는 우리가 드린 십일조를 (마치 뿌려진 씨처럼) 배가시키셔서 우리에게 돌려주실 것이라고 말씀하고 계신다. 그분은 **생각**, **개념** 및 **통찰**들에 대하여 말씀하고 계신다. 이 모든 것은 하나의 생각에서 시작된다. 하나님께서는 세상을 창조하실 생각을 갖고 계셨다. 그분은 인간을 창조하실 생각을 갖고 계셨다. 그분은 예수님을 보내실 생각을 갖고 계셨다. 모든 사람들이 생각을 가지고 그것을 행동으로 옮긴다.

하나님께서는 하늘에서 생각을 부어 주심으로 시작하신다. 그런 다음 그 생각은 개념이 된다. 일단 그 개념이 삶의 방식이 되면, 하나님께서는 당신에게 통찰력 혹은 지혜를 주셔서 그 생각을 실행에 옮기게 하신다. 뿌린 씨로부터 기적과도 같은 추수를 기대하며 계속해서 십일조를 드리는 사람처럼(고린도전서 3장 7절, 갈라디아서 6장 7~9절을 보라), ICI는 내 삶과 사역의 중심에 있어 왔다.

당신이 이 책에서 얻게 될 두 번째 것은 **방법**이다. 그 방법은 모든 생각들을 위한 것이다. 나는 다음과 같은 말로 살아왔다: "나는 원리들과 결혼을 했지 방법들과 결혼을 한 것이 아니다." 나는 내가 믿는 원리를 바꿔 본 적이 한 번도 없다. 하지만 어떠한 방법이든 하나님께서 원리를 이루기 위해 주시는 것이라면 나는 그것을 사용한다. 어떤 특정한 방법들과 결혼하지 말라. 원리는 절대적인 것이지만 방법들은 다양하다. 하나님께서는 우리의 삶을 통해 그분의 절대적인 원리들을 이루시기 위해 여러 가지 다른 방법들을 사용하실 것이다.

이것이 내가 수백만의 사람들에게 치유 사역으로 다가갈 수 있었던 한 가지 이유다. 나는 절대 틀에 박힌 방법들이 나를 가로막게 만들지 않았다. 전문가들이 내게 커다란 천막 텐트로 된 집회장으로 카메라가 들어오지 못한다고 하면 우리는 어떻게 해서든 그것을 가능하게 했다. 수백만의 사람들이 그 천막 안에서 벌어지는 기적적인 치유를 텔레비전을 통해 보게 한 것이다. 사람들이 놀라운 치유의 기적을 믿을 수 있게 할 만큼 감동을 주는 것이다. 1954년, 나는 처음 텔레비전 방송이라는 방법을 사용했고 그것으로 수백만의 상처 받은 사람의 믿음이 자라나게 되었다.

나는 신유가 남녀노소를 막론한 모든 사람들을 위한 것이라는 원리 위에 서 있었다! 우리는 사람들에게 치유를 가져다줄 방법을 찾아야만 했다. 그리고 우리는 하나님께서 주신 생각으로 해냈다. 그 생각은 내 마음이 그것이 '깨달아' 지기까지 믿음으로 씨름을 한 바로 그 생각이었다. 사실상 미국뿐만 아니라 교회에서조차 치유라는 개념이 알려지지 않은 그 당시 불가능했던 것이 이루어진 것이다. 또한 나는 하나님께서 내 믿음을 풀어 놓도록 부르심을 받은 그분의 종이었고, 나는 그렇게 했다!

하나님께서 주신 생각에 대한 한 가지는 그것을 행할 정해진 시간이 있다는 것이다. 당신의 모든 믿음을 모아 그것을 하나님께 올려 드리고, 그런 다음 행하기 시작해야 한다.

우리가 순종을 통해 성공으로 나아가는 이 여정을 계속하는 동안 당신의 영이 볼 수 없는 것을 보고 불가능한 것을 행하게 하도록 믿음이 당신을 견고히 붙들게 하라.

Important Points

1. 당신의 삶을 향한 하나님의 생각에 귀를 기울이라.
2. 당신은 하나님의 성공을 절실히 원해야만 한다.
3. 하나님으로부터 오는 ICI[생각들(Ideas), 개념들(Concepts) 그리고 통찰력(Insights)]들에 마음을 열라.
4. 방법이 아닌 원리와 결혼하라.
5. 하나님께서 당신으로 행하도록 계획하신 모든 것들을 하게 하는 믿음이 당신에게 있음을 알라.

2장

핵심을 놓치지 않는 법

　나의 이야기는 불가능한 것을 똑똑히 보고 불가능한 것을 시도하면, 하나님께서 순종하는 사람을 통해 무엇을 하실 수 있는지를 보여주는 드라마이자 그 능력의 증거다.

　내가 지금 나누려고 하는 것은 사람에 관한 것이다. 그 사람은 당신과 나처럼 인생에 있어 어떠한 특정한 길로 가려고 하는 사람이다. 우리 삶에서 이러한 성향은 점점 더 강해져서 결국 좋거나 나쁜 특정한 개인이 된다.

　모든 사람이 다르기 마련이다. 그럼에도 성공을 하기 위해서는 인류와 인간 사회에 자신을 맞춰야만 한다. 많은 사람들이 자신이나 주위 사람들을 만족시키는 그런 적합한 위치를 찾지 못한다. 그들은 자신들이 간절히 되고 싶어 하는 무언가가 되고 하기 원하는 것을 성취하기 위해 필요한 **핵심**, 결론을 찾는 것에 실패한다.

　많은 면에서 지구는 자신들의 자리를 찾지 못하거나 원하는 것을 성취하지 못하고 환멸을 느끼는 사람들 위에 쌓인 쓰레기더미다. 그렇게 될 필요는 없다. 우리는 전능하신 하나님께서 계신 것과 그분이 우리에게 관심이 있으시며 염려하고 계신 것을 깨닫고 믿기만 하면 된다. 우리가 절대자를 바라봄으로 볼 수 없는 것들을 바라보게 될 때 우리는 불가능이란 것이 우리가 생각하는 것보다 쉬운 것임을 발견하게 될 것이다.

정확한 때에 나도 내 인생에 있어 다음과 같은 것들을 깨닫게 되었다.

- 하나님께서는 우리가 그분을 인식하기를 갈망하신다.
- 그분만이 우리가 어떻게 인생의 위험을 지나가야 하는지 보여주실 수 있다.
- 그분은 우리가 태어나기 전부터 우리를 아셨고, 우리의 삶과 여정을 계획하셨다.
- 그분을 경청함으로 우리는 우리가 있어야 할 곳을 찾게 된다. 그곳이야말로 우리에게 가장 적합한 곳이다.

하나님은 우리 삶의 모든 영역에 있어 분명한 삶과 부르심(분명한 목적)을 가지고 우리가 하나님을 알아 가고 따르기를 원하신다.

나는 내 인생이 어떻게 되고 또 어디로 가야 할지를 안다고 생각했다. 그것은 마치 프랭크 시나트라의 노래 가사에 나오는 "내 방식대로 했네"(I did it My Way)와 같은 것이다. 나는 누구의 말도 듣지 않았다. 하나님은 내 삶과 상관이 없었고, 있더라도 아주 조금 관여하고 계신다고 믿었다.

하지만 내가 틀렸다. 완전히 잘못된 생각이었다. 나는 내 삶에 있어 가장 중요한 핵심을 놓친 것이다. 너무 늦기 전에 내가 되어야 할 것을 깨닫게 하시는 하나님의 방법이 있음을 알지도 못했다.

나는 우리 부모님의 다섯 번째 자녀이자 막내로 태어났다. 어머니께서는 만일 마지막 아이가 아들이라면(검은 머리에 파란 눈을 가진—다른 아이들은 갈색 눈이었다), 그 아이를 복음을 전하며, 병든 자들을 위해 기도하고 하나님을 위해 불가능을 행하는 자로 키우겠다고 서원하셨다.

목사의 아들로 태어나기는 했지만, 나 자신이 목사가 된다는 것은 내 마음으로부터 수천 킬로미터나 떨어져 있는 생각이었다. 교회 주위를 맴도는 것만으로도 내게는 충분히 종교적인 것이었다. 그러한 것들은 조금도 내 관심을 끌지 못했다.

나는 내 방식으로 살고 싶었어!

나는 매우 심각하게 완전히 다른 계획을 따라갔다. 하나님으로 내 삶을 다스리시게 하라는 부모님의 끊임없는 강요로부터의 자유와 내 방식대로 살기 위해 십 대에 집을 떠났다.

말더듬이로 태어났다는 사실에도 불구하고 나는 내가 정확히 무엇이 되고 싶어 하는지를 알고 있었다. 내 할아버지 아모스 플레전트 로버츠와 같은 변호사였다. 할아버지께서는 오클라호마가 인디애나 주에 속해 있을 당시 국경 지역 판사셨다. 바보같이 들리기는 하겠지만, 나는 언젠가 내 고향인 오클라호마의 주지사가 되고 싶어 했다. 아무도, 그 어느 것도 이러한 목표로부터 나를 막을 수 없다고 생각했다.

그러던 중 내 인생을 뒤흔드는 충격적인 사건이 벌어졌다. 내 삶에 있어 내가 감당할 수 없는 강한 힘이 있음을 발견하게 된 것이다. 고등학교 2학년, 지역 농구 챔피언전을 벌이던 중 그만 의식을 잃고 바닥에 쓰러지고 말았다. 결핵이었다. 그 당시 어머니 집안인 체로키 인디언 사이에서는 매우 흔한 질병이었던 결핵이 내 폐에 자리를 잡은 것이다. 병원에 가서 검사를 받고 폐결핵 말기라는 선고를 받았을 때, 나는 마치 사형 선고를 받은 것 같이 느껴졌다. 1935년이었던 당시에는 이러한 전염병에 대한 치료제가 없었다.

외할아버지와 어머니의 두 언니가 같은 병으로 죽었고 내가 그 뒤를 따르게 될 것이었다.

'내 방식'으로 살아야만 한다고 나를 몰아 간 그 힘이 내 안에서 죽어 버린 것이다. 나는 내 삶에 있어 처음으로 불치의 병과 방해하는 요소들과 세상에는 악이 존재한다는 사실에 대하여 알게 되었다. 내 인생에 있어 진정한 기회를 얻기도 전에 내 생명을 가져가려고 하고 있었다.

시간이 흐를수록 죽음이 너무도 심한 고통과 통증으로 나를 끌어 당기는 것을 느꼈다. 어머니는 내 상태로 인해 슬퍼하시면서도 매일 밤 내 귀에 이렇게 속삭이셨다.

"오랄, 하나님께서는 악의 세력이 너를 죽이도록 내버려두지 않으실 거야. 너는 복음을 전하기 위해 태어났다. 네 아버지가 그런 것처럼, 그리고 내가 한 것처럼 병든 자들을 위해 기도하게 될 거야."

이 모든 말들이 너무도 멀고 이상하게만 들렸다. 나는 다섯 달 동안 삶과 죽음 사이를 오가며 병상에 누워 있었다. 누나인 주엘이 내 침상 곁으로 와서 내 삶을 영원히 바꿔 버린 말을 하게 될 때까지 내 안에는 하나님을 향한 응답이 조금도 없었다.

"오랄, 하나님께서는 너를 치료해 주실 거야."

사랑하는 하나님께서 부모님의 기도를 들으시고 응답하기로 결정하신 것이다. 나의 회심은 빠른 속도로 진행되었다. 내 마음이 전에는 개인적으로 전혀 알지 못하던 한 힘으로 어루만짐을 받은 것이다.

주엘의 말은 예언이었다. 나와 열네 살 차이가 나는 결혼한 형인 엘머가 내 숨을 멈추게 할 만큼 놀라운 소식을 가지고 찾아왔다. 형수인 오라는 헌신된 그리스도인인데 내 고향인 아다(Ada)에서 열리는 부흥 집회에 참석했다. 그 집회에서 전도자 조지 C. 몬세이가 병든 자들을 위해 기도해 주었다고 했다.

"어서 일어나, 오랄." 엘머 형이 말했다.

"너를 이 부흥 집회에 데리고 가야겠다. 하나님께서 너를 치료해 주실 거야."

우리 다른 형제들처럼 엘머 형도 그리스도인이 아니었다. 하지만 의사들도 포기한 이웃의 사랑하는 사람들을 위하여 기도해 주는 어머니 클라우디아 프리실라 로버츠(Claudius Priscilla Roberts)의 영향을 받아 온 것이다.

부흥회로 가는 길에 차 뒷좌석에 누워 있으면서 나는 처음으로 하나님과 대면을 했다.

나는 그분의 음성을 들었다.

"아들아, 내가 너를 치료하겠다. 그리고 너는
내 치유의 능력을 네 세대에 전하게 될 것이다."

나는 이것을 설명할 수도 없고 설명하려는 시도도 하지 않는다. 그것은 나의 모든 경험을 초월하는 것이기 때문이다. 그것은 분명한 하나님의 음성이었다: 분명하고, 확실하고, 잘못 알아들을 수 없는.

내가 들은 음성에 대해 생각하는 동안 하나님께서 다시 말씀하셨다: "너는 나를 위해 대학을 세우게 될 것이다. 그것은 나의 권위와 성령 위에 세워질 것이다."

나는 조금의 의심도 없이 내가 하나님의 음성을 들은 것을 알 수 있었다.

지금 내가 느끼는 것은 내가 두 세계에 살고 있었다는 것이다. 한편으로는 병들어 죽어 가고 있었고, 다른 한편으로는 치유 기도를 받고 있었다. 185센티미터에 75킬로그램이 나가던 나는 54킬로그램의 앙상한 모습으로 변해 갔다.

집회에 도착해서 목사님이 내게 기름을 붓고 기도해 주었을 때, 그 기도의 한마디 한마디가 내 세포 조직을 꿰뚫고 지나가는 것처럼 느껴졌다.

"이 더럽고 고통스러운 질병아, 내가 나사렛 예수의 이름으로 명하노니 너는 이 젊은이로부터 떠나갈지어다. 이 젊은이를 자유롭게 할지어다!"

나는 치유가 즉각적으로 내 폐와 내 말에 임하는 것을 느꼈다. 하지만 정상적인 힘을 회복하고 더듬거리는 말이 자유로워져서 내가 복음을 전하도록 부르심을 받았다는 것을 깨닫는 데는 한 달이라는 시간이 걸렸다.

Important Points

1. 하나님께서는 당신의 삶을 향한 분명한 부르심과 계획(보다 높은 목적)을 갖고 계신다.
2. 하나님께서 당신을 향한 계획들을 보여 주시려고 하신다는 핵심을 놓치지 말라. 당신의 삶이 어디로 가야 하는지에 대한 핵심과 결론을 찾는 데 집중하라.
3. 하나님의 한 번의 만지심이 당신 삶의 전체 방향을 바꿀 수 있다. 볼 수 없는 것을 살짝 보게 되는 것만으로도 당신의 내면을 깨뜨리시고 당신의 삶을 하나님의 올바른 방향으로 다시 시작하게 하실 수 있다.
4. 절대 당신 자신을 포기하지 말라!

3장

나는 어디에, 어떻게 적합한가

    내가 치유를 받았을 당시에는 신유가 좀처럼 전해지지 않는 그런 때였다. 당시의 사고에 의하면 하나님의 뜻에 따라 고침을 받는 것은 2천 년 전에나 있던 일이지 그 당시에 가능한 일은 아니었다. 하지만 바로 나 자신이 병든 자들과 상처 받은 이들을 고치시기 원하시는 하나님의 의지와 준비의 산 증거였다. 사람들이 내 설교와 열정적인 치유의 증언을 듣기 위해 무리지어 모여들었다.

    내가 불치의 병으로부터 고침을 받았다는 것은 이미 의학적으로 증언이 되었기 때문에 아무런 의심의 여지가 없었다. 로버트 E. M. 목사의 말더듬이 아들을 어린 시절부터 알아 온 사람들과 이제는 완전히 자유로워진 혀로 이야기를 나누었다.

    내가 감당하지 못할 만큼 많은 요청들이 있었다. 나 자신에게 하나님의 놀라움이 되었을 뿐 아니라 많은 사람들과 교회들에게도 놀라운 일이 아닐 수 없었다.

    나는 내가 고등학교를 마치고 대학에 가서 변호사가 되려고 계획했던 것처럼 말씀을 전하도록 준비되어야 함을 알고 있었다.

나는 약간의 설교와 내 간증을 하며 학업을 계속하는 과정을 시작했다.

하나님의 주권적인 계획하심으로(이것에 대해서는 10장에서 좀 더 자세히 설명하겠다) 나는 젊은 학교 선생이자 강한 신앙의 소유자인 에벌린 루트만을 만났다. 스물한 살에 우리는 서로가 서로를 위해 지음 받았다는 사실을 깨닫고 깊은 사랑에 빠졌다. 에벌린은 내 가르침을 받으며 나를 후원하려는 강한 의지를 보여 주었다. 결국 에벌린은 내 아내이자 네 명의 아이(레베카, 로널드, 리처드와 로베타)의 어머니가 되었다. 이 아이들을 통해 우리는 축복을 받았다.

새로운 사역의 첫 해에 나는 여행을 하는 동안 차에 보통 70여 권의 신학 책을 가지고 다녔다. 나는 천성이 학생이었지만 내 의지와 목적을 가지고 그렇게 하기도 했다.

시간은 너무도 빠르게 지나갔다. 12년이 흘렀고, 내가 행한 모든 것들(설교를 하고, 대학에 다니고, 책을 통해 신학을 공부함)에도 불구하고 나는 여전히 있어야 할 곳을 찾지 못하고 있는 상태였다. 과연 내가 있어야 할 곳은 어디란 말인가?

나는 하나님의 부르심을 의심하지 않았다.

나는 그저 하나님 안에서 내가 있어야 할 곳을 찾지 못하고 있을 뿐이었다.

때로는 작은 교회의 목사였고, 때로는 전도자였으며, 때로는 학생이었다. 나는 12년 동안 한 번도 배우기를 멈춘 적이 없었다. 사역지를 찾은 이후 나는 내 연구를 더욱 늘렸고, 대학과 신학 학위를 획득

했다.

나에 대해 오해하지 말기 바란다. 나는 '탐욕스러우리만큼' 성경을 연구했다. 하나님 안에서 내 자리를 찾기 위해 노력한 첫 12년 동안 나는 신약성경을 쉬지 않고 100회 이상 읽었고, 열두 번 이상 성경을 통독했다. 어떻게 그런 시간을 내었는지 궁금한가? 그에 대한 대답은 당신은 당신이 원하는 것과 뜻하는 것을 행한다는 것이다. 나는 하나님께서 그분의 기록된 말씀을 통해 무엇을 말씀하고 계신지, 그리고 정말로 내게 어떻게 말씀하시는지를 깨닫기 원했고, 갈망했으며, 배워야겠다고 결심했다.

하나님은 말씀하시는 하나님이시다!

그분은 내가 형의 차 뒷좌석에 있을 때 말씀하셨다. 그리고 하나님께서 나를 향해 하신 말씀들을 들었다고 확신한 이후, 나는 한 번도 그분에 대한 의심을 품은 적이 없었다. 그리고 그로 인해 얻은 것은 그분이 내 영혼에 말씀하신다는 증거였다.

나는 목회자들이나 다른 신자들이 하나님께서 이러저러한 방법들로 말씀하신다고 말하는 것을 자주 들어 왔다. 나는 항상 그에 대한 증거와 결과들을 구해 왔다.

주님께서는 "볼지어다 내가 문 밖에 서서 두드리노니 누구든지 내 음성을 듣고 문을 열면 내가 그에게로 들어가 그와 더불어 먹고 그는 나와 더불어 먹으리라"(계 3:20)라고 말씀하셨다. 내게 있어 이것은 그분의 음성이 말씀하신다는 것을 의미한다. 그분은 우리 각자를 향한 위대한 목적을 가진 말씀을 가지고 계신다. 하지만 만일 그분이 말씀을 그 안에 두셨다면, 우리는 항상 경청해야 하며, 듣는 귀를 가져야 한다.

하나님은 말씀하시는 하나님이시다. 우리도 말을 하는 존재다. 그의 아들 예수를 통하여 하나님은 우리가 있는 곳에 앉아 계신다. 우리가 느끼는 것을 느끼신다. 그분은 우리와 이야기하기 원하시고, 성찬을 하기 원하시며(최후의 만찬의 성찬뿐만 아니라), 우리와 가장 친밀한 관계를 갖기 원하신다.

처음 내게 말씀하시고 그 후 20회 이상 말씀하신 방법들이 나를 이러한 결론으로 이끌었다.

> "먼저 그분으로부터 말씀을 듣기 전에는
> 절대 아무것도 시도하지 않을 것이다.
> 그렇게 함으로 실수를 범하지 않게 된다."

사람들을 만나 수많은 조언을 얻으면서, 나는 하나님을 위해 무언가를 하는 것이 너무도 어려운 일임을 발견했다. 그분이 분명하게 말씀하시고, 말씀하신 그것이 그분의 기록된 말씀으로 검증이 되는 경우에도 말이다. 우리가 단순히 마음속 생각대로 하나님의 일을 시도하는 것은 극도로 어리석은 일이며, 이것은 종종 끔찍한 결과를 가져오기도 한다.

하나님 안에서 내 자리를 찾으려고 노력하면서 나는 바울이 그러했던 것처럼 선을 그었다. 하나님의 이름으로 뭔가 중요한 일들을 행함에 있어 혈육의 조언을 구하지 않은 것이다(갈라디아서 1장 16절을 보라).
바울의 놀라운 회심과 치유 후 그가 다른 사도들을 만나기 전에, 바울
은 3년 동안 홀로 있는 시간을 가지며 하나님 안에서의 진정한 자기
자리를 찾으려고 했다.

하나님께서 정하신 자리를 깨달았을 때 나는 내 안의 모든 것들로
하나님께 순종했다. 그것이 아무리 이상하거나, 오해로 인해 어떤 대
가를 치르거나, 박해나 추방 및 그 과정을 고수하기 위해 그저 힘겨운
일들을 겪게 되더라도 그러했다. 하나님 안에서의 내 자리를 찾는 것
은 나를 이끄는 힘이자 강렬한 열정이 되었다. 이것은 오늘날까지 느
끼고 있는 것이기도 하다. 세상에 이와 같은 것은 없다.

하나님 안에서의 자기 자신의 자리를 찾으라

지난 오랜 세월 동안 다른 사역자들과 사업가 또는 자신의 전문적
인 직업을 가진 사람들과 이야기를 나누면서 나는 그들로부터 똑같은
질문들을 받아 왔다.

"어떻게 해야 성공할 수 있을까요? 왜 나는 그들이 하는 것을 할 수
없는 걸까요?"

나는 보통 그들을 판단하기 전에 한 줄의 짧은 질문들로 대답을
한다.

"성경 어느 곳에서 하나님께서 당신에게 다른 사람이 하는 일을 하
라고 말씀하셨습니까? 당신은 하나님 안에서 당신이 있어야 할 곳을 찾았
습니까? 그렇지 않다면 그 이유가 무엇입니까? 만일 발견했다면, 당신

은 왜 하나님께서 당신이 하길 원하시는 것을 더욱 자세히 살펴보지 않습니까? 그리고 왜 그것이 당신에게 특별한 것이라고 여기지 않습니까? 당신에게 있어 가장 큰 영광은 하나님께서 당신으로 행하도록 부르신 일을 행하는 것이지 다른 사람을 모방하는 것이 아닙니다."

오랜 경험과 하나님의 말씀의 핵심 원리들을 아는 것에 근거한 내 견해에 의하면, 우리 모두가 똑같다면 하나님께서는 우리를 통하여 아무런 영광을 얻으실 수 없다. 우리 각자는 모두 특별하며, 어느 누구도 그 자리를 대신할 수 없다.

당신은 아마도 누군가가 텔레비전이나 다른 주목할 만한 영역에서 놀라운 일을 행하는 것을 보았을 것이다. 하지만 하나님께서 당신의 영혼에 분명하게 말씀하시고, 그것을 언제, 어떻게 해야 할지에 대한 분명한 계획을 듣고, 그런 다음 그것을 행할 수 있도록 모든 것이 열리기 전에는 그러한 일들을 성공적으로 할 수 있는 방법이란 없다.

하나님께서 당신의 영혼에 말씀하신다는 것은, 당신이 그분의 음성을 듣고 하나님의 말씀인 성경을 통해 그것을 확인하는 것까지를 말하는 것이다. 볼 수 없는 것을 보고, 불가능한 것을 **행할 수 있는** 믿음이 당신 안에 있음을 느끼는 것이다.

당신이 목회자가 되어 하나님의 능력인 복음(로마서 1장 16절을 보라)을 전하는 것에 온전히 집중하고, 또한 당신이 하나님의 뜻 안에 있다는 것을 아는 것에 집중하면 마치 손이 장갑에 꼭 맞는 것처럼 자신이 하나님 안에서 자신의 자리를 찾은 것을 발견하게 될 것이다.

하나님 안에서 자신의 자리를 찾는 것은 하루아침에 일어나지 않는다. 그것은 시간과 경험, 인내, 순종 그리고 그러한 것을 끝까지 유지하는 것이 필요하다. 내게 있어 다른 길은 없다. 하나님만이 우리의 근원이며, 또한 그것이 그분의 방법이다.

Important Points

1. 하나님 안에서 당신이 있어야 할 자리를 찾기 위해 그분의 명령과 공급하심을 바라보자. 차선이나 그 다음 것들에 머물러서는 안 된다. 당신의 사역과 전문 분야 및 당신의 삶에 들인 노력들을 배가시키라. 하나님과 함께라면 너무 늦은 시기란 없다. 하지만 그분께서 말씀하실 때 움직여야만 한다. 내가 그러했던 것처럼 당신이 볼 수 없는 것을 보게 될 때 그것을 따르라. 기억하라: "보이는 것은 나타난 것으로 말미암아 된 것이 아니니라"(히 11:3).
2. 하나님 안에서 자신이 있어야 할 곳을 찾기 위해 그분께 완전히 모든 것을 맡기라. 그러면 마치 독수리가 둥지에 안착하는 것처럼 은혜롭게 그 자리를 찾게 될 것이다.

4장
소명과 삶의 목적에 대한 확신

로마서 10장 13~15절을 통해 하나님께서는 믿는 사람이 설교자가 되는 길을 말씀하고 계신다.

> "누구든지 주의 이름을 부르는 자는 구원을 받으리라 그런즉 그들이 믿지 아니하는 이를 어찌 부르리요 듣지도 못한 이를 어찌 믿으리요 전파하는 자가 없이 어찌 들으리요 보내심을 받지 아니하였으면 어찌 전파하리요 기록된 바 아름답도다 좋은 소식을 전하는 자들의 발이여 함과 같으니라"

우리가 목회자로서 하나님께서 주시는 복음 전파의 특권을 갖게 되는 유일한 길은 보내심을 받는 것이다. 주님으로부터 친히 직접적이고 개인적인 보내심을 받는 것이다. 왜냐고? 그렇지 않다면 자신과 하나님의 목적을 이루지 못할 것이기 때문이다.

적어도 복음을 전하는 사역에 있어서 그러한 부르심은 절대로 가족이나 친구 또는 교회로부터 물려받을 수 없는 것이다. 우리는 하나님으로부터 비롯되는 분명하고 잘못 주어질 수 없는 계시적인 지식을 받아야 한다. 그렇게 되면 우리는 중간지대나 타협을 할 수 있는 위치가 아닌, 순종이냐 불순종이냐의 위치에 있게 된다. 그 부르심은 우리 존재의 모든 영역에 미치게 된다.

내가 주님을 영접한 그 순간, 하나님께서 나를 복음을 전하라고 부르신다는 것이 내면에 와 닿았을 때, 나는 나의 내면에서 있었던 전율과 떨림을 기억한다. 내 영에 주어진 놀라운 계시를 통해 나는 그분의 부르심을 내 세포 하나하나와 내 육체의 모든 조직들, 그리고 내 마음의 모든 영역을 통해 들었다.

그것은 숨 쉬는 것이나 몸을 위해 물을 마시고 음식을 먹는 것만큼이나 저항할 수 없는 것이었다. 예수님께서 내게 친히 "아들아, 네가 나의 복음을 전하도록 내가 너를 부르고 있다"라고 말씀하시는 것처럼 너무도 분명한 것이었다.

진정한 지각과 하나님의 관점에서, 비록 목회자가 아니라 해도 당신의 전문 분야에 있어 당신은 하나님의 부르심을 받았다. 나의 경우, 볼 수 없는 것을 보고 언젠가 불가능한 것을 하게 될 것이라는 가능성을 보기 시작했다.

많은 목회자들이 그들의 부르심이 개인적이지도, 분명하지도, 결정적이지도 않았다고 말한 것을 기억한다. 몇몇 목회자들은 자신이 복음을 전하도록 부르심을 받았다는 것을 몇 달, 심지어 몇 년이 지난 후에야 깨닫게 되었다고 했다.

다른 사람들은 내게 자신들이 한 번도 하나님께서 그분의 복음을 전하도록 부르시는 개인적인 부름을 느끼지 못했다고 했다. 그들은 그저 그것이 좋은 것이라고만 생각한 것이다. 그래서 신학교에 가서 성경과 성경 시대의 역사, 성경 기사들이 전하는 사건들을 포함한 세상의 지식들을 배운다. 그리고 심리학과 사회학을 공부한다. 그러면 자신들이 일련의 교단에서 목회자나 선생으로의 삶에 적합한 삶을 살 수 있도록 배울 수 있다고 믿게 된다.

이러한 방법으로 선을 행하려고 하는 사람들을 존중한다. 하지만 이것은 자신을 위해서도, 개인적으로 하나님의 사역에 참여하고 싶어 하는 사람을 위해서도 바람직하지 않다. 그분은 당신이 어머니의 배 속에 있을 때부터 당신을 아셨고, 당신을 지으셨으며, 당신의 이름과 주소까지 아시는 분이시다.

내가 왜 이러한 것을 말하는지 아는가? 그 이유는

- 하나님께서 내게 주신 하나님의 말씀에 대한 깨달음과 구원 계획 때문이다.
- 모든 형태의 사역에 대한 나의 세심한 관찰로부터 온 것이다.
- 내가 받은 심오한 부르심의 경험 때문이다.

나는 우리 사회와 세상의 심각한 문제를 본다. 그것은 사람들이 하나님으로부터 온 부르심 없이 사역과 다른 전문 분야로 뛰어든다는 것이다.

하나님의 순전한 말씀과 성령께서 주시는 계시에 기초하지 않은 설교들이 마치 재앙처럼 사람들에게 퍼부어지고 있다. 점점 더 복음의 내용이 담겨지지 않은 설교와 가르침이 주어지고, 때로는 전혀 복음과 상관없는 것들이 전해지기도 한다. 이러한 것들은 사람들을 영적이기보다는 종교적으로 만든다. 만일 그 사람이 사역이 아닌 전문 분야에 종사하고 있다면, 그는 영적이지 않고 더욱더 세상적이게 된다. 세상적인 것과 영적인 측면은 모두 손을 맞잡고 함께 가도록 계획된 것들이다.

반면 변하지 않는 하나님의 말씀만을 전하는 방법이 있다. 이것이야말로 "구원을 주시는 하나님의 능력"이 되는 방법이다(로마서 1장 16절을 보라).

궁극적으로 구원이란 단순한 종교적인 신앙고백이 아니라, 하나님의 능력으로 어둠에서 빛으로 이끌어내는 것이다(사도행전 26장 18절을 보라). 이러한 설교는 사람들로 넓은 길과 지옥으로 이끄는 길에서 멀어지게 하고, 대신 바른 길과 영생으로 이끄는 좁은 길로 인도하는 구원의 말씀을 전한다(마태복음 7장 13~14절을 보라).

첫 번째 설교 방법은 예수께서 복음을 전하실 때 가지고 계셨던 기름부음이 없다.

> "주의 성령이 내게 임하셨으니 이는 가난한 자에게 복음을 전하게 하시려고 내게 기름을 부으시고 나를 보내사 포로 된 자에게 자유를, 눈 먼 자에게 다시 보게 함을 전파하며 눌린 자를 자유롭게 하고 주의 은혜의 해를 전파하게 하려 하심이라 하였더라"(눅 4:18~19).

말씀을 선포하는 것을 전공한 사람은 남자든 여자든 인간적으로 좋은 사람일 수는 있다. 하지만 만일 설교자가 예수님께서 받으신 기름부음을 받지 못하거나 예수께서 하신 것처럼 전하지 못한다면 그것은 문제가 된다. 그러한 사람은 남자든 여자든 간에 부르심을 받지 않았거나, 하나님께서 그분의 사역이라고 부르시는 방법을 알지 못하는 것이다.

이러한 내용에 대해 이야기하는 것을 들은 한 젊은 목회자는 자신이 확실한 부르심을 받지 못했다는 사실을 확인하게 되었다. 그가 사역을 시작한 것은 자신이 남을 사랑하는 사람이었고, 자신의 삶을 최고로 만들고 싶었기 때문이었다. 그는 이렇게 물었다: "하나님께서 나를 부르고 계신 것을 어떻게 알 수 있습니까?"

나는 다음과 같이 대답했다.

먼저 성경을 들고 하나님께서 그분의 말씀을 전하도록 하기 위해 그분의 대변자로 남자 혹은 여자를 뽑으셨던 모든 사건을 찾아보라. 그 모든 사람들이 부르심을 받았다는 것을 발견하게 될 것이다.

다음으로는 사복음서로 가서 사도들이 각각 어떻게 선택을 받았는지 확인해 보라. 예수께서 그들 각각을 부르시지 않았는가.

세 번째로는 사도행전 전체를 자세히 살펴보라. 열두 사도가 아니었지만 후에 사도가 된 사람들의 삶을 들여다보라(후에 바울이 된 다소 사람 사울처럼). 거기에는 바나바와 실라, 디모데, 디도, 아굴라와 브리스가, 또한 바울이 로마서 15장에 언급한 여자들을 포함한다. 모든 장들을 읽고 또 읽으라.

나는 그 젊은 목회자에게 성경에 나와 있는 또 다른 수많은 예들을 들어 줄 수 있다고 말해 주었다. 그 예들은 하나님께서 분명하고 명백히 한 개인을 직접적으로 부르시지 않고는 그를 통해 일을 하시기 위해 부탁하지도, 명령하지도 않으신다는 것을 보여 주는 것들이다.

나는 그에게 불가능을 행하게 하는 핵심인 눈으로 볼 수 없는 것을 보았는지 물어보았다.

이러한 문제들에 대해 내가 주는 조언은 시간을 내서 하나님을 구하고, 그분의 말씀과 그분께서 부르신 사람들에 대해 연구하라는 것이다. 이것은 나이나 복음을 가르치는 선생 혹은 목회자로서의 지위, 그 외에 어떤 영역에 있는 사람에게든 마찬가지다. 하나님께 그분을 당신에게 드러내 달라고 구하라. 그리고 그분께서 그렇게 하실 것임을 믿으라. 하나님께서는 당신이 말씀을 전하며 그분의 복음을 선포하고 당신이 부름을 받았는지에 대해 걱정하는 것보다 더 많이 걱정하신다. 말씀을 전하거나 그 외의 어떤 영역에서든 당신이 성공할 수 있는 유일한 가능성은 하나님께서 당신으로 그 일을 하도록 부르셨다는 것을 아는 것이다.

당신을 구별하기 위한 부르심

내가 하나님으로부터 부르심을 받고 12년이 지난 후의 일이다. 당시 나는 한 교회에서 사역을 하고 있었고, 교회와 관련된 대학을 다니고 있었다. 사회학 수업을 받으면서 나는 교수가 이렇게 말하는 것을 들었다: "하나님께서 남자의 갈비뼈를 취하여 여자를 만드는 것은 과

학적으로 불가능한 일입니다." 이 교수는 계속해서 창세기 1장과 2장에 나오는 남자와 여자의 창조를 비난했다.

당시 나는 그 교단에 속하지 않았음에도 학교를 다닐 수 있는 특권을 받고 있었다. 그러나 교수의 이러한 발언에 나는 아연실색하고 말았다. 더 놀라운 것은, 그 보수적이고 역사적인 교회와 관련된 학교의 학생들 중 어느 누구도 교수에게 질문을 하거나 그의 말에 반박을 하지 않은 것이었다.

나는 손을 들고 일어서서 교수에게 나가도 되겠느냐고 물었고, 교수는 고개를 끄덕였다.

내 차로 걸어가는 길에 하나님께서는 분명히 말씀하셨다.

> "아들아, 다른 사람들과 같이 되지 말거라.
> 다른 목사들처럼 되지도 말거라.
> 다른 교단들과도 같아지지 말거라.
> 예수가 한 것처럼 사람들을 고치거라."

하나님께서 내게 다른 사람들처럼 되지 말라고 하셨을 때 나는 놀라고 말았다. 내가 지금까지 저지른 잘못을 정확하게 지적하신 것이었기 때문이다. 나는 내 사역을 내가 존경하는 목회자나 선생들의 뒤를 따라 만들어 가려고 노력해 왔다. 그것은 사실 나만의 목소리를 만드는 것이 아니라 그저 울리는 메아리일 뿐이었다(이러한 내용에 대해서는 5장에서 더 자세히 이야기하도록 하겠다).

나는 내가 속한 교단의 훌륭한 사람들처럼 되기 위해 행동했고, 나만의 행동 모델을 찾기 위해 다른 교단의 대학들까지도 기웃거렸다.

하나님께서 내게 "다른 사람들과 같이 되지 말거라"라고 말씀하셨을 때 바로 떠오른 생각은, '만일 함께하고 있는 사람들과 완전히 달라져야 한다면 나는 어떤 사람이 되어야 하는 거지? 나는 어떻게 보여야 하는 건가? 나는 어떻게 받아들여지는 거지? 그 말씀은 내가 다른 사람보다 우월한 것처럼 행동해야 하는 것을 뜻하는 것일까?' 였다.

받아들이기 힘든 말씀이었다.

나는 하나님께서 말씀하신 나머지 것들에 대해 생각해 보았다.

"너는 예수가 한 것처럼 사람들을 고치거라."

나는 예수님의 삶과 사역을 연구했었다. 나는 사람들이 그분의 말씀에서 잘못된 것을 잡아내려고 보냄을 받은 것을 기억해 냈다. 예수님을 만난 후, 그들은 예수님의 말씀에 감명을 받고는 자신들을 보낸 사람들에게로 가서 지금까지 그 누구도 예수님처럼 말한 사람이 없었다고 보고했다(요한복음 7장 46절을 보라).

빛이 내 안을 비추기 시작했다. 예수님은 달랐다. 초대 교회의 예수님의 사도들과 예수님을 따르던 사람들은 달랐다.

그들은 다르게 행동했다.
그들은 다르게 말했다.
그들은 다르게 기도했다.
그들은 다르게 말씀을 전했다.

그들은 다르게 가르쳤다.

그들은 다르게 치료했다.

그들은 세계를 다르게 바라보았다.

그들은 자기 자신을 다르게 바라보았다.

나는 사도들의 사역과 초대 교회 지도자들이 예루살렘 성전의 미문에서 절름발이를 고쳤을 때 율법학자들과 바리새인들과 유대교 지도자들이 어떻게 반응했는지를 기억해 냈다.

"너희와 모든 이스라엘 백성들은 알라 너희가 십자가에 못 박고 하나님이 죽은 자 가운데서 살리신 나사렛 예수 그리스도의 이름으로 이 사람이 건강하게 되어 너희 앞에 섰느니라 이 예수는 너희 건축자들의 버린 돌로서 집 모퉁이의 머릿돌이 되었느니라 다른 이로써는 구원을 받을 수 없나니 천하 사람 중에 구원을 받을 만한 다른 이름을 우리에게 주신 일이 없음이라 하였더라 그들이 베드로와 요한이 담대하게 말함을 보고 그들을 본래 학문 없는 범인으로 알았다가 이상히 여기며 또 전에 예수와 함께 있던 줄도 알고 또 병 나은 사람이 그들과 함께 서 있는 것을 보고 비난할 말이 없는지라 명하여 공회에서 나가라 하고 서로 의논하여 이르되 이 사람들을 어떻게 할까 그들로 말미암아 유명한 표적 나타난 것이 예루살렘에 사는 모든 사람에게 알려졌으니 우리도 부인할 수 없는지라 이것이 민간에 더 퍼지지 못하게 그들을 위협하여 이 후에는 이 이름으로 아무에게도 말하지 말게 하자 하고 그들을 불러

경고하여 도무지 예수의 이름으로 말하지도 말고 가르치지도
말라 하니 베드로와 요한이 대답하여 이르되 하나님 앞에서
너희의 말을 듣는 것이 하나님의 말씀을 듣는 것보다 옳은가
판단하라 우리는 보고 들은 것을 말하지 아니할 수 없다 하
니"(행 4:10~20).

이 말씀은 나로 거꾸로 넘어지게 만들었다. 그들은 다른 사람들과
달랐고, 다른 종교 지도자들과도 달랐다. 그러나 나는 그렇지 않았다.
그들은 예수님 같았고 예수님처럼 사람들을 고쳤다. 그러나 나는 그
렇지 않았고, 그렇게 하지 못했다.

이 모든 것들이 지금까지 내가 빠져서 그대로 따라 하려고 했던 사
역과 삶을 일깨워 주었다. 내가 주님을 영접한 후 하나님께서는 내게
말씀을 선포하고, 내 시대에 그분의 치유의 능력을 전하며, 그분을 위
해 언젠가 대학을 설립할 것이라는 분명한 **부르심**을 주셨다.

내가 이 세상을 떠나고 나면, 사람들은 내가 하나님의 명령에 어떻
게 순종했으며, 내가 다른 사람의 메아리가 아닌 예수님의 목소리를
어떻게 드러냈는지를 평가하게 될 것이다. 내 확신에 따라 나는 어떤
대가를 치르든 간에 내 모든 것을 다해 그분의 목소리가 되기 위해 노
력해 왔다. 이에 있어 아무런 후회도 없다. 그저 더 잘할 수 있게 되길
바랄 뿐이다.

이 세상을 떠날 때가 가까워 오는 오늘, 나는 내 마지막 영적, 정신
적 그리고 육체적 힘을 끝까지 쏟아 부을 것이다. 나는 바울의 고백을
할 수 있게 되길 바란다: "나는 선한 싸움을 싸우고 나의 달려갈 길을

마치고 믿음을 지켰으니" (딤후 4:7).

5장

유일한 존재가 되는 법

나는 하나님께서 우리 각자를 다른 사람들처럼 만드시는 것이 아니라 유일한 존재가 되도록 부르셨다는 것을 깨달았다.

내가 처음 복음을 전하기 시작했을 때 나는 심각한 실수를 저질렀다. 앞에서 언급한 바와 같이, 나는 분명한 목소리가 되기보다는 다른 사람의 메아리가 되었다. 사람들이 복음으로 나아가는 성공적인 길은 다른 목회자들의 스타일을 보고 그대로 따라 해서 그들처럼 되는 것이라고 생각했기 때문이다.

젊은 목사였던 나는 내 비전이 빠르게 앞서서 나를 너무 빨리 밀어붙이도록 만들었다. 나는 다른 목회자들의 설교 요점을 입수해서는 그것들이 내 설교의 너무 많은 부분을 차지하도록 만들었다. 하나님께서 내게 전하고 가르치도록 기름부으신 설교를 위해 성경을 더욱 깊이 파헤치는 대신에 말이다.

내게는 이 모든 것들이 어떻게 변하기 시작했는지, 또한 내가 어떻게 성경을 다른 방법으로 접근했었는지에 대한 분명한 기억이 있다. 나는 이 연구 방법을 내가 전할 메시지를 준비하기 위한 것뿐만 아니라 진정으로 유일한 것이 되게 하기 위하여 개발했다.

먼저는 성경을 1년에 3~4회씩 꾸준히 읽고, 그 역사와 핵심 되는 가르침과 인류를 친히 회복시키시는 그분의 핵심을 연구했다. 성경을 공부하는 진지한 학생으로서, 나는 하나님의 말씀이 기록된 시대와 그 말씀이 기록된 이유들에 대해 목말라했다. 나는 그 모든 내용들이 상호 연관되어 있음을 발견하고는 너무도 흥분했다. 성경은 성령으로 감동된 저자들에 의해 기록되었으며, 그들 대부분은 각기 다른 시대를 살았고, 서로를 전혀 알지 못했고, 또한 그들 각자가 성령의 감동을 따라 어떤 것들을 기록했는지도 전혀 알지 못했다.

하나님의 말씀을 깊이 파헤쳤기 때문에, 그 말씀을 선포하고 가르치기 위해 섰을 때 나는 내가 매일의 삶뿐만 아니라 영원히 흔들리지 않고 사용할 수 있는 확실한 기초 위에 서 있음을 느끼게 되었다. 내 연구는 나로 하여금 사역을 할 때 확신을 갖게 했다. 모든 세대의 사람들이 마음에 품고 있는 개인적인 필요들에 말씀을 어떻게 적용해야 하는지를 더 잘 알게 되었다.

내가 성경의 핵심적인 가르침에서 깨닫게 된 것은, 복음으로 한 사람을 치료할 때 그것은 모든 사람들을 치료하는 것과 같다는 것이었다.

성경을 연구한 두 번째 방법은, 하나님께서 그분의 진리를 끊임없이 나타내시는 것을 통해 일어난 중요한 변화들이 있었던 사건들을 들여다보는 것이었다. 예를 들어, 구약성경(언약)을 연구할 때 나는 말라기가 어떻게 마무리되었는지를 보았다. 말라기 이후에는 소위 말하는 400년간 선지자가 없는 침묵기가 이어졌다. 그 후 하나님께서는 한 남자를 통해 길을 평탄케 하시는 작업을 하셨다. 바로 세례 요한이었다.

세례 요한의 삶에 있어 내 눈을 끈 흥분할 만한 일은, 역사적으로 가장 정확한 시기에 나사렛 예수께서 세상의 구주로 이 땅에 오실 것을 알리기 위해 준비하고 있었다는 것이다.

예수께서 공개적으로 요한 앞에 모습을 드러내시는 역사적으로 중요한 순간이 되었을 때, 요한은 예수님 위에 임한 성령을 통해 그분을 알아보았다. 요한의 외침은 요단강과 그 주위에서 행한 그의 사역에 이끌린 사람들에게 있어 놀라움과 열광을 일으키기에 충분했다. 그가 예수님에 대해 이렇게 전한 것이다: "보라 세상 죄를 지고 가는 하나님의 어린 양이로다"(요 1:29).

요한은 먼저 그의 영으로 (볼 수 없는) 예수님을 보았고, 그런 다음 육체의 눈으로 예수님을 보았다.

이 장면을 묘사하며 성경은 요한이 광야에서 외치는 소리라고 기록하고 있다(마 3:3). 이것은 이 땅의 광야뿐만 아니라 사람들의 영혼에 있는 광야를 말한다.

성령께서는 계시로 이렇게 말씀하셨다:
"요한은 메아리가 아니라 광야에서 외치는 소리였다!"

이 계시는 마치 화살처럼 내 가슴에 박혔다. 그와 동시에 다른 목사들을 모델로 삼고 다른 설교의 내용에 의존하던 것에서 눈을 돌리게 되었다. 그동안 모아 온 모든 자료들을 연구실 밖으로 내어 버린 후 성경과 참고할 만한 서적들(성경 사전, 성경에 대해 기록한 다른 기름부음 받은 책들, 흠정역에 나온 히브리어와 헬라어에 대한 특별한 책들과 다른 성경 번역본들)을 손에 들었다. 그러고는 다음과 같은 약속을 나 자신과 했다.

- 스스로 충분히 연구한다.
- 나 자신이 기름부음 받도록 기도한다.
- 하나님으로부터 내 영이 직접적으로 음성을 듣는다.
- 내가 연구한 말씀과 경험을 통해 새롭고 신선한 설교를 한다.

내가 성경을 연구한 세 번째 방법은 사람들의 삶에 있어 그들의 경험과 하나님의 법을 전한 특별한 구절들에 집중한 것이었다. 이것들로부터 나는 내 설교와 가르침을 세웠다. 나는 내게 주어진 상황에 어떻게 반응하고 응답하는지를 포함시켰다. 이렇게 하는 것들이 성경을 한 사람 혹은 한 가족에게 전하고는 그들이 하나님께서 자신들에게 직접적으로 말씀하시는 것처럼 적용할 수 있도록 만들었다. 내게 있어 말씀을 선포하는 것은 설교 그 이상의 것이었다. 나는 그것을 원문 설교라고 부른다.

내가 앞에서 말한 두 가지 방법에 기초를 둔 본문과 제목들을 선택하는 것은 도전이 된다고 믿는다. 그 전체를 연구하여 핵심 되는 가르침, 핵심 구절과 결론 및 세계관을 얻는 것이다. 성경 전체에 맞는 사건과 우리 각자가 가지고 있는 모든 문제들과 희망들, 꿈들에 대한 하나님의 답을 연구하는 것이다.

이러한 방법들로 성경을 연구하는 것은 내 기초와 지식을 형성하게 했고, 그로 인해 나는 즉각적으로 내가 성경의 어떠한 상황에 처해 있는지를 깨닫게 해 주었다. 내가 선택한 본문에서 나는 용어 색인과 관련된 성경을 따라감으로 조화를 이루게 한다. 이런 연구 방법들로 인해 내 사역이 균형 잡히고 거의 반세기 동안 지속되어 왔다고 믿는다.

하나님께서 의도하신 대로 최초의 것이 되기 위해 나는 성경을 연구하는 내 방법을 바꾸는 것뿐 아니라, 내 설교와 가르침에 치유 사역을 어떻게 포함시키는지에 대한 계시적인 지식을 받아야만 했다. 그러기 위해 나는 예수께서 어떻게 그렇게 하셨는지를 연구했다. 부족하나마 나는 그것이 세상을 바꾸는 데 도움이 됨을 알고 있었다. 내가 눈으로 볼 수 없는 것을 보기 시작한 것이다.

가르침, 선포함, 치유함으로 세상을 변하게 함

내게 주어진 하나님의 말씀은, "아들아, 다른 사람들과 같이 되지 말고, 다른 목회자들처럼 되지 말며, 네 교단과 같이 되지 말거라. 너는 예수가 한 것처럼 사람들을 고치고 구원하도록 하라"였다. 이 말씀들이 나로 깨어나게 했고, 내가 얼마나 실패했었는지를 볼 수 있게 해 주었다.

내 영혼 깊은 곳으로부터 나는 울부짖었다.

"주님, 저는 어떻게 예수님처럼 되어야 하는지 알지 못합니다."

하나님께서는 이렇게 대답해 주셨다.

"사복음서와 사도행전을 3일 동안 무릎을 꿇고 세 번 읽도록 해라. 그러면 어떻게 예수처럼 되는지를 내가 보여 주겠다."

그 어떤 스승도 내게 이렇게 이야기한 적이 없었다.

"네가 속한 교단을 따르고, 그 교리를 붙들며, 교회의 지도자들을 따라 배우도록 해라. 절대 독립적인 사역을 하지 말아라" 하는 것이 내가 지금까지 들은 것이었다.

내게 주신 하나님의 지식의 말씀에 순종하기로 결심하고 복음서와 사도행전을 전심으로 받아들이게 되자 나는 깨달음을 얻게 되었다. 나는 예수께서 그 당시 종교적인 직위를 얻으려고 하지 않으셨다는 것을 발견했다. 그와는 정반대의 모습이었다. 예수께서는 하나님께서 지시하지 않으신 것은 절대 하지 않으셨고, 하나님께서 말씀하시는 것을 듣기 전에는 아무런 말씀도 하지 않으셨다(요한복음 5장 19절, 8장 28절을 보라). 예수께서는 아버지와 직통선을 가지고 계셨지만 나는 그렇지 못했다. 나는 그렇게 적응되지 못한 사람이었다.

나는 신학 서적과 다른 설교자들의 설교 책들을 읽었고, 이 설교들을 전하도록 배웠다. 내 사역의 예처럼 나는 예수님께서 하신 일을 직접적으로 들여다보지 않았다. 나 자신이 아닌 그 누군가의 모습이었고, 하나님께서 의도하신 그런 모습이 아니었으며, 너무도 불쌍한 모습이었다. 예수님과 그분의 제자들의 사역과 비교해 보았을 때 그 결과는 너무도 비참했다.

예수님께 초점이 맞추어진 마태 · 마가 · 누가 · 요한복음과 사도행전을 읽기 위해 무릎을 꿇는 순간 나는 내 자신이 너무도 부족했다는 것을 보게 되었다. 내가 해 온 사역의 방법들은 그분의 것과는 달랐다. '부르심을 받은' 설교자 중 한 명일 뿐이며, 너무도 부족한 결과를 가지고 있었기 때문이다. 예수께서 잃어버리고 상한 영혼들을 구원하신 그런 모습이 아니었던 것이다.

사복음서 세 번 읽는 것을 마치자 놀라운 일이 일어났다. 이것을 설명할 가장 좋은 방법은 이것일 것이다. 예수께서, 진짜 예수께서, 너무도 중요한 이 복음서(이 땅에서의 예수님의 사역과 삶을 보여 주는 유일한 진짜 정보인)의 페이지들 위에 서 계신 것이었다. 내가 이해하지 못하는 바로 그 부분에서 예수님을 본 것이다.

예수께서 자신을 내게 보여 주시는 것처럼 느껴졌다. 거기서 예수께서는 흙 길로 걸어가셨고, 아브라함이 알고 있는 그 마을들을 방문하셨고, 거룩한 도시인 예루살렘 성 안으로 들어가셨다.

이전에 나는 그분을 전체가 아닌 너무도 부분적으로만 보았었다. 이제는 예수께서 선포하시고, 가르치시고, 또한 고치시는 것을 따로 따로가 아니라 한꺼번에 사용하시는 분명한 그림을 갖게 된 것이다. 그런 다음 나는 하나님께서 "예수처럼 되라"고 하신 말씀을 깨닫게 된 것을 알게 되었다. 내 사역에 있어 거의 모든 것들을 바꿔야만 했다. 왜냐하면 예수께서 하신 것처럼 선포하고, 가르치고, 고치는 사역을 한꺼번에 하지 않고 있었기 때문이다.

내가 하는 설교는 마태복음 4장 23~25절에 나타난 것처럼 예수께서 세 가지를 한꺼번에 사용하신 것과는 거리가 먼 것이었다.

"예수께서 온 갈릴리에 두루 다니사 그들의 회당에서 가르치시며 천국 복음을 전파하시며 백성 중의 모든 병과 모든 약한 것을 고치시니 그의 소문이 온 수리아에 퍼진지라 사람들이 모든 앓는 자 곧 각종 병에 걸려서 고통 당하는 자, 귀신 들린 자, 간질하는 자, 중풍병자들을 데려오니 그들을 고치시더라"

여기서 나는 예수께서 선포와 가르침, 그리고 치유를 한꺼번에 섞어서 사용하심으로 복음의 '좋은 소식'을 제공하고 있음을 보았다. 그저 단순히 선포만 하거나, 그저 가르치기만 하거나, 그저 고치기만 하신 것이 아니었다. 이 세 가지로 적절한 조화를 이루게 해서 복음에 접근하셨다.

이러한 형태는 예수님을 사람들의 필요에 전인격적이지 못한 방법으로 접근하게 하거나, 사람들로 상처 및 삶의 질병들에 그대로 남아 있게 하는 사람들과는 완전히 구별되게 했다.

예수께서 모습을 드러내셨을 때 사람들은 그들과 함께 고민하시고, 그들과 함께하시고, 그들이 느끼는 것을 느끼시는 그분을 보고 느꼈다. 선포와 가르침과 치유하시는 접근을 통해, 예수께서는 사람들이 완전히 새로운 빛으로 하나님을 보게 하셨다.

- 하나님은 좋은 하나님이시며,
- 하나님은 가까이 계신 하나님이시고, 당신의 영과 육체의 질병과 상황들을 느끼시는 하나님이시며,
- 하나님은 당신을 변화시키시고 온전케 하셔서 예전의 모습이

지나가고 새롭게 된 새 피조물로 만드시는 능력이 있으신 하나님이시다(고린도후서 5장 17절을 보라).

가르치고, 전파하며, 고치시는 방법으로 접근하신 예수님의 이 방법의 결과는 사람들의 마음을 열리게 했고, 하나님을 향한 그들의 태도를 부드럽게 했으며, 그들의 삶이 변할 수 있다는 꿈을 꾸게 했다. 그것은 그들이 하나님의 기적적인 능력이 없는 종교적인 사람들이나 교단에 참여하는 기회를 얻는 것과는 비교할 수 없는 것들이었다.

사도행전은 우리에게 예수께서 부활하신 후 오순절 날 성령이 임하심으로 그분의 은사가 부어진 후, 사도들과 심지어 집사들이 어떻게 한꺼번에 가르쳤고, 선포했으며, 치료했는지를 이야기해 주고 있다. 그들은 정확히 예수께서 가신 발자취를 그대로 따라갔다. 세상이 그들을 막을 수 없었고, 이 그리스도인들의 믿음이 전 세계에 퍼져 나갔다.

내가 이 땅에 태어났을 때는 적어도 이런 가르침과 선포함과 치유의 혼합된 모습이 그리스도의 몸 된 교회에 더 이상 존재하지 않고 있었다. 나는 그 이유들을 알지 못한다. 예수님 이후 현재까지의 모든 세대에 내가 있었던 것은 아니다. 내가 읽은 모든 교회의 역사들은 주 예수 그리스도를 믿는 많은 다른 사람들에 의해 다양한 방법으로 복음이 이어져 왔다는 것에 초점이 맞춰져 있었다. 하지만 그 안에는 예수님과 초대 교회 성도들의 예인 세 가지 방법을 한꺼번에 사용한 부분은 빠져 있었다.

예수님의 방법과 행하심을 따르는 것에 대한 설교는 좀처럼 들어 보지 못했다. 매우 적은 수의 목회자들만이 우리가 사도행전에서 읽은 예수님이나 다른 기름부음 받은 제자들이 즐겨 사용한 방법의 결과를 보았을 뿐이다.

지금의 내 지위와 현재 사용하는 방법들이 어떠한 대가를 치르든 간에 변해야 한다는 너무도 강력한 소망함들이 나를 가득 채웠다. 그것이 지금의 사역을 포기하고 세상에서 일자리를 구해야 한다는 것을 의미한다 할지라도, 나는 울리는 메아리가 되는 것을 멈추고 주님의 목소리가 될 준비가 되어 있었다. 이제야 완전히 다른 방법으로 사람들을 느끼고 보게 된 것이다.

너무도 간절히 그들의 삶의 일부로 함께 고민하며,

- 그들의 죄들,
- 그들의 아픔과 질병들,
- 그들의 삶에 있어 필요한 것들의 부족함들,
- 그들의 자리에 함께 앉아 있으려고 하고, 그들이 느끼고 있는 것을 느끼며, 예수님께서 우리가 더 풍요로운 삶(요 10:10)을 얻도록 행하셨던 것처럼 그들의 삶과 사역에 하나님의 능력을 힘입는 목회자들과 아무런 접촉이 없는 사람들을 느끼기를 원하게 되었다.

나는 예수님과 그분의 첫 번째 제자들의 사역 방법을 새로이 연구하기 시작했다. 결과적으로, 치유 사역을 조금 더 연구하기 시작한 것이다. 몇몇 병자들을 위해 기도했지만 분명한 기적은 보지 못했다.

사역을 시작한 지 11년 만에 예외적인 사건이 발생했다. 조지아 주 토코아에서 사역할 때의 일이다. 내가 섬기던 교회의 한 집사인 클라이드 로슨은 한 자동차 정비소의 사장이었다. 어느 날 내가 다른 집사인 빌리 리와 함께 교회 사무실에서 이야기를 나누고 있었을 때 로슨 씨 부인으로부터 너무도 다급한 목소리의 전화를 받게 되었다.

"빨리 와 주세요."

수화기를 통해 울부짖는 듯한 그녀의 목소리가 들려 왔다.

"클라이드가 심하게 다쳤어요."

우리는 클라이드의 정비소로 달려갔다. 로슨 부인이 우리를 맞았고, 부인은 의사를 불렀으며 최대한 빨리 오겠다고 했다는 말을 했다. 부인은 정비소 안에 클라이드가 누워 있는 곳으로 우리를 안내했다. 클라이드는 오른쪽 발을 붙들고 이리저리 뒹굴며 고통스럽게 소리를 지르고 있었다.

마루에서 무거운 모터를 옮기다가 모터가 그만 미끄러져 발 위로 떨어지며 신발을 뚫고 발을 으깨 버리고 만 것이었다. 정신을 차리고 내가 무엇을 하고 있는지 깨닫기도 전에 나는 손을 뻗어 피가 흐르고 있는 신발 위에 손을 얹었다.

"주님, 고쳐 주소서."

아주 작은 소리로 기도하고는 손을 거두었다.

갑자기 클라이드 로슨이 바닥에서 구르기를 멈추더니 신발을 쥐고 있던 손을 놓고 일어서서는 발로 바닥을 두드려 보였다.

"오랄 로버츠 목사님, 지금 무엇을 하신 거죠?"

그때, 너무도 놀란 나는 이렇게 말했다.

"아무것도요. 아무것도 하지 않았어요."

"아니요. 그렇지 않아요. 고통이 사라졌어요! 제가 고침을 받았다고요!"

로슨이 신발을 벗자 발은 완벽하게 정상인 상태로 핏자국만 남아 있을 뿐이었다.

나는 재빨리 그 자리를 빠져나왔다. 차에 올라탄 후 빌리 집사가 말했다.

"목사님, 목사님이 손을 뻗어 기도했을 때 하나님께서 로슨을 치료해 주셨어요. 항상 그렇게 하실 수 있는 건가요?"

나는 "이런 세상에, 당연히 아니죠"라고 대답했다.

"그렇군요. 만일 그렇게 하실 수 있다면, 목사님은 하나님의 백성들에게 그분의 치유의 능력을 가져다줄 수 있을 것입니다."

클라이드가 교회에서 자신이 치유된 소식을 사람들에게 전하자 그 이야기가 퍼져 나갔다. 나는 당황하지 않을 수 없었다. 내가 한 일은 의도적인 것도 아니었고 클라이드에 대한 안타까운 마음이 순간적으로 나를 뒤덮었던 것뿐이었다. 내가 클라이드의 발을 만지는 순간 알 수 없는 능력이 나를 통해 흘렀고, 나는 그저 몇 마디 기도를 했을 뿐이었다.

이 일이 있은 후 새로운 질문이 내 마음에 생겨났다: '왜입니까, 주님. 왜? 주님의 치유하시는 능력은 오늘날 어디에 있는 것입니까? 초대 교회에 있었던 그 일들이 도대체 언제 돌아오는 것입니까?'

목회 사역과 전도 사역을 계속하는 동안 치유의 능력이 그리스도의 몸 된 교회에 돌아올 것이라는 확신이 점점 더 내 마음과 영 안에 자라났지만, 불행히 그것을 행하는 일은 없었다. 가르침과 선포는 점점 더 자라 갔지만 치유는 내 노력 가운데 빠져 있었다. 나는 이제 볼 수 없는 것을 보았는데, 도대체 어떻게 불가능한 것을 할 수 있게 되는 것이란 말인가?

아내인 에벌린은 내가 말씀을 선포하도록 부르심을 받은 것을 알고 있었지만, 내가 치유 사역을 위해 부름을 받은 사실은 아내와 나누지 않았기에 아직 모르고 있었다. 다만 여전히 나와 하나님 사이에 무슨 일인가가 벌어지고 있음을 알고 있을 뿐이었다.

어느 날 밤 아내는 내게 침대 곁에 앉으라고 하고는 무슨 일이 벌어지고 있는지 말해 달라고 했다. 나는 "에벌린, 12년 전 내가 열일곱 살이었을 때, 주님께서는 나를 구원해 주셨고 내 말기 결핵과 더듬거리는 혀를 고쳐 주셨소. 하나님은 내게 '너는 네 세대에 나의 치유하는 능력을 전하게 될 것이다'라고 말씀하셨는데, 나는 어떻게 해야 할지를 모르겠소"라고 말해 주었다.

아내는 이렇게 말했다.

"오! 당신은 어떻게 해야 하는지 알고 있어요, 오랄!"

한줄기 빛이 내 안으로 들어왔다. 나는 이렇게 말했다.

"맞아, 알고 있어. 내가 이야기할 때까지 내게 밥을 주지 말아요.

하나님과 분명하게 이 일을 처리해야겠어."

금식과 기도를 한 후, 나는 교회의 작은 사무실로 가서 문을 닫고, 바닥에 얼굴을 대고 하나님께 내가 어떻게 그분의 명령에 순종할 수 있는지 말씀해 주시기 전에는 절대 얼굴을 들지 않겠다고 했다.

몇 시간이 지났고, 하나님께서 몇 번을 내게 "네 발로 일어서라"라고 말씀하셨는지 모르겠다. 결국 나는 일어서서 기다렸다. 그러자 하나님께서 말씀하셨다.

"네 차를 타고 동쪽으로 한 블록을 가서 우회전을 하거라. 그런 다음 어떻게 해야 할지를 말해 주겠다."

코너를 돌자 하나님께서 말씀하셨다.

"이제 이 시간부터 너는 나의 치유하는 능력을 병든 자들에게 전하고, 악한 영들을 내어 쫓게 될 것이다. 그 악한 영들의 수와 이름을 알게 될 것이고, 내 권능으로 그들을 내어 쫓게 될 것이다."

집에 도착했을 때 나는 집안으로 뛰어 들어가 에벌린에게 말했다.

"여보, 어서 먹을 것을 주구려! 주님으로부터 분명한 음성을 들었다오!"

내 때가 이르렀다!

병든 자들에 대한 사역을 시작했을 때 예수님의 삼중 사역 중 세 번째 부분을 수행하게 되었고, 새로운 기름부음과 능력이 즉각적으로 내 가르침과 선포함에 들어오게 되었다.

그것은 마치 잠자리에 들기 전에는 새로운 기름부으심이 없었다가 아침에 깨어나는 순간 그 새로운 기름부으심이 함께하는 것과 같았다. 물론 절대 그렇게 간단한 일은 아니다. 하지만 그것은 점진적으로 임한 것이 아니었다. 내가 말씀을 선포하기 위해 강단에 섰을 때, 내 설교의 내용은 완전히 채워져 있지 않았었다. 지난 기나긴 성경 연구에서 온 전혀 새로운 깨달음과 내 영의 내적인 갈급함들이 내가 입을 열어 말씀을 선포하는 순간 터져 나왔다.

새로운 설교가 내게 임했다.

"만일 네게 치유가 필요하다면, 이것들을 행하라."

거기에서 풋내기 치유자인 나는 사람들에게 그들이 원하는 치유가 이제 채워질 것이고 그 방법이 여기 있다고 말하려고 시도하고 있었다. 그때를 뒤돌아보며, 나는 내가 어떻게 그리도 용감히 혹은 너무도 어리석고 무모하게 그렇게 할 수 있었는지 생각하며 고개를 내어 젓곤 한다.

마치 내가 내 자신 밖에서 그러한 생각들과 내 입에서 흘러나오는 말들을 듣는 것 같았다.

성령께서는 내 혼과 마음과 육체에 내가 지금까지 알지 못했던 에너지를 불어넣어 주셨다. 나는 내가 마치 불 위에 있어서 가만히 있을 수 없는 것처럼 느껴졌다. 하나님의 능력이 내 안과 밖으로 흘러 넘쳤다. 성도들은 앞쪽으로 기대고는 그들의 목사로부터 나오는 말씀을 붙들었다. 순간 그들은 내가 전혀 새로운 사람으로 기름부음 받았으며 하나님의 능력을 입은 사람임을 깨달았다.

설교를 마쳤을 때 수많은 사람들이 기도를 받기 위해 앞으로 밀려들었다. 몇몇은 하나님의 권능에 넘어져 버렸다. 또 어떤 사람들은 너무 심하게 울다 정신을 잃기도 했다. 다른 사람들에게는 거룩한 웃음이 터져 나왔다. 조금도 혼란스러운 모습이 아니었다. 단지 하나님의 기적의 어루만지심을 심각하게 부르짖는 모습이었던 것이다.

마침내 나는 치유하시는 예수님의 영과 함께 능력의 불을 붙들게 되었고, 그와 동시에 가르침, 선포, 치유 이 세 가지를 한꺼번에 행하기 시작했다.

예수님의 시대에 그분의 기적들과 치유들은 사람들 사이에서 그분의 가르침과 선포하심으로 그들을 압도한 것처럼 보였다. 하지만 예수께서는 그분의 **선포함**, **가르침** 그리고 **치유함**을 함께 사용하셔서 완벽한 조화를 만들어 내셨다. 결국 예수님의 기적들과 치유들은 군중들로 그분의 음성을 듣도록 매료시켰다. 심지어 그분의 음성을 듣기 위해 오지 않은 사람들도 마찬가지였다. 그것은 내게 마치 그들의 생각들이 반응하기 전에 그들의 마음이 먼저 감동되어야만 하는 것처럼 보였다.

좀 거리가 먼 이야기이지만, 내가 그분이 만들어 내신 첫 번째 목소리가 되었을 때, 기적들과 치유들은 내 시대의 사람들에게 선포되는 말씀과 가르침을 듣도록 매료시켜 버렸다. 치유는 길을 평탄케 했고, 모든 일들을 가능하게 만들었다(이것은 여전히 내게 놀라운 일이 아닐 수 없다). 그리고 이러한 일들이 내 사역으로 나오기 시작했다. 내가 볼 수 없는 것을 보았기 때문에 불가능한 것이 가능해졌고, 나로 하여금 그저 메아리나 믿을 수 없는 사람이 아닌, 참고 견디며 영원하도록 정해진 일들을 하는 사람이 되도록 했다.

누구에게든 내가 주는 조언은 당신의 삶을 향한 하나님의 부르심을 성취하기 위해 당신이 읽고, 연구하고, 마음과 영을 준비시키는 것들 안에 모두 들어 있다. 거울을 들여다보고 그 안에 누가 있는지를 보라. 당신이 진정으로 누구인지를 결정하고, 자신이 무엇이 되길 원하는지 묵상하라. 당신이 다른 지도자들을 존경하고 그들로부터 많은 것들을 배울 수는 있지만, 분명히 다음과 같은 사실들을 깨닫게 될 것이다.

- 당신은 유일한 존재가 되도록 되어 있다.
- 당신은 훌륭한 사람이다.
- 당신은 하늘과 땅과 시간과 영원의 하나님이신 주님께 선택받은 사람이다. 그렇기 때문에 당신이 가진 모든 것을 다해 더욱 더 예수님처럼 되려고 노력해야 한다.

예수님이 계속해서 선포하고, 가르치고, 치유하는 일을 함께 사용하신 것처럼 당신의 사역도 그러해야 하며, 한 사람도 낙오시켜서는 안 된다. 대신 사람들이 타락하고, 상실된 상태이고, 그들이 하나님의 능력으로 온전케 되어야 할 필요가 있음을 보아야 한다.

우리는 우리를 가르치는 이들에게 순종해야 한다고 배웠다(히브리서 13장 7절을 보라). 하지만 최고의 권위는 당신의 개인적인 구주요, 주님이신 나사렛 예수이시다. 그분은 당신을 대신해서 십자가에 달려 죽으셨고, 당신의 구원을 위해 부활하셨으며, 당신을 향한 부르심을 나타내시기 위해 성령을 보내 주셨다.

당신은 완전해질 수 없을 것이다. 실패, 결점, 실수 그리고 자격 부족 등이 당신을 괴롭힐 기회를 찾을 것이고, 당신의 발걸음 하나하나를 따라다닐 것이다. 전에 그러했던 것처럼 말이다.

성령께서 당신이 목표를 달성하지 못한 것을 깨닫게 하실 때 요한일서 1장 9절을 펼치라: "만일 우리가 우리 죄를 자백하면 그는 미쁘시고 의로우사 우리 죄를 사하시며 우리를 모든 불의에서 *깨끗하게* 하실 것이요."

내게도 그렇게 내가 바라보는 모든 것들이 완벽하고, 조금도 실수가 없으며, 완전히 거룩해 보일 때가 있었다. 또한 너무도 부족해서 요한일서 1장 9절을 가슴에 끌어안고 흐느껴 울며 내 죄악과 잘못을 주님께 고백하던 순간들이 있다. 내가 발견한 것은, 그분은 신실하시고, 나를 용서하시며, 내 모든 죄악에서 나를 깨끗케 하신다는 것이다.

바울이 우리 모두에게 주는 위대한 말씀이 내게 큰 도움이 되었다.

> "형제들아 나는 아직 내가 잡은 줄로 여기지 아니하고 오직
> 한 일 즉 뒤에 있는 것은 잊어버리고 앞에 있는 것을 잡으려고
> 푯대를 향하여 그리스도 예수 안에서 하나님이 위에서 부르
> 신 부름의 상을 위하여 달려가노라" (빌 3:13~14).

한 가지 확실한 것은 나 자신이 아직 그곳에 도착하지 않았다는 것이다. 하지만 전심으로 그 길로 가는 과정에 있으며, 내 영혼과 마음

과 몸과 감정을 다해 더욱더 예수님처럼 되고 그분이 하신 것처럼 사역을 하기 위해 노력하고 있다는 것이다.

우리에게 그 이상의 것들이 있겠는가?

Important Points

1. 메아리가 아닌 첫 번째 목소리가 되라.
2. 예수께서 하신 것처럼 온전한 모습으로 사역하라. 가르치고, 선포하고, 치유하는 것을 모두 한꺼번에 사용하라.
3. 성경을 처음부터 마지막까지 사건과 사건을 통해 모두 연구하라. 이 사건들이 서로 맞물려서 당신을 예수께서 가르치고, 선포하고, 치유하시는 일을 상호 보완적으로 사용하신 방법들로 점점 더 이끌어 가는 것을 보라.
4. 볼 수 없는 것을 보는지 확인하라. 그렇게 함으로 당신이 불가능한 것을 행할 수 있는 것을 알고 있음을 깨닫게 될 것이다.

6장

멈추지 말라

구원과 치유 사역을 시작한 첫 해를 돌아보면, 그 사역을 시작하고 몇 달이 못 되어 거의 사역을 그만둘 뻔한 내 모습 때문에 여전히 부끄럽다.

처음으로 선포하고, 가르치고, 치유하는 것을 한꺼번에 사용한 내 사역의 놀라운 결과를 듣고는 캔자스 주 채누트에서 한 무리의 목회자들이 예배에 참석하기 위해 털사까지 내려왔다. 그들은 자신들이 살고 있는 시의 4천 석짜리 회관에서 내가 사역을 하도록 후원을 하겠다고 나를 설득했다.

3주간 계속된 부흥회 동안 회관은 매일 밤 사람들로 가득 찼고, 수많은 회심자들과 치유받은 사람들로 이루 말할 수 없는 격려가 되었다. 내가 치유 사역을 시작하고 불과 일곱 달 만에 벌어진 일이었다.

아무도 회관 대여료나 호텔 비용, 함께한 팀들을 위한 비용에 대해 보장한 것이 없었고, 가족에 대한 후원은 말할 것도 없었다. 하지만 가슴을 가득 채운 믿음으로 하나님께는 모든 것이 가능하다고 생각했다.

그런데 후원회에서 내게 저녁 집회에서 드려진 헌금이 회관 대여

료에도 미치지 않는다고 말했을 때 얼마나 큰 충격이었겠는지 상상해 보라. 나는 "저녁에 제가 직접 헌금을 걷도록 하죠"라고 말했다. 집회는 내가 인도하고 있었고, 사람들이 나를 받아들인 상태였으니, 만일 내가 지금의 필요에 대해 이야기하면 사람들이 기꺼이 헌금을 할 것이라고 생각했다. 분명 모든 집회가 끝나기 전에 모든 청구서가 처리될 것이라 믿었다.

먼저 고백하자면, 그때까지 그 정도 대규모 예산이 필요한 집회는 내게 처음이었다. 하지만 나는 앞으로 똑바로 항해를 해 나갔고, 예수께서 내가 행하기 원하신다고 믿는 것을 행하는 것에 완전히 초점을 맞춘 상태였다.

하지만 내가 필요에 대해 이야기하고 나중에 4천 명의 사람들이 얼마를 헌금했는지가 적힌 종이를 받아 들었을 때 내 믿음은 바닥까지 떨어졌고, 내 마음은 무너져 내렸다. 매주 대관료를 내고 있기는 했지만, 그날 저녁의 헌금으로는 청구서를 지불하는 것이 불가능한 것을 깨닫게 되었다. 나는 완전히 주저앉고 말았다.

나는 평생 내 급한 성격과 싸워 왔다. 생각하기 전에 이미 말들이 입 밖으로 나와 있었다. 그때 나는 순종과 믿음으로 나 자신이 전혀 새로운 모습이 되었다고 생각했다. 예전의 모습은 사라져서 그 어느 것도 마음의 평안을 빼앗아 갈 수 없다고 생각했다.

하지만 강단 뒤편에서 작은 종이쪽지를 건네받았을 때 내면에 숨겨져 있던 것들이 터져 나오고 말았다. 완전히 분노에 사로잡혀 버린 것이다. 내가 그것을 멈추게 하기도 전에 분노에 찬 말들이 입 밖으로 터져 나왔다.

"난 그만두겠어요. 강단에 올라가서 설교를 하지 않겠단 말입니다. 털사로 돌아가겠어요."

나는 모임 장소를 떠나기 위해 뒤로 돌아섰다.

그러자 형인 바덴이 말했다.

"오랄, 어딜 가는 거니?"

"털사로 돌아가겠다고요"라고 내가 대답했다.

"설마 정말 떠나려는 건 아니겠지?"

"정말 그럴 거예요."

"여기서 잠깐만 기다려, 금방 돌아올 테니."

형은 잠시 후 에벌린과 함께 돌아왔다.

에벌린은 "오랄, 무슨 일이에요?"라고 물었다.

나는 에벌린에게 종이를 건네주었다. 여전히 불같이 화를 내며 나는 에벌린에게 말했다.

"에벌린, 만일 내가 이런 재정적인 일들에 대해 하나님을 신뢰하지 못한다면 그 어떤 것으로도 하나님을 신뢰할 수가 없어. 이 일을 그만두도록 하겠소."

"오랄, 그럴 수는 없어요"라고 에벌린이 말했다.

나는 "어디 한번 두고 보구려"라고 대답했다.

에벌린은 정숙하고 하나님과 나와 아이들에게 헌신된 여인이었다. 그녀에게는 그 어떤 상황이라도 내가 전적으로 하나님으로부터 부름받았다는 사실에 조금의 의심도 없었다. 또한 내가 재정적으로 거의 병이라 할 만큼 깨끗하기 위해 노력하며 지불되지 않은 계산서를 얼마나 못 견뎌 하는지를 알고 있었다.

에벌린은 "바덴, 남편이 여길 못 떠나게 해 주세요. 금방 돌아올게요"라고 말했다. 에벌린은 한 번도 사람을 이렇게 대한 적이 없었다. 그 다음 들린 그녀의 목소리는 누군가에게서 신사용 모자를 빌리는 것이었다. 그런 다음 마이크를 통해 이야기했다.

"형제자매 여러분, 이렇게 모자를 들고 여러분들 앞에 서는 것이 부끄러운 일이기는 하지만, 저는 제 남편이 어떤 사람인지 잘 알고 있습니다. 위원회와 저희 남편은 여러분들에게 여기 있는 청구서를 모두 지불할 수 있도록 도움을 구하고 있습니다. 제 남편이나 사역자들은 자신들을 위한 것들은 전혀 신경 쓰고 있지 않습니다."

나는 에벌린이 목멘 소리로 "저는 제 남편을 잘 알고 있습니다. 남편은 믿음이 떨어지는 것 같이 느끼고 있습니다. 만일 이러한 재정적인 것들이 채워질 만큼의 믿음이 못 된다면, 당장 오늘 저녁 모임을 그만두고 집으로 돌아갈 것입니다"라고 말하는 소리를 들었다. 그녀는 울고 있었다.

"남편의 이런 정직한 모습들을 이해해 주시기 바랍니다. 그는 최선을 다하고 있습니다. 또한 그를 이곳으로 보내 여러분들에게 구원과 치유의 능력을 보여 주신 분은 주님입니다. 하나님께서 그 일을 행하실 수 있다는 것을 여러분들 눈으로 직접 보셨습니다. 하지만 이제는 여러분들이 결정해야 할 때입니다."

그 순간 나는 고개를 떨치고 형을 밀쳐 내려고 했다.

"기다려! 기다리라고!"라고 형이 말했다.

나는 걸어 나가며 나머지 일들을 아내에게 떠맡겼다. 그녀는 군중들에게 도움을 청하는 것뿐 아니라 그 어떤 것이라도 할 수 있는 사람이라는 것을 나는 알고 있었다. 하지만 에벌린이 마지막으로 한 말은 나를 부끄럽게 만들었다.

"누구든 이 모자를 들어 주셨으면 합니다. 여러분들은 이런 규모의 집회를 하면서 모든 비용들을 지불하기 위해 얼마나 많은 돈이 필요한지 모르고 계시는 것 같습니다. 제 남편은 그런 사람입니다. 제발 부탁드립니다." 그리고는 지금까지 참고 있던 울음을 터뜨려 버리고 말았다.

나는 무대로 올라가서 에벌린을 부축해서 무대를 내려오도록 도와주었다. 그때 한 빨간 머리를 한 부인이 우렁찬 목소리로 말하며 일어섰다. 그녀의 목소리는 모인 장소를 울리게 하고 있었다.

"저는 이곳에 모인 모든 사람들과 특히 제 자신에게 부끄럽기만 합니다. 저는 일곱 아이들의 엄마입니다. 우리 가족에게는 많은 것이 필요한데 주님께서는 오랄 로버츠를 통해 이 필요들 중 많은 것들을 채워 주셨습니다. 자 이제 여러분, 제 말을 들으시기 바랍니다. 이제 여러분 모두가 제가 하는 대로 해 주시기 바랍니다."

그런 다음 부인은 지갑을 열고 낡아빠진 지폐 한 장을 꺼내 모자에 넣고는 자리에 앉았다. 그러자 잠시 후 사람들이 일어서서 이렇게 말하기 시작했다.

"로버츠 부인, 모자를 이쪽으로 보내 주세요."

나는 내 자신이 너무도 낮아지는 것을 느끼면서 그대로 서 있었다. 많은 사람들이 일어섰다. 또 어떤 이들은 눈물을 흘리며 "여기요, 저도 돕겠어요"라고 말했다.

에벌린은 나를 바라보고는 나를 끌어안아 주었다. 눈물을 흘리며 그녀는 이렇게 말했다.

"오랄, 당신에게는 믿음이 있어요. 그 믿음을 이제 와서 포기해서는 안 돼요."

나의 내면의 모습은 아직 일어서지 못하고 있었다.

나는 "헌금을 세 주세요. 저는 기다리겠습니다"라고 말했다.

몇 명이 일어나 헌금을 세기 시작했다. 목동이 쓰는 듯한 모자는 이미 차서 넘치고 있었다. 얼마 후 그들 중 하나가 복도를 뛰어와서는 "얼마나 필요하다고 했죠?"라고 외쳤다.

나는 협력 목사들에게 손짓을 했고, 그들 중 하나가 그 남자에게 이야기를 해 주었다. 커다란 웃음이 그 남자의 얼굴에 피어났다. 그는 마이크를 가리키며 에벌린에게 말했다.

"저기다 대고 말을 해도 되나요?"

그는 사람들에게 주목하라며 한 손을 들고는 다른 한 손으로는 마이크를 잡은 채 모인 금액이 장소 임대료뿐 아니라 나머지 모든 계산서를 지불하기에 충분하다고 모두에게 알렸다.

놀랍게도 큰 함성이 터져 나왔고, 사람들은 내게 "말씀을 선포하세요! 말씀을 선포하세요!"라고 외치기 시작했다.

나는 내 자신에게, "오랄 로버츠, 마이크 앞으로 가서 전에 한 적이 없는 그런 설교를 해!"라고 말했다. 그리고 나는 그렇게 했다.

나는 그날 저녁 사각의 링에 수건을 던지고 내 부르심을 뒤로한 채 집으로 돌아가라는 시험을 받았다. 하지만 주님께서 마귀가 우리뿐만 아니라 경제적인 것들까지도 건들지 못하게 하시는 것을 보게 되었다.

이제 나는 믿음이
길을 열어 준다는 것을 알게 되었다.

1947년 11월의 일이었다. 1969년 5월, 오랄 로버츠 대학이 첫 번째 졸업생을 배출하게 되었을 때 그들 중에는 4.0 만점으로 졸업하는 한 젊은이가 있었다.

그에게 학위 증서를 수여하게 되었을 때, 나는 그가 누구인지를 알아볼 수 있었다. 그는 캔자스 채누트에서 열린 부흥회에서 자원봉사를 한 흑인 목사의 아들 중 하나였고, 그 당시 엄마의 품에 안겨 있던 아기였다.

그의 부모도 자랑스러워하며 그 자리에 함께하고 있었다. 나는 청중들에게 채누트에서 있었던 한 저녁 집회에서 내가 거의 집회를 그만둘 뻔한 이야기를 들려주었다. 그 시간부터 내 믿음은 점점 더 강해져 갔다. 그날 내가 그만두지 않았기 때문에 젊은 남녀들이 수년간 믿음과 성실, 약속으로 하나님 앞에 순종과 멋진 모습 가운데 오랄 로버츠 대학을 졸업할 수 있게 된 것이다.

캔자스 부흥회가 있던 당시 나는 스물아홉 살이었다. 나는 젊었고,

쉽게 화를 냈으며, 때로는 전혀 신중하지 못했다. 하지만 주님께서는 어떻게 해야 도움을 청할 수 있으며, 그분의 아들이신 나사렛 예수 그리스도처럼 되기 원하는 사역을 구할 수 있는지 정확히 알고 계셨던 것이다.

그날 밤 채누트에서의 내 모습은 내게 전혀 자랑스러운 모습이 아니었다. 그 당시 나는 에벌린을 진심으로 사랑하고 있었음에도 공공연하게 에벌린을 "내 사랑하는 아내, 에벌린"이라고 불렀다. 나는 지금까지도 그렇게 하고 있다.

에벌린은 후에 「그의 사랑하는 아내, 에벌린」이라는 제목으로 책을 썼고, 이 책은 베스트셀러가 되었다.

내가 말하려고 하는 것은 모든 일들이 항상 순조롭지만은 않다는 것이다. 거기에는 거친 길도 있을 것이고, 이러한 것들이 당신을 놀라게 할 것이다. 그 순간에는 당신이 어떻게 그 상황에 대처해야 할지 알 수도 없을 것이다. 내가 그러했던 것처럼 그만두고 싶어질 수도 있다.

내가 깨달은 것은 하나님께서 전혀 불가능해 보이는 바로 그것을 가능하게 하신다는 것이다.

주님께서 그렇게 하실 것을 기대해 보라!

7장

치유하시는 하나님

구원하시고 치유하시는 하나님의 계시가 내 영에 임했다.

젊은 목사로서 성경을 읽고 공부하면서, 나는 하나님께서 치유하시는 원리가 그분의 백성들의 죄를 용서하시는 원리와 전혀 다르지 않다는 것을 깨닫게 되었다. 이 구원과 치유를 상호 교환이 가능한 것으로 연결시키지 않던 내게는 놀라운 일이 아닐 수 없었다.

내가 깨닫게 된 것은 내가 섬기는 하나님이 **치유**의 하나님이시며, 또한 사역 가운데 내가 병든 사람들을 향해 긍휼히 여기는 마음을 가져야만 한다는 것이었다. 이 긍휼히 여기는 마음이야말로 내가 하는 설교를 통해 사람들로 치유되게 하고(로마서 10장 17절을 보라), 그들과 치유하시는 주님 사이에 기름부음을 받을 수 있는 **믿음**을 갖게 하는 것이었다.

나는 하나님의 치유의 능력을 상처 받은 사람들에게 놀라운 결과와 함께 가져다주는 여정을 시작하게 되었다. 또한 그것은 거의 즉각적으로 무명의 한 목사로 하여금 전국 신문 매체와 국내뿐만 아니라 전 세계 기독교 TV에까지 주목을 받게 해 주었다.

뿐만 아니라 내가 전혀 알지 못하던 논쟁까지 불러일으키게 되었다. 먼저 이러한 것들은 나로 인해 이성과 내 부르심까지 잃게 할 만큼 나를 두렵게 만들었다. 마치 특수 훈련된 정찰병처럼 나는 새로운 땅을 밟으며, 거기 있는 사람들에게 하나님께서 그들에게 화가 난 것이 아니라고 전했다. 좋으신 하나님께서는 영혼뿐만 아니라 몸과 마음과 재정, 또한 가족에게까지 생명을 구원하시는 능력을 베풀어 주신다.

이제 나는 너무도 간절히 병들고 고통당하는 사람들을 대면하기를 바라게 되었다. 그들의 치유를 위해 기도했고, 전염병이든 아니든 상관하지 않고 손을 얹고 기도했다. 하나님께서는 내가 전 세계를 다니며 "모든 병과 모든 약한 것"(마 4:23)에 걸린 150만이 넘는 사람들에게 직접 손을 얹고 기도한 지난 21년 동안 내내 나를 지켜 주셨다. 또한 수십만의 악한 영들을 대적하며 그들에게 "썩 나오너라. 이 더럽고 악한 사탄의 영아. 그리고 이 사람을 자유롭게 놓아 줄지어다!"라고 명했다.

7년째에는 1만 석짜리 거대한 대성당과 회관 체육관에 촬영 팀을 동원해 실황으로 치유되는 모습들을 촬영하도록 했다. 200개의 영향력 있는 방송사에서 우리에게 방송 시간을 팔았고, 그곳을 통해 수백만의 가정으로 치유하시는 예수님의 모습을 직접 전달하게 되었다. 그곳에서 사람들은 예수님과 그분의 제자들이 사람들 앞에서 병든 자들을 치유하시고 악한 영들을 내어 쫓으시며, 사람들에게 '더욱 풍성한 삶'을 가져다주신 이후 그러한 광경을 처음으로 보게 된 것이다.

1940년대 후반에는 불과 열 명 남짓한 목사들만이 우리처럼 치유를 전하고 있었다. 오늘날에는 수천 명의 목회자들이 가르치고, 선포하고, 치유하는 것을 한꺼번에 사용하고 있다. 이들 중에는 ORU(오랄로버츠 대학)에서 살아 계신 그리스도의 구원하시고 치유하시는 능력에 대해 모든 면에서 학위를 인정받고 또한 기름부음 받은 졸업생들도 포함되어 있다.

오늘날 나는 수천 명의 ORU 졸업생들이 '하나님의 말씀을 듣고, 그분의 빛이 어두워지고 그분의 능력을 모르는 곳으로 가서 나보다 더 놀라운 일을 행하고 그것으로 하나님을 기쁘시게 해드리는' 모습을 지켜보는 특권을 누리고 있다. 내 아들 리처드가 ORU의 부학장으로 나보다 더 훌륭하게 대학 운영을 잘해 나가고 있다. 이 모든 것들로 이제 마지막을 향해 달려가는 내 삶이 완성되어 가고 있는 것이다.

당신이 어떻게 치유를 받을 수 있는가?

당신이 치유를 받는 과정을 하나님께서 내게 보여 주셨음에도 그것을 당신에게 나눠 주지 않는 것은 분명한 태만일 것이다.

먼저, 기름부음 받은 하나님의 사역을 그분이 당신에게 가르침과 선포함, 그리고 치유를 가져다주시는 도구로 보도록 하라. 그것들 너머에서 당신이 볼 수 없는 것을 볼 때까지는 보이지 않으시는 그분을 바라보라. 그런 다음 당신이 믿는 한 모든 가능한 것들을 당신의 영으로 바라보라. 거기에는 당신의 몸을 치유하는 기적도 포함된다.

두 번째, 예수께서 가르침과 선포함과 치유를 한꺼번에 사용하신 것을 따라 하나님의 남종과 여종들의 말을 듣기 위해 찾으라. 당신에게 믿음이 있다 하더라도 바울이 "믿음은 들음에서 나며 들음은 그리스도의 말씀으로 말미암았느니라"(롬 10:17)라고 말한 것처럼, 그 믿음이 먼저 드러나야 하고, 하나님께 나아가야 하는 것을 깨달으라.

세 번째, 당신이 치유 기도를 받을 때 당신의 믿음을 풀어 놓을 **접촉점**을 찾으라. 인생의 모든 것들에는 당신이 그것을 접촉하는 지점이 있다. 불을 켜는 스위치에는 전기선과 연결되는 부분이 있어서 당신이 스위치에 손을 대는 순간 불이 들어온다. 차에서 키를 돌리는 것도 차 안의 모터를 돌리고 운전할 준비가 되게 하는 접촉점이 된다.

이처럼 하나님의 치유 능력에도 당신이 접촉해야 할 곳이 있다. 그 접촉점을 찾아 연결하면 당신의 믿음을 정확히 하나님께 드리게 되고, 우주를 운행케 하는 능력에 접촉하게 된다. 기적적인 치유의 능력이 있는 살아 계신 예수님을 만지라.

당신의 믿음이 하나님께로 올라가는 순간
바로 당신의 치유가 시작된다.

네 번째, 당신이 치유를 받기 위해 한 믿음의 행동들이 치유를 계속되게 해 준다. 성경 전체를 통해 하나님께서는 우리에게 "의인은 믿음으로 말미암아 살리라"(갈 3:11, 롬 1:17, 합 2:4, 히 10:38)라고 말씀하고 계신다. 나 또한 사람들에게 "우리는 믿음으로 살거나 아니면 의심 가운데 죽게 됩니다"라고 말한다.

하나님께서 당신의 의심을 초자연적으로 비우시고 깨달음으로 당신을 채우실 때에야 비로소 당신의 믿음은 움직이고 행동하기 시작한다. 당신이 깨달음의 상태에 이르렀을 때라야 자신이 알고 있는 것을 알게 된다. 그 상태에서 당신은 **의심할 수 없게** 된다!

이러한 것들이 내가 하나님께 믿음이 무엇인지를 여쭈었을 때 주신 정확한 말씀들이다. 믿음으로 행하는 이 경험들이 그 이후 시시때때로 내 안에 깨달음이 있게 했다. 그 순간에는 전혀 의심할 수 없어 보였다. 만일 당신이 이러한 것들을 하나님께 구하면 당신에게도 역시 이 일들이 일어날 수 있다. 당신이 그분을 구할 때,

- 그분이 당신의 말을 들으심을 기대하고
- 당신 안에 이 믿음의 깨달음을 주실 것을 기대하고
- 받게 될 것을 계속 기대하며 주님께서 당신에게 기적을 베푸실 때 그것을 알게 될 것을 기억하라. 그리고 그것을 자신 안에 간직하고 절대 그냥 지나가게 하지 말라.

다섯 번째, 절대, 절대 자신의 믿음을 의심하지 말라. 당신에게 믿음이 있는지 궁금해 할 수도 있다. 바울이 말한 것처럼 "하나님께서 각 사람에게 나누어 주신 믿음의 분량" 대로 행하라(롬 12:3).

믿음은 당신이 얻어야 하는 것이 아니다. 이미 당신 안에 있는 것이다. 그 믿음을 주님께 드림으로 믿음을 행해 보이라. 그럴 때 치유가 시작되게 된다.

1. 그것이 보편적이지 않을지라도 하나님께서 당신으로 행하도록 부르신 것을 행하라.

2. 믿음으로 살라. 아니면 의심 가운데 죽는다.

3. 당신의 믿음을 풀어 놓을 접촉점을 찾으라.

4. 성령님께 당신 안의 의심을 초자연적으로 비우시고 치유받을 것이라는 **깨달음**으로 채워 달라고 구하라. 그렇게 하면 그 순간은 의심할 수 없게 된다. 병원 치료를 받고 있든지 치유 기도를 받고 있든지 그 깨달음을 당신의 마음 가운데 품으라. 기억하라. 두 마음을 품은 자는 모든 것에 있어서 불안한 법이다(약 1:8).

5. 당신이 기름부음 받은 말씀이 선포되는 것을 '들을 때' 당신 안에 있던 믿음이 '드러나게' 되고, 그것을 하나님께 드릴 수 있게 된다.

6. 예수님께서 가르치시고, 선포하시고, 치유하신 일들을 한꺼번에 행하신 것을 기억하라. 예수님의 기적의 능력이 당신에게 다가오거나 당신 곁을 지나갈 것이다. 그러니 기적을 기대하라. 그것을 인식하고 손을 내밀어 받아들이래 절대 그냥 지나가게 하지 말래 하나님께서 당신을 고치기 **원하시는** 것을 깨닫는 것이 당신에게 가장 중요한 것이다.

8장
기름부으심 가운데 선포하라

너무도 자주 기름부으심 없이 설교했던 목사로서의 젊은 시절을 후회한다. 사실 나는 기름부으심이 무엇인지를 몰랐고, 하나님의 임재하심과 같은 그런 기적 가운데 선포하게 하며, 주님께서 그곳에 함께하시는 것처럼 개인들 안에 내가 전하는 말들이 살아 움직이는 것처럼 작용한다는 것도 알지 못했다.

기름부으심에 관해서는 성경을 읽어 알고 있었다. 내가 회심과 함께 치유를 받은 첫 번째 주부터 내 안에 계신 하나님을 알기 원하는 갈급함이 있었다. 만일 주님께서 이 미천한 인생을 바꾸셨다면, 분명 내 삶에서 나를 통해 하실 수 있는 일이 수천 가지일 것이라고 스스로 결론을 지었다. 만일 내가 어떻게 하는지를 알기만 한다면 말이다.

성경의 사람들이 하나님을 위해 어떻게 말하고 행동했는지를 읽자 기름부음 받음의 능력이 어떤 것인지를 알게 되었다. 내게 깊은 인상을 준 것은 사람들이 주님의 이름으로 말하고 행동할 때마다 놀라운 일들이 일어났다는 것이다. 그들로 불가능한 것을 가능케 한 것은 다름 아닌 볼 수 없는 것을 보는 것을 통해서였다.

구약성경 전체를 통해 분명하게 드러나 있는 것들이었고, 예수께서 이 땅에서의 사역을 시작하실 때 그것은 최고조에 이르렀다. 예수님을 따르던 사람들이 기독교회의 반석 위에 이 사역을 계속했다.

사랑받는 의사 누가는 예수께서 그분의 사역을 어떻게 시작하셨는지를 이렇게 기록하고 있다.

> "주의 성령이 내게 임하셨으니 이는 가난한 자에게 복음을 전하게 하시려고 내게 기름을 부으시고 나를 보내사 포로 된 자에게 자유를, 눈 먼 자에게 다시 보게 함을 전파하며 눌린 자를 자유롭게 하고"(눅 4:18).

또한 사도행전에서 누가는 예수께서 어떻게 그분의 사역을 계속하셨는지를 전해 주고 있다.

> "하나님이 나사렛 예수에게 성령과 능력을 기름 붓듯 하셨으매 그가 두루 다니시며 선한 일을 행하시고 마귀에게 눌린 모든 사람을 고치셨으니 이는 하나님이 함께 하셨음이라"(행 10:38).

예수께서는 선포하심이나 그 외에 어떠한 부르심도 주님의 영이 그 위에 임하시고 기름부음의 능력이 그분의 말씀과 행동들에 흘러넘치기 전까지는 그 어느 것도 하지 않으셨다. 처음 이것을 보게 되었을 때, 젊은 목사였던 나는 내가 지금까지 잘못된 길을 따르고 있었다는 것을 깨닫게 되었다.

성경 시대에 말씀을 선포한 사람들이 기름부음 받은 설교를 할 수 있었던 것은 그들이 예수님과 함께했기 때문이었다.

나는 '나도 예수님과 함께했는데' 라고 생각했다. 주님께서는 병석에 누워 있는 내게 찾아오셨고, 그 능력 가운데 내 영혼을 구원하시고 나를 고쳐 주셨다. 나는 새로운 피조물인 것이었다. 이전의 오랄 로버츠는 가고 그리스도 안에 있는 새로운 나를 입은 상태였다. 절대 잘못될 수 없는 것들이었다. 내가 죽음에서 생명으로, 어두움에서 빛으로 옮겨진 것에 조금의 의심도 없었다.

내가 범한 가장 큰 실수는 내게 임한 기름부으심을 심각하게 보지 않았다는 것이다. 거의 기회를 놓칠 뻔했다. 나는 그것을 예수님과 그분을 따르던 사람들 안에서 보았고, 그런 다음 자신의 설교 가운데 모든 것을 구별되게 만드는 기름부음에 대해 이야기하시는 아버지 안에서 보았다.

그럼에도 내가 설교를 하는 중에 내게 임하신 주님의 영을 너무도 분명하고 강하게 느끼던 그런 때들이 있었다. 하나님의 능력이 나를 휘감으신 것이다. 우리가 계시의 지식이라고 부르는 말씀들이 내 안에서 흘러 넘쳤다.

그것은 내게 임한 기름부으심의 능력이었고, 그것은 내 설교의 영향력들을 완전히 바꿔 놓기 시작했다. 내가 언제 기름부음을 받았고 그렇지 않은지를 이야기할 수 있었다. 결과에 있어 차이점은 너무도 분명했다. 내 안에 타는 듯한 소망함이 하나님께 순종하고 그분의 백성들의 필요 가운데 그분을 모시는 것이었기 때문에, 나는 매번 기름부으심 가운데 말씀을 선포할 수 있는 방법을 찾아야 한다는 것을 알게 되었다. 그렇지만 어떻게 해야 한단 말인가?

나는 '내가 내 위에 기름부음을 임하게 할 수는 없다. 아니 가능한가? 기름부음을 받았을 때는 내가 무엇을 했고, 그렇지 못했을 때는 무엇을 했었지?' 라는 생각을 했다.

내 말과 행동에 기름부으심이 있었을 때와 없었을 때가 이렇게까지 다르다는 것을(사실 완전히 다르다) 보았기 때문에 나는 모든 공부와 사역의 자리를 내려놓고는 스스로에게 이렇게 말했다: "이 일을 하나님과 분명하게 해결하고 말겠어."

며칠 동안 나는 다음과 같은 질문들을 나 자신에게 던졌다.

- 왜 기름부으심이 매번 임하지 않고 가끔씩 임하는 것일까?
- 기름부음이 어떻게 나를 주님 앞에 열려 있게 하는가?
- 어떻게 기름부음이 내가 평소에 하는 성경 연구보다 더 잘 성경을 깨닫게 하는가?
- 어떻게 내가 그런 기회를 놓쳤는가?

분명한 것은 내가 주님으로부터 멀지 않다는 것이었다. 내 모든 것을 다해 주님을 사랑했다.

삶의 모든 초점이 나를 부르신 부르심을 완성하는 데 있었다.

그 외에 내가 무엇을 할 수 있겠는가?

어느 날 목사이신 아버지께 이 질문들을 드렸다. 아버지는 내가 배운 것에 비하면 교육을 거의 받지 못한 분이셨다. 아버지께서 알고 계시던 성경의 역사나 지리학들은 내가 아는 것들과 비교도 안 될 만큼 보잘것없었고, 아버지는 내가 배운 것처럼 성경 각 책들에 있는 사건들을 함께 연관시킬 수도 없으셨다. 그럼에도 아버지께서 설교를 하실 때면 주님의 성령이 그분 위에 온전히 임하셨다. 기름부으심의 능력이 그분 위에 임할 때, 그분은 버릇처럼 손을 들어 왼쪽 귓불을 만지셨다. 그 순간부터 사람들은 무언가가 자신들을 뚫고 지나가는 것을 느끼게 된다. 하나님께서 그곳에 계신 것을 모두가 알 수 있었다.

아버지께서 사람들을 앞으로 초대해서 그리스도께 결단을 하도록 하면, 사람들은 말 그대로 앞으로 뛰어 나왔다. 이 장면은 젊은 목사인 내게 감동의 순간이 아닐 수 없었다.

내가 아버지께 기름부음에 대해 물었을 때, 아버지께서는 "아들아, 성경은 그저 단순히 종이 위에 잉크로 글을 기록한 것이 아니란다. 성령께서 위로부터 주시는 통찰력을 네게 주시지 않으시면, 성령께서 네게 영감을 주시지 않으시면, 하나님의 기름부으심이 네 안에 충분하지 않다면 너는 절대 하나님의 말씀을 선포하지 못할 것이다!"라고 말씀하셨다.

"아버지, 그렇다면 제가 어떻게 해야 할까요? 어떻게 해야 아버지께서 하시는 것들이 매번 제게서도 일어나게 할 수 있을까요?"

"얼마나 그렇게 되기를 원하니, 오랄?"

"제 온 마음을 다해서요."

"그렇다면 하나님께 네가 성령님의 기름부음을 먼저 느끼고 네 존재를 가득 메우기 전까지는 절대 강단에 올라가지 않겠다고 서원을 하거라."

"정말 그렇게 해도 되는 건가요?"

"나는 그렇단다."

"항상이요?"

"아들아, 나는 하나님의 능력이 내게 임하지 않고서는 표현할 수 없이 풍요로운 복음을 선포할 생각은 하지 않기로 했단다. 차라리 먹지 않고 사는 편이 낫지."

이 말들이 마치 벼락처럼 나를 내리쳤다.

아버지께서는 "성경을 그렇게 많이 연구했는데도 예수께서 하신 모든 것들이, 그분의 제자들이 행한 모든 것들과 또 주님을 향해 삶이 변화되도록 하는 오늘날의 사역들에 있어 기름부음 받음이 그 법칙인 것을 보지 못하느냐?"라고 말씀하셨다.

나는 천천히 고개를 끄덕이며 그렇다고 했다. 나는 아버지께서 핵심을 알고 계심을 깨달았다. 그것은 젊은 목사에게 있어 가장 중요한 일이었고, 또한 모든 목사들을 위한 것이기도 했다. 나는 이런 아버지가 내 아버지라는 사실이 너무도 기쁘다.

나는 성경과 내가 사용하는 참고 서적으로 돌아가서 '주님의 성령, 기름부으심, 주님의 능력' 등과 같은 말들을 모두 찾아보았다. 연구를 마치자, 기름부으심의 능력이 너무도 중요해서 내 모든 것을 사로잡아 버리고 말았다. 그 순간 바로 그곳에서 나는 하나님께 그분의 기름부으심이 내 육체에 임한 것을 먼저 느끼기 전에는 절대 그분의 복음을 전하지 않겠다고 서원했다. 내가 기름부으심을 느끼고 더 강하게 느끼기 전에는 절대 선포하지 않으리라!

그 다음은 내가 무엇을 했겠는가? 몇 가지를 최대한 빨리 설명하자면, 내가 기름부음을 받기 위해 한 서원만큼 중요한 것은 없을 것이다. 그 다음 나는 내가 하려고 한 모든 중요한 결정들로 그 서원을 확대했다.

기름부음을 받지 못한다면
아무런 결정도 내리지 않겠다!

먼저, 나는 마침내 기름부음이 가장 중요한 일인 것을 깨닫게 되었다. 기름부음 받은 목사이자 친구인 조이스 마이어가 말한 것처럼 가장 중요한 것은 그 하나뿐이기 때문에 그 어느 것도 대신할 수 없다는 것을 배웠다. 우리 각자에게 임하는 기름부음은 사람들을 구원하기 위해 우리 안에서 역사하시는 하나님의 능력인 것이다.

두 번째, 내가 순전하게 서원을 했다는 것이다. 내게 시험이 와서 내가 기름부음을 느끼지 못할 때 나는 사역하기를 거부한다. 나는 "하나님, 제가 말씀을 선포하기 위해 준비되도록 하시고, 주님의 성령이 제 안에 운행하시는 것을 경험하고 당신의 기름부음이 제게 임했다고 느껴지도록 저를 만져 주지 않으시면 저는 이 설교를 하지 않겠습니다"라고 기도했다.

정말 수도 없이 사탄은 이러한 일들로 나를 시험했다. 때로는 잊어

버리게 하고, 때로는 서두르게 하고, 또한 내가 예기치 못한 상태에서 호출을 받게 하기도 했다.

나는 나 자신과 내 지식을 의지해서 전해 왔지 하나님을 온전히 신뢰함으로 말씀을 전하지 않았던 것을 깨닫기 시작했다.

그러면서 주님께서 강력하게, 그리고 너무도 가까이 계시기 때문에 내가 조금도 위협을 느낄 필요가 없음을 알게 되었다.

기름부음 없이 먼저 가서 설교를 하는 것만큼 사탄과 잘 타협하는 방법은 없다는 것을 깨닫게 되었다.

몇몇 교회 지도자들은 내가 그들의 요청을 거절한 것으로 인해 내게 화를 내곤 한다. 어떤 사람들은 내가 하나님의 말씀으로 나 자신을 준비시키지 않고 있다고 생각한다. (그들의 생각은 틀렸다.) 어떤 사람들은 내가 기름부으심 없이 말씀을 선포하기를 두려워한다고 생각한다. (그들의 생각이 옳다.)

큰 시험이 찾아왔다. 1950년 7월, 펜실베이니아 주 필라델피아의 오래된 시 회관에서였다. 대단한 집회였고 놀라운 결과들이 나타났다. 당시 열아홉 살이었던 나의 귀한 형제 목사 R. W. 샴바흐가 첫 경험을 한 것도 그 집회에서였다. 후에 하나님의 능력으로 사역하는 유명한 목회자들이 된 다른 사람들도 그 집회에서 하나님의 능력을 처음 경험하고 내 사역으로부터 영향을 받았다고 고백했다.

그날 호텔 방에 있던 나는 주님께서 무슨 말씀을 전하라고 하시는지 알 수가 없었다. 뿐만 아니라 성경을 연구하고 기도하는 중에도 내 안에 운행하시는 성령님을 느낄 수가 없었다. 집회 장소로 이동할 시간이 되어 택시 기사가 문을 두드렸지만 나는 의자에 앉아 팔짱을 끼고 생각에 잠겨 있었다. 그날 하루 종일 주님의 기름부으심이 시작되지 않았다. 나는 그냥 거기 앉아 있었다.

수천 명의 사람들이 내가 하나님의 능력으로 말씀을 선포하길 기대하고 있었다. 영혼들을 그리스도께로 이끌기 위해, 기름부음을 받기 위해 그리고 병든 자들을 위해 기도하고 그 결과들을 얻기 위해.

하지만 나는 아무것도 느끼지 못하고 있었다. 내 마음에는 오직 한 가지만 남아 있었다. 그것은 나의 서원이었다.

동역자들은 기름부음 없이는 설교하지 않겠다고 한 내 서원을 알고 있었다. 그렇기 때문에 내가 처음 집회 장소에 모습을 드러내지 않았을 때도 그것은 조금도 문제가 되지 않았다. 하지만 택시 기사에게는 그렇지가 않았다.

나는 문으로 가서 기사에게 잠시 기다릴 곳을 찾으라고 말했다. 그러자 그는 "지금 가지 않으시면 늦을 것입니다"라고 말했다.

"그냥 기다려 주세요. 곧 나오게 되든지, 아니면 가지 않을 것이라고 말씀을 드리게 될 것입니다."

나는 다시 방으로 돌아와, 두 손을 무릎 위에 올려놓고 이렇게 기도했다.

"주 예수님, 주님께서는 먼저 기름부음을 받지 않고는 말씀을 전하지 않으셨습니다. 주님께서는 제가 한 서원을 잘 알고 계십니다. 이제 주님 손에 달렸습니다."

그리고 거기서 나는 세상에서 가장 외로운 사람인 것처럼 느끼며 앉아 있었다. 사탄이 내게 속삭였다.

"만일 모임 장소에 네가 모습을 드러내지 않으면 사람들이 무슨 생각을 할까?"

나는 대답하기를 거절했다.

시간이 흘렀고, 나는 거기 앉아 내 서원을 지키고 있었다. 기름부음 없이 저 상처 받은 사람들 앞에 나가는 것이 아무런 의미가 없는 것을 잘 알고 있었다.

갑자기 하나님의 음성이 들려왔다. 평소처럼 귀에 들리는 음성만큼이나 분명한 것이었다.

"아들아, 기름부음을 받는 것이 어떤 것인지 알고 있느냐?"

나는 눈썹 하나 움직이지 않았다.

주님께서 말씀하셨다.

"기름부음을 받는 것은 네가 네 자신으로부터 분리되고, 그곳이 내 영광으로 가득 차고, 네가 말하는 것이 곧 내가 말하는 것이 되고, 네가 행동하는 것이 곧 내가 행동하는 것이 되는 것이다."

전에는 이처럼 분명하게 들어 본 적이 없었지만, 그 순간 나는 정확히 기름부음이 무엇인지를 알게 되었다.

나는 여전히 거기 앉아 있었고, 아무것도 느끼지 못하고 있었다. 하지만 내가 분명한 하나님의 음성을 들었음을 잘 알고 있었다. 그것이 사실이고, 정말 주님의 음성임을 알고 있었다.

순식간에 주님의 영이 내게 임하여 오른팔과 손끝까지 내려갔다. 내 마음에 빛이 비춰진 것이다. 하루 종일 걱정하던 말씀이 오후의 태양만큼이나 분명해졌다. 힘차게 일어나서 성경책을 들고는 문 쪽으로 뛰어 나갔다.

택시 기사는 로비를 서성이고 있었고, 나는 그의 곁으로 가서 "갑시다, 기름부음을 받았어요"라고 말했다.

내가 집회 장소로 들어갔을 때 일어난 일은 절대 잊지 못할 것이다. 사람들이 모임 장소 전체에 임한 하나님의 임재를 느끼고 있었다. 모두 일어설 수밖에 없었고, 많은 사람들이 울고 있었다. 내가 강단에 올라서자 성령께서 임하셨다. 그 집회의 결과들은 지금 이 시간까지 내 마음에 그대로 남아 있다. 만일 내가 값을 지불해야 하거나 매 순간 기름부음 가운데 말씀을 선포해야 한다면, 그 순간이야말로 단 한 번의 너무도 확실한 응답이었다.

세상 사람들이 교회가 어떠한 상태가 되어야 한다고 생각하는지를 상상해 보자. 그들의 눈과 귀, 그리고 그들의 직관을 통해 보도록 하자. 그들이 이 사역 가운데 있는 우리를, 젊은이와 나이 많은 이들과 또 함께 사역하는 평신도 사역자들이 어떻게 판단할지를 생각해 보자.

그들이 우리를 어떻게 생각하겠는가? 그들이 우리와 만났을 때 기름부음과 우리를 통해 나오는 기적적인 체험들을 느끼고, 예수의 영광을 보게 되어 우리가 말하고 행동하는 것을 개인적으로 예수님처럼 행동하는 것으로 보겠는가?

나는 오직 나 자신에게만 말할 수 있다. 내 서원은 나로 매번 기름부음 가운데 말씀을 선포하게 한다. 항상 쉬운 것만은 아니다. 내 마음이 나를 다스리고 통제하려고 하며 내 서원을 무시하고 있다. 성적인 욕망들이 들어오기도 한다. 그럴 때 나는 그저 하나님의 말씀을 말한다. 그것들은 사람들의 영 안으로 들어올 수 없다(정말 그렇다).

당신은 아마도 "저에 대한 하나님의 부르심을 행할 수 있도록 저도 기름부음을 받을 수 있습니까?"라고 말할 것이다. 그것은 당신의 결정이다. 예수께서 행하신 것을 당신도 행할 수 있다고 믿어야 하며, 그분이 받은 똑같은 기름부음을 당신도 받아야 한다. 어쩌면 당신이 아직 당신의 사역에 있어 그러한 곳에 이르지 않았을 수도 있다. 만일 당신이 정말 그렇게만 한다면 아무런 의심 없이 당신 또한 기름부음을 받을 수 있다.

Important Points

1. 하나님께서 당신에게 주실 기름부으심의 능력을 간과하지 말라.
2. 하나님의 기름부으심 없이는 아무런 결정도 내리지 말라.
3. 기름부음이란 당신이 당신 자신으로부터 분리되고 그 자리를 하나님의 영광으로 채우는 것이다. 그렇게 함으로 당신이 말할 때 하나님께서 말씀하시는 것처럼 되고, 당신이 행하는 것이 하나님이 행하시는 것처럼 되는 것이다.
4. 매번 기름부으심 가운데 말씀을 선포할 수 있음을 기억하라.
5. 단 한 번이라 할지라도 기름부으심 없이 말씀을 선포할 때 사람들이 겪게 될 고통을 생각해 보라.
6. 다음과 같은 것을 생각해 보라. 예수께서 기름부음 받기 원하는 당신의 가장 간절한 소망(당신의 서원)을 무시하시겠는가?
7. 기억하라. 만일 오랄 로버츠가 기름부음을 받았다면, 당신도 받을 수 있다.
8. 나의 조언: 기름부음 없이 강단에 올라서지 말라!

2부

불가능한 것들을 행함

DOING THE IMPOSSIBLE

9장
나를 향한 하나님의 운명을 선택하는 방법

인생에 있어 모든 사람들이 한 가지 혹은 여러 번 결정적인 선택을 해야 할 순간을 맞이하기 마련이다. 단 한 번도 이런 결정을 내려 보지 못한 사람은 없을 것이다. 우리 대부분이 분명하게 알고 있는 것은 우리가 어떤 선택을 하느냐에 따라 우리 삶이 가는 방향과 우리에게 일어나는 일들이 결정된다는 것이다. 절대 피해 갈 수 없는 그러한 것이다.

대부분의 시간에 있어 올바른 길을 선택하기 위해서는 볼 수 없는 것을 보아야 한다. 그것은 우리 삶을 향한 하나님의 운명이다. 나에게 있어서는 그러한 길들이 너무도 분명했다.

내 할아버지 아모스 플레전트 로버츠는 남북전쟁 이후 앨라배마에서 오클라호마 근교로 가족을 모두 이끌고 오서서는 인디애나 지역의 국경 판사로 일하셨다. 그때는 오클라호마 주가 되기 전이었다. 이러한 모든 것들이 어린 시절 나를 매료시켰고 또한 영감을 주었다. 정치적인 영역에 매력을 느낀 나는 언젠가 법관이나 오클라호마 주지사가 되는 그런 꿈을 꾸었다.

얼마 되지 않아 폰토톡 지방의 지방법원 사무실에 있는 사람들에게는 내게 정치적인 기질이 있다는 것이 분명해졌다.

하나님께서 나로 복음을 전하라고 하신 부르심을 받아들이기는 했지만, 나는 여전히 내 안에 깊이 박혀 있는 어린 시절의 꿈을 따르려고 안간힘을 썼다. 정말 크나큰 시험이 아닐 수 없었다.

심지어 내가 사역을 시작한 지 2~3년이 지난 후에도 나는 지방 행정 공무원들이나 대중 집회, 때로는 주지사를 돕도록 고용되기도 했다. 그들 말에 의하면 내게 사람들로 투표를 하게 만드는 영향력이 있다고 했다.

어느 여름, 나는 선거 운동원들을 돕고 처음으로 차를 살 수 있을 만큼의 돈을 벌어들였다. 신형 쉐보레를 현금으로 구입한 것이다! 그런 다음 강단에 설 때 입기 위해 지금까지의 허름한 옷이 아닌 멋진 양복과 셔츠, 그리고 구두도 구입할 수 있었다. 말씀을 선포하기 위해 올라섰을 때 나는 더 이상 예전의 허름한 그런 모습이 아니었다. 대신 사람들로 하여금 자신들이 처한 그런 '빈곤한' 모습을 나처럼 얼마든지 극복할 수 있다고 믿게 할 수 있게 되길 바랐다.

가난한 지적 수준을 가진 교회에서 나는 새 차를 샀다는 것으로 인해 비난을 받았다. 물질적으로 가난할 뿐만 아니라 대부분의 영역에 있어 사람들은 믿음으로 지금의 그런 상황들을 딛고 일어날 수 있다는 희망이나 야망이 없었다. 사실 그들은 자신들의 그러한 가난한 삶이 의로운 것이라고 믿고 있었다.

아이들은 가족들을 부양하기 위해 밭에 나가서 일을 해야 했기 때문에, 아이들에게는 학교에 가서 배울 수 있는 기회가 없었다. 대부분의 아이들에게 고등학교를 졸업하거나 대학에 갈 수 있는 기회는 없는 것이었다.

목회자들도 많은 돈을 버는 사람들이나 어느 영역에서든 성공적인 사람들에 대해 몹시 화를 냈다. 빈곤에 사로잡힌 사람들은 자신들의 상황에서 도저히 빠져나올 수 없는 것으로만 보였다. 사람들은 하나님의 선하심과 이 땅의 모든 금은보화가 주님의 것임을 강조하며 그것을 두려워하기만 했다(학 2:8, 시 24:1). 잘못된 가르침과 낮은 야망, 그리고 두려움이 하나님의 말씀을 그들로부터 숨기는 것 같았다.

나는 그러한 종교적인 과장이야말로 성경적이지 못하고, 바른 이상을 비뚤어지게 하며, 사람들을 앞으로 나아가지 못하게 하고, 그들을 평범하게 만들며 희망을 잃도록 만든다고 느꼈다. 이러한 모든 방해들에도 불구하고, 나는 고등학교를 마치고(우리 집에서 내가 유일한 사람이었다), 마침내 대학과 신학대학을 졸업했다.

이러한 이유로 인하여 내가 처음 사역을 시작했을 때 풍요로운 삶을 위해 시간을 빼서 돈을 번다는 것은 내게 큰 흥미 거리가 아닐 수 없었다.

내가 일을 해 주던 후보들과 다른 정치인들이 선거에서 이겼을 때 나는 두 가지 제안을 받게 되었다. 첫 번째 것은 스물두 살의 나이로 오클라호마 주 의회 위원으로 추천을 받는 것이었다. 또 하나는 신임 주지사 리언 C. 필립스의 새 사무실에서 그를 위해 일해 달라는 것이었다.

내 젊은 날의 사역에 있어 너무도 중요한 시기에 이러한 옳고 그름에 대한 결정을 내려야 하는 순간을 직면하게 된 것이다. 내 모든 것들이 하나님의 구원하시고 치유하시는 능력과 내 삶에 대한 하나님의 부르심에 드러진 상태였다. 내 내면에서는 볼 수 없는 주님을 아버지의 얼굴에서 본 결코 잘못될 수도, 지울 수도 없는 기억들이 있었다. 내 소년 시절과 십 대 시절에 들은 어떤 설교도 나의 무감각한 마음을 움직이진 못했다. 그렇기에 그것은 전환점이었다. 그런데 갑자기 또 다른 부르심이 들렸다. 이번에는 더욱더 내 관심을 끄는 것이었다. 나는 내 인생의 야망이었던 어린 시절의 꿈인 정치인이 되는 것은 볼 수 없을 거라고 느꼈다.

다른 모든 사람들처럼 내게도 의지와 하나님께서 주신 선택의 능력이 있었다. 예수님은 그 부르심의 한쪽에 서 계셨다. 나를 전혀 다른 방향으로 이끌도록 허락을 한 사탄은(요 10:10) 다른 쪽에 서 있었다. 정치가 좋고 나쁘고의 문제가 아니었다. 이러한 것들이 내게 나쁜 것은 그것이 하나님께서 내 삶을 향해 가지고 계신 계획이 아니라는 것이었다. 이것이야말로 모든 것을 다르게 만들어 버리는 것이었다.

내가 충분히 성숙한 것은 아니었지만, 나는 내가 가려고 하는 이 두 길이 어떻게 다른지를 알고 있었다. 내가 원하는 대로 할 수도 있었고, 다른 한편으로는 나의 이런 극적인 상황에서 그리스도와 그분의 계획이야말로 진정한 해답인 것 또한 알고 있었다.

나는 예수님께서 지금 나를 부르고 계신 그런 운명을 안고 정치가로서의 가능성에 대해 매우 길게 그리고 심각하게 바라보았다.

정치적인 영역들은 내게 고위층 리더들과의 관계, 상상할 수 없을 만큼의 돈, 내가 꿈꾸어 오던 가능성을 제공해 줄 것이다. 분명 그러한 것들이 매우 매력적이고 강하게 나를 잡아당겼다는 것을 인정한다.

하지만 내가 선택을 하던 그 시간과 여러 날들 가운데 내가 발견한 것은 "그 이름을 위한 것들만이 있을 뿐이다"라는 것이었다. 그것은 내 구세주요, 주님의 이름이었으며, 그분께서 내 삶과 운명에 대해 가지고 계신 높은 목적들이었다.

나는 자신의 길과 하나님의 길에 있어 선택을 하는 사람들과 그 감정을 공유할 수 있다. 나의 지난 혹독한 시련을 통해 나는 옳은 선택을 내리는 것이 헤아릴 수 없는 가치임을 배웠다.

내가 선택을 내린 이후, 나는 단 한 번도 이 사역이 살아남을지 혹은 불가능을 행하게 될지에 대해 의심해 보지 않았다. 그것은 나의 내적인 눈으로 불가능을 보았고, 내 삶에 있어 그 영향력을 알았기 때문이다. 나는 이 모든 것을 성경을 통해 보았고, 내가 가는 길에 찾아올 다른 선택이 어떤 것이든 그것을 맞이할 힘을 발견했다. 불가능을 보고 하나님께 순종하는 것이 없었다면, 나는 내 인생이 어떻게 되었을지 상상할 수도 없다.

우리는 전능하신 하나님을 섬기고 있다. 그분은 약하지도, 멀리 계시지도 않으시다. 그러나 놀라운 하나님이시며, 우리가 숨 쉬는 것 이상으로 우리와 가깝게 계시고, 우리가 그분께 우리 자신을 열어 드릴 때 끊임없이 우리에게 자신을 드러내신다. 그분은 우리에게 볼 수 없는 것을 보이시며, 그것을 통해 우리는 불가능한 것을 행하게 된다.

나중에 경험한 것들을 통해, 나는 다른 어느 누가 생각한 것보다 더욱 많은 불가능이 내 앞에 놓여 있는 것을 발견했다. 하지만 믿음으로 그것을 할 수 있고, 하게 될 것임을 깨닫게 되었다.

Important Points

1. 모두가 인생에 있어 운명을 결정하는 중요한 선택의 순간을 맞이한다. 하나님께서 당신을 위해 계획하신 운명을 선택했는지 확실히 하라.

2. 예수 안에 '더욱 풍성한' 삶을 선택하라. 평범한 것에 안주하지 말라.

3. 하나님께서 당신의 삶을 향한 계획을 드러내실 때 그것을 절대 바꾸지 않으심을 기억하라. 이것만이 당신으로 불가능한 것을 하게 하고, 당신의 영혼과 마음에 평안을 갖게 하는 것이며, 이것 없는 삶은 가치 없는 삶이다.

4. 하나님께서 당신을 선택하신 것이 사역을 위해서든지 아니면 다른 소명을 위해서든지, 그 선택은 당신을 다르게 만드신 하나님의 최고의 목적을 위한 올바른 선택이 되어야 한다.

10장
하나님께서 나를 위해 준비하신 아내

젊은 시절, 내게 주어진 새로운 말씀을 가지고 전도 여행을 하는 동안 하나님께서는 내가 결혼해야 할 자매에 대해 말씀하시기 시작하셨다. 나는 내가 바라본 것과 똑같은 것들을 보는 그런 젊은 자매를 하나님께서 준비시키셨을 것이라는 기대를 하기 시작했다.

내가 에벌린 루트만을 만난 것은 매년 열리는 천막 전도 집회에서 젊은이들이 한자리에 모여 기타를 치며 찬양을 하는 곳에서였다. 그 때만 해도 나는 그녀가 2년 후 하나님께서 내가 선택하도록 준비해 놓으신 자매가 되리라고는 생각지도 못했다.

그 청년 예배 후 에벌린은 일기에 이렇게 기록했다.

"나는 내 미래의 남편을 만났다."

나중에 그녀가 내게 해 준 말이다. 에벌린이 천막 전도 집회 후 대학을 마치고 선생이 되기 위해 돌아갔을 때 그녀는 이렇게 기도했다.

"주님, 제게는 오랄과 연락할 수 있는 방법이 없고, 심지어 제 감정을 그에게 전달할 방법도 없습니다. 만일 우리가 결혼하기 원하신다면 주님께서 그것을 알게 하시고 우리를 함께하게 하셔야 합니다."

에벌린은 자신에게 실제가 되어 버린 믿음의 영역으로 들어가고 있었다. 내가 그러했던 것처럼.

2년 후, 아버지께서는 에벌린의 고향인 오클라호마 주 웨스트빌의 목사로 부임하게 되셨다. 그때까지 혼자였던 나는 여전히 집에 머물고 있었다. 그러는 사이, 에벌린은 조부모인 윈게이트 가문이 살고 있는 텍사스 주 리오 그랜드 벨리로 이사해서는 대학에서 선생이 되는 수업을 받고 있었다. 여름 동안에는 대학을 다니며 텍사스 리비에라 지역 학교에서 1학년에서 8학년까지의 학생들을 가르쳤다.

웨스트빌을 드나들며 부흥회를 열고 있었지만 나는 그러한 사실을 전혀 알지 못하고 있었다. 그러는 사이, 전도 여행을 하는 동안 나는 좋은 친구를 사귀게 되었다. 그 친구는 교회에 다니면서 자기 트럭을 소유한 트럭 운송업자였다. 나는 그 친구와 자주 장거리 여행을 함께 하게 되었다. 이 여행을 하던 중 우리는 결혼에 대한 이야기를 나누게 되었다. 그 친구는 내게 딱 맞는 자매가 있는데 그 자매가 바로 에벌린 루트만이라고 했다.

"에벌린은 어디 있지?"라고 내가 물었다. 나는 그때가 성경이 말한 나를 위한 돕는 배필을 구할 때라는 것을 알고 있었다.

"텍사스에서 학교 선생으로 일하고 있다네. 내가 주소를 확인해 줄 테니 얼마 전에 산 멋진 쉐보레를 몰고 가서 직접 그녀를 만나 보게나"라고 친구가 말했다.

"그녀가 나를 만나고 싶다는 걸 어떻게 알지? 만일 2년 전 야외 천막 전도 집회에서 만난 자매와 같은 자매라면, 나는 그녀에 대해 아는 것이 없는데 말일세."

"에벌린이 자네를 알고 있다네, 오랄 로버츠."

"어떻게 그럴 수 있지?"

"이보게 친구."

프랭크가 내 가슴에 손을 얹으며 말했다.

"그녀는 바로 이곳으로 자네를 알고 있는 거라고."

"자네가 어떻게 그걸 아느냐 말일세."

프랭크는 고개를 끄덕이고 웃으며 운전을 계속할 뿐이었다.

나는 이 일을 마음속 깊이 생각했다. 만일 에벌린 루트만과 내가 영원히 함께하게 된다면, 우리 둘을 하나로 묶어 주시는 것은 주님이심을 알고 있었다. 나는 그녀 같은 아내가 필요했다. 하지만 하나님께서 나와 에벌린의 삶에 있어 너무도 중요한 일들에 직접 역사하고 계심을 믿고 있었다. 나는 어떤 대가를 치르든 하나님께 순종하기로 서원하지 않았던가?

나는 에벌린에게 내가 쓴 소책자인 「보혈을 통한 구원」을 보내면서 내가 찾아가도 되겠느냐고 물었다. 에벌린은 "기쁨으로 당신을 기다리겠습니다"라는 답장을 보내 왔다.

에벌린이 있는 곳까지는 1,100킬로미터가 넘는 거리였다. 어머니께서는 "만일 오랄이 그 먼 곳까지 에벌린을 보러 가겠다면 나도 함께 가겠다"라고 말씀하셨다. 그리고 어머니는 그렇게 하셨다!

1938년 9월의 일이었다. 내가 그녀의 학교 앞에 차를 세웠을 때는 마침 쉬는 시간이었다. 어린 꼬마 아이들이 "미스 에벌린, 남자친구가 오셨어요!"라고 소리쳤다. 에벌린은 목요일임에도 조퇴해도 좋다는 허락을 받았고, 우리는 과수원을 운영하며 과일을 수출하고 있는 조부모가 살고 있는 리오 그랜드 벨리로 갔다.

어머니와 에벌린은 바로 친한 친구가 됐다. 어머니께서는 이렇게 말씀하셨다.

"오랄, 이 에벌린이야말로 정말 귀한 것을 가진 여자구나. 그녀는 우리의 믿음이다."

우리는 일주일을 함께 지내며 가까워지는 시간을 가졌다. 함께 교회에 갔고, 서로를 위해 함께 기도했다.

또한 멕시코 만으로 함께 낚시도 하러 갔다. 우리는 완전히 서로에게 푹 빠져 버리고 말았다.

그 일주일이 지날 무렵, 나는 에벌린이야말로 하나님께서 나를 위해 선택하신 여자임을 알게 되었고, 결혼을 약속하기에 이르렀다. 우리 모두 마음속 깊은 곳으로부터 하나님께서 둘을 하나로 묶으셨음을 알고 있었다. 내게 있어 이것이야말로 결혼에 있어 가장 중요한 요소였다.

오클라호마에 있는 내 사역지로 돌아온 후, 우리는 거의 매일 서로에게 편지를 썼다. 사실 우리는 편지를 통해 사랑에 빠지고 말았다. 그 일주일을 통해 사랑에 빠지게 되었지만, 편지를 통해 더욱 깊은 사랑에 빠져 버렸다. 내 의견을 말하자면, 말이나 글, 또는 그 외의 어느 수단을 사용하든 서로 대화를 한다는 것은 생명만큼이나 중요한 것이다.

"나는 서로에게 있어
대화를 대신할 수 있는 것이 없음을 발견했다."

4개월 후인 성탄절 오후 3시, 아버지의 교회가 있는 곳이자 에벌린의 부모님께서 살고 계신 오클라호마 웨스트빌에서 우리는 결혼했다. 함께 사역하는 가장 친한 친구 오스카 무어가 결혼식을 위해 왕복 360킬로미터의 거리를 마다하지 않고 달려와 주었다. 나는 결혼을 위해 은행에서 20달러를 빌려야만 했다. 결혼 허가서를 위해 3달러, 꽃을 사는 데 5달러, 그리고 오스카에게 5달러를 주었다.

그 이후 나는 오스카에게 매번 크리스마스 때마다 100달러씩을 주고 있다. 나중에 나는 오스카에게 이렇게 물었다: "자네가 우리 결혼을 위해 왕복 360킬로미터를 마다하지 않고 와 준 것을 위해 내가 5달러를 준비해 둘 거라는 것은 언제 알았나?"

오스카는 웃으며 말했다.

"자네가 에벌린의 가치에 합당한 값을 치렀다고 생각한 때부터였다네."

"오스카, 설마 그 엄청난 그녀의 가치를 내 머리 위에 얹으려고 하는 건 아니겠지?"

오스카는 다시 한 번 웃었다.

"이보게 오랄, 그건 자네에게 달렸다네."

그렇게 해서 내가 오스카에게 계속 돈을 주게 된 것이다.

다음 장에서는 좋은 결혼에 관한 축복과 실제를 이야기하기 위해 내가 선하고 실제적이며 일반적인 생각이라 믿고 있는 일곱 가지 방법들을 소개하고자 한다.

Important Points

1. 만일 당신이 선택한 서약을 지켜야 할 때가 온다면, 그것을 위해 지불하라. 장기적인 가치가 있는 것들이다.
2. 하나님께서는 우리의 부르심뿐만 아니라 개인적인 삶에 대한 서약도 원하신다. 그분은 우리를 전 인격적으로 보시는 분이시다.
3. 결혼에 있어 서로 대화하는 것만큼 중요한 것은 없다. 그것은 처음뿐만 아니라 평생, 또한 결정을 내릴 때를 모두 포함한다.

11장

성공적인 결혼을 위한 7가지 요소

에벌린과 나의 63년간의 결혼 생활은 지금까지 성공적으로 지속되고 있다. 다음과 같은 오래된 격언이 기억난다: 하나님 없이 나는 아무것도 할 수 없고, 하나님 또한 나 없이는 아무것도 하지 않으신다.

무엇이든 하나님을 위해 맡겨진 것들은 하나님과 인간이 모두 공동으로 해야 할 일들이다.

이 장에서 나는 나와 에벌린이 엄청난 값을 지불하고 그만큼의 이익 얻는 것을 증명하는 효과적인 방법들을 전해 주게 되길 희망한다. 이 요소들을 당신과 나눔에 있어 당신 자신이 완벽하지 않다는 사실을 이해해야 한다. 우리는 모두 힘겨운 상황에 함께 수고를 해 왔으며, 서로에게 자신을 열어 놓고, 우리의 기도 생활을 의지해 왔다. 무엇보다 우리는 진심으로 하나님을 영화롭게 해 드리고, 복음을 전하는 목회자로서뿐만 아니라 평범한 인간으로의 성실함을 지키기를 소망한다.

다음의 일곱 가지 요소들을 깊이 생각해 보면, 이것들이야말로 우리를 가장 귀하고 생산적인 결혼으로 이끌어 주었다.

1. 우리는 하나님께서 서로를 서로에게 이끄시게 해 드렸다

우리는 절대 우리 스스로 서로에게 다가가지 않았다. 대신 하나님의 손이 우리가 의심할 수 없는 섭리 가운데 서로를 서로에게 이끌어 주실 때까지 기다렸다.

우리는 서로가 하나님께서 서로에게 준비해 놓으신 배우자임을 믿게 되었다. 또한 우리 둘은 모두 우리 자신의 지혜를 따르기보다는 하나님을 따르기로 서약했다.

> 나는 하나님의 뜻하심과 그분의 시간에 결혼하는 것 외에
> 다른 대안은 없다고 믿는다.

이 책을 읽는 많은 사람들이 이미 결혼을 했을 수도 있고, 그들 중 어떤 이들은 하나님을 섬기기 전에 이미 결혼을 했을 수도 있다.

어떤 결혼은 멋지게 시작했지만 좋지 못한 결과를 얻고 있을 수도 있고, 어떤 결혼은 좋지 못한 시작이었지만 멋진 결과를 얻고 있을 수도 있을 것이다.

우리의 경우, 나와 에벌린은 우리가 그분의 완전하신 뜻 안에서 결혼했음을 신뢰하는 것을 한 번도 멈추지 않았다. 하나님의 길을 가는 데 있어 드려진 동일한 서약이 우리의 매일의 상황들 안에 우리의 뜻을 이뤄 가도록 해 주었으며, 지금까지도 그렇게 하고 있다. 사실, 우리 둘 다 결혼에 있어 한 번도 쉬지 않고 그렇게 하려고 노력해 왔고, 또한 그럴 만한 가치가 있는 것들이었다. 나는 우리 중 하나만이 그렇

게 했다는 말을 하는 것이 아니다. 둘 다 그렇게 한 것이다. 한 사람으로는 짐을 나를 수 없는 법이고, 때로는 결혼 자체가 짐이 되기도 한다. 하지만 하나님의 도우심으로 두 배우자가 함께 결혼을 이끌어 갈 수 있게 된다.

2. 우리는 평생 결혼한 것이다

어떠한 시험도 우리로 하여금 헤어지게 할 생각을 절대로 주지 못했다. 우리는 결혼했고, 그것이 결론이다. 지난 63년간 우리는 단 한 번도 별거나 이혼에 대해 생각하지 않았다.

우리는 둘 다 성령으로 세례를 받았다. 고린도전서 6장 19~20절에 의하면, 성령께서 우리의 몸을 그분의 성전으로 만드셨고, 우리를 값을 주고 사셨으며(그리스도의 흘리신 보혈로), 우리는 그분의 소유인 것이다. 이것은 모든 것을 다르게 만들어 버린다. 우리는 정말 우리 자신의 것이 아니라 그분의 소유인 것이다. 우리는 이것을 받아들이고, 그렇게 생각을 하고, 또한 그분이 우리의 **보호자**이심을 느껴야 한다.

우리는 기본적으로 바울이 가르치고 행한 것처럼 '영으로 기도하고 또한 마음으로 기도' 해야 한다(고린도전서 14장 1~3절, 13~15절, 에베소서 6장 18절을 보라).

각자의 배우자에 대한 모든 삶이 우리 내면의 생각에 자리 잡고 있어야만 한다.

우리의 연합은 무엇보다 영적인 것이다.

우리가 육체적이고 감정적이긴 하지만, 영적인 것이 항상 최상의 것이다. 결국 우리는 영적인 존재이고, 육체는 영이 거하는 집이기 때문이다.

3. 기질에 있어 서로 반대인 것이 성공적인 결혼의 절대적인 부분임을 발견했다

독일계인 에벌린은 매우 조직적이고, 검소하며, 일 중심이고, 무엇보다 매우 더딘 기질을 가지고 있다. 그녀는 쉽게 기분이 상하거나 화를 내지도 않고, 자신의 인내심의 한계에 이르기 전까지 정말 많은 것을 참을 수 있다.

나는 정확히 그 반대다. 체로키 인디언과 웨일스인의 피를 이어받은 나는 흥분을 잘하고, 화를 잘 내는 사람이다. 앞에서도 이야기한 것으로 기억하지만, 이러한 것들이 내게 자주 피해를 주곤 했다. 사과를 하고 바로잡아야만 했기 때문이다.

내가 이 성급한 입술을 조금 더 참을 수 있게 해 달라고 얼마나 자주 기도를 했었는지!

하지만 에벌린이 그 반대인 것은 내게 큰 축복이다. 그녀는 내가 흥분을 가라앉히도록 도와주고, 내가 그녀의 말을 들을 수 있게 되기까지 기다릴 수 있을 만큼 지혜로운 여자이다.

우리의 이런 차이점들이 정말 잘 조화를 이룬다.

사역을 제외한 나머지 영역에서 나는 전혀 조직적이지 못한 사람이다. 에벌린은 한 번도 나만큼 창조적이고 조직적인 목사를 만나 보지 못했다고 했다. 하지만 그 외의 영역에 있어서 나는 도움이 필요했다.

나는 주님의 돈을 매우 조심스럽게 다루었다(다른 사람들은 '지혜롭게'라고 표현한다). 하지만 개인적인 자금 관리에는 전혀 소질이 없다. 예를 들어, 우리가 30대였을 때 에벌린은 내게 일정한 금액의 돈을 주식에 투자하고 나이가 많아질 때까지 그냥 잊어버리자고 했다. 하지만 나는 그러한 일들을 허락할 수 없었다. 그 결과 우리는 절대 예비금이란 것을 모으지 못했다.

내가 훨씬 더 잘할 수도 있었다. 두 배 혹은 네 배로 돈을 불릴 수도 있었을 것이다. 차를 1년 혹은 2년을 더 탈 수도 있었을 것이다. 우리로 파산하게 했던 농장에 대한 투자를 거부할 수도 있었을 것이다. 그렇다, 나는 분명 지혜로운 사람이었다. 하지만 에벌린이 가진 독일인의 본능은 나를 보다 더 잘 알고 있었다. 에벌린은 내가 스스로 깨달을 때까지 내 실수를 참고 있었다. 나는 내 믿음과 성실로 우리 수고의 마지막을 가족이나 오랄 로버츠 대학을 의지하지 않고도 지낼 수 있었음을 깨달았다.

우리는 그 누구에게도 짐이 되고 싶지 않았다. 대신 하나님만이 우리의 모든 공급의 원천이 되심을 믿는다. 우리는 우리가 성실하게 우리의 십일조를 씨 뿌리듯 파종하면 하나님의 기적적인 수확이 멋진 모습으로 돌아온다는 사실을 경험으로 알고 있다. 이것이 우리의 믿음이자 목표이다. 이것이 정말 효과가 있다고 말할 수 있는 것으로 인해 자랑스럽기까지 하다.

4. 좋은 성생활을 하는 것이 우리가 깨닫는 것 이상으로 우리를 영적으로 발전시킨다는 것을 발견했다

하나님께서 남자에게 하신 첫 번째 말씀은 "생육하고 번성하라"(창 1:28)였다. 홍수로 모든 인간을 멸하시고 오직 노아의 가족들만 남았을 때도 하나님께서는 노아와 그의 아들들에게 "생육하고 번성하라"고 말씀하셨다(창 9:1).

하지만 성이란 우리가 자손을 번식시키는 그 이상의 것이다. 성은 삶을 지속적으로 즐길 수 있게 해 주고, 육체적으로 자유로움을 가져다준다.

내 성경 연구에 의하면, 아기를 낳기 위한 성은 우리를 반쪽의 인간으로 남아 있게 만든다. 남자와 여자는 둘 다 성적으로 하나가 되게 하기 위해 무한한 능력과 소망을 가지고 창조되었다.

이러한 것들 없이 남자와 여자가 결혼을 하고 그저 영적인 존재로만 남아 있는 것은 하나님께서 그들에게 처음부터 주신 육체적이고 감성적인 필요들을 자신들로부터 빼앗는 것이다.

그렇기 때문에 결혼한 부부는 이러한 것들을 이해하고 성적으로 서로를 채워 주는 것이 잘못된 것이라 느껴서는 안 된다.

에벌린과 내가 이것을 이해하고 있는 것으로 인해 여러 번 하나님께 감사드려 왔다. 이러한 이해들이 우리들로 기쁘고 성공적인 결혼 생활을 지속하는 데 도움을 주었고, 이것은 나이든 이후에도 마찬가지다.

더 나아가, 나이 들어 몸의 다른 모든 기능이 그러하듯 성적인 능력이 약해졌을 때도 우리는 성적인 생활이 우리의 건강과 사랑을 유지하는 데 있어 너무도 중요하다는 것을 발견했다.

우리 삶에 있어 가장 중요한 것은 영적인 것들이다. 하지만 성적인 것은 영적인 것과 매우 밀접하게 붙어 있다.

사랑하며 지속적인 성생활을 하는 것은 아이를 낳는 것 그 이상의 것들이며, 이것이 인생의 가장 중요한 성취 중 하나라고 믿는다. 신중함과 지속적인 기도, 그리고 충분한 이해가 있어야만 한다. 온전하지 못한 성생활로 깨어진 결혼 생활들을 너무도 많이 보아 왔다.

남편과 아내의 육체적인 역할들에 대해 바울이 고린도전서 7장 1~5절에 설명하고 있다.

> "너희가 쓴 문제에 대하여 말하면 남자가 여자를 가까이 아니함이 좋으나 음행을 피하기 위하여 남자마다 자기 아내를 두고 여자마다 자기 남편을 두라 남편은 그 아내에 대한 의무를 다하고 아내도 그 남편에게 그렇게 할지라 아내는 자기 몸을 주장하지 못하고 오직 그 남편이 하며 남편도 그와 같이 자기 몸을 주장하지 못하고 오직 그 아내가 하나니 서로 분방하지 말라 다만 기도할 틈을 얻기 위하여 합의상 얼마 동안은 하되 다시 합하라 이는 너희가 절제 못함으로 말미암아 사탄이 너희를 시험하지 못하게 하려 함이라"

이 말씀들로부터 조심스럽게 다음과 같은 것들을 주목해 보자.

- 간음이나 부정한 것을 피할 가장 좋은 길은 좋은 결혼이다.
- 자비(친절한 이해)는 남편과 아내 사이에 성적인 모습에서 행해져야 한다.
- 성을 빼앗는 것은 부부에게서 서로를 빼앗아가는 것과 같다. 이것은 잘못된 것일 뿐 아니라 성경적인 결혼 생활에서 벗어난 것이다. 물론 금식과 기도(이것도 함께)를 위해 서로 합의를 할 경우는 제외이다. 그런 다음 다시 성적으로 하나가 되어야만 한다. 이것은 다음과 같은 너무도 중요한 이유 때문이다: 각자 혹은 둘 다 결혼 생활 이외의 다른 누군가와 성적으로 타락하도록 하려는 사탄의 시험을 막기 위함이다.

이러한 너무도 중요한 주제와 기능에 대해 무지한 교회 선생들은 사람들에게 상처를 줄 수 있다. 그렇기 때문에 내가 스스로 연구했고, 아내와 함께 "생육하고" 또한 "번성하라"고 하나님께서 정하신 길들을 확인해 보았다.

에벌린과 내가 발견한 것은 성에 대해 한두 마디 하는 것으로는 충분치 않다는 것이다. 항상 공개적으로 성에 대한 이야기를 나누는 것이 적개심과 친근하지 못한 것으로부터 우리를 보호했다.

또한 개인적으로뿐만 아니라 공개적으로 애정을 표현해 주는 것이 자연스럽고 행복한 성생활을 하는 데 도움을 주었다.

우리 부모님의 경우, 그분들은 자식인 우리들 앞에서는 한 번도 서로를 안아 주거나 키스를 하는 등의 외적인 애정 표현을 절대 하지 않으셨다.

그분들도 66년간의 멋진 결혼 생활을 해 오셨으며 우리도 두 분이 서로 사랑하시는 것을 잘 알고 있다. 하지만 만일 두 분이 서로 애정을 표현하는 모습을 보았다면 그것은 분명 더욱 큰 의미가 있었을 것이다.

어떤 사람들은 애정 표현을 하는 것이 잘못된 것이라고 생각한다. 나는 그것이 그저 보이기 위한 것뿐이고 침실이나 그 외의 일상에서는 전혀 애정이 없을 때 문제가 된다고 생각한다. 많은 사람들이 나와 에벌린에게 주는 가장 멋진 칭찬 중 하나는 진심으로 조금도 부끄러워하지 않고 서로에게 보여 주는 애정 표현이라고 하는 것이다.

중요한 것은 우리가 서로에게 애정을 표현하지 않으면 우리 둘 다 부족한 존재가 되고 말았을 것이라는 것이다.

5. 우리는 각자 성경을 읽고 기도하는 그 이상으로 함께 기도하고 말씀을 읽었다

이것이야말로 우리를 가깝게 묶어 주었다. 이것은 하나님의 뜻을 생각하는 것에 있어 우리 자신의 이해나 서로를 의지하는 것과는 비교도 안 되는 없어서는 안 될 것이다.

다행히 우리 둘 다 말씀을 즐겨 읽으며 끊임없이 그 말씀을 연구하는 학생이었다. 우리는 그 무엇보다 이 일을 가장 귀하게 여겼다. 우리는 또한 책과 신문, 그 외의 소식지 등을 읽고 가치 있는 텔레비전 방송, 라디오, CD, 테이프 등을 평가했다.

우리는 영적인 것과 하나님을 모독하는 것을 구별하기는 했지만, 영적인 것과 세속적인 것들을 구별하지는 않았다.

우리는 세상의 것들을 존중한다. 그것은 우리 모두가 체질상 영적이며 또한 세속적으로 만들어졌기 때문이다.

우리가 아직 천국에 있는 것이 아니라는 것을 깨달을 지혜가 필요하다. 너무 지나치게 천국에 있는 것 같은 마음을 가지고 세상에 있으면 좋을 것이 없다. 하나님께서 우리로 영원한 집에 부르시기 전까지는 이 땅에 살아야 하는 창조물인 것이다.

그렇기 때문에 우리가 읽는 것들이 이 삶의 많은 것들을 보완해 준다. 하지만 성경은 우리에게 있어 그 어떤 책이나, 테이프나, 그와 관련된 어느 것보다 가장 중요한 책이다.

우리가 각자 혹은 함께 성경을 연구하면서, 에벌린과 나는 우리가 집에 있을 때나 일상생활 중에라도 모두 똑같이 하나님의 말씀 안에서 하나 됨을 발견했다. 이것이 우리의 삶의 방식이다.

6. 삶과 행동에 있어 청결한 것이 결혼 생활에 있어 가장 중요하다

목사이셨던 아버지 엘리스 멜빈 로버츠는 내게 청결이 깊이 뿌리박히게 하셨다. 아버지께서는 다른 선택이 없고 그렇게 해야만 하는 상황이 아닌 이상 절대 외상으로 물건을 구입하지 않으셨고, 절대 빚지며 살지도 않으셨다. 생계비 외의 모든 돈은 그 빚이 완전히 없어질 때까지 빚 갚는 데만 사용되었다. 그래야만 행복할 수 있었기 때문이다. 뿐만 아니라 계산서는 정해진 시간에 지불하셨고, 심지어 그 전에 계산하시기도 하셨다! 항상 신용이 좋으셨음에도 그 신용을 좀처럼 사용하지 않으셨다.

아버지께서는 이러한 것들이 자식들의 마음에 '깊이 뿌리박히게' 만드셨다. 우리 모두 그것을 받아들였다. 이날까지 사역과 내 개인 생활에 있는 경제적인 모든 문제들은 모두 현금으로 지불을 했다. 다른 그 어떤 대책이 없는 이상 한 번도 빚을 내 본 적이 없었다.

하나님께서는 내게 그분을 위한 종합대학을 지으라고 말씀하셨다. 나는 돈을 빌리는 것을 거절했고, 돈 없이 시작해서 하나님의 명령과 믿음만으로 대학을 세웠다. 거기에는 믿음의 도시 의료 센터까지 포함되어 있다. 5백만 달러가 들었음에도 우리는 한 푼도 빚을 내지 않고 설립을 마쳤다.

오직 한 번, 1980년대 후반에서 90년대 초반까지 하나님의 일을 위한 헌금이 극적으로 모자랐을 때, 나와 다른 목회자들은 많은 재정적인 손해로 고통을 겪으며 주저앉아 버려야만 했다. 그로 인해 돈을 빌려야만 했을 때 내 가슴은 무너져 내렸다. 그 빚을 갚기 위해 우리는 오랫동안 힘겨운 수고들을 해야 했다.

당시 부학장이자 오랄 로버츠 대학의 대표였던 나의 훌륭한 아들 리처드가 그 빚을 줄여 주었다. 우리는 얼마 지나지 않아 완전히 빚을 청산할 수 있게 될 것을 기대했다. 리처드는 다시는 절대로 빚을 지지 않겠다고 서원을 했고, 나도 성경에 나와 있는 말씀으로 동의했다. 성경은 "아무에게든지 아무 빚도 지지 말라"(롬 13:8)고 기록하고 있다. 그것이 내 신조였고, "채주(빌려 주는 자)의 종"이 되지 않는 청결함을 의

미했다(잠 22:7). 나는 내가 마지막 날까지 사도들의 청결함을 유지하기 원한다(디모데후서 4장 7~8절을 보라).

나는 사역자들에게 끊임없이 다음과 같은 조언을 해 주고 있다.

"빚지기를 멀리하십시오. 결혼에서든 사역에서든, 어디에서든 절대 빚을 지지 마십시오."

물론 어떤 특수한 상황에 돈을 빌려야만 하는 것이 꼭 필요해 보이기도 한다는 것을 알고 있다. 하지만 대부분의 경우 믿음으로 모두 지불할 수 있다. 만일 사역을 위해 새로운 건물을 건축한다면, 사람들은 빌린 돈을 갚을 그 이상으로 책임을 지려고 할 것이다. 만일 집을 짓거나 사려고 하거나, 아니면 새로운 차나 그 외의 다른 것들을 사려고 한다면, 하나님께서 당신으로 이 모든 것들을 모두 안전하게 지키고, 믿고 구할 수 있는 믿음을 주셨음을 기억하라. 아니면 적어도 그 대신 빚은 지지 않게 하실 것이다. 이 모든 것을 당신의 마음과 감정으로 모두 믿어야만 하고, 하나님께서 그분의 말씀을 통해 "의인은 믿음으로 말미암아 살리라"(히브리서 2장 4절, 로마서 1장 17절을 보라)라고 말씀하신 것을 기억하라.

모든 지불해야 할 것들을 지불하라! 특히 신용카드를 사용하는 것에 있어 조심하라. 그 엄청난 이자를 아끼라!(나는 오직 한 개의 신용카드만 사용한다. 그리고 은행에 있는 잔고를 넘지 않는 범위 내에서 사용하려고 많은 주의를 기울인다) 당신의 청결함을 지키라.

7. 도덕적인 행동과 그리스도인으로서의 행동이 결혼에 있어 가장 심각한 부분일 것이다

에벌린과 나는 우리의 청결한 삶을 솔직하게 고백할 수 있는 것에 대해 하나님께 감사를 드린다. 만일 누군가가 흠을 잡으려고 재빨리 정면으로 다가온다면, 나는 그것을 충분히 극복해 낼 수 있다. 나는 하나님께서 누구도 성급하게 포기하지 않으심을 알고 있다. 거기에는 그분이 사랑하시는 사역자들뿐만 아니라 우리 모두가 포함되어 있다. 그분은 우리를 정말 깊이 사랑하시는 분이시다.

사역에 부르심을 받은 사람이라고 모두가 도덕적인 삶을 살았던 것은 아니다. 그렇다면 하나님께서 왜 그들을 부르셨겠는가? 만일 이런 약점이나 단점, 실패가 없는 사람만을 하나님께서 부르신다면 아무도 부르실 수 없을 것이다. 완벽한 사람은 아무도 없고, 지금의 우리 모습도 그렇다. 우리는 불완전한 유리병일 뿐이다. 다행히 하나님께 모든 것을 드린 우리들 대부분은 모든 면에 있어 도덕적으로 살며, 우리의 결혼과 모범적인 삶을 살기 위해 믿음으로 싸우고 있다.

만일 우리 자신이 어떤 한 특정한 모습에 연약한 경향이 있다면(우리 모두는 인간의 타락과 인간과 지구에 내려진 죄의 저주의 결과로 태어날 때부터 죄의 몸을 입고 태어난다), 우리는 정직하게 그것을 인정하고 그 약점에 맞서야만 한다. "나는 이 죄 가운데 태어났어. 내가 어떻게 할 수 있는 방법이 없어"라는 식의 태도를 가지기보다는 우리는 그 약점들을

• 하나님을 완전하게 의지하고,

- 우리의 의지와 목적,
- 기도와 믿음,
- 그리고 구약성경에 요셉이 가지고 있던 자긍심을 가지고 맞서야만 한다.

예를 들어, 요셉이 보디발의 집에서 보디발의 아내가 자신과 동침할 것을 요구하자, "나는 하나님 앞에 이러한 죄를 범하지 않겠다"라고 말하며 그녀가 자신을 거짓 고소했음에도 그 자리를 피한 것과 같은 모습이다.

감옥에 갇히게 되었음에도 요셉은 자신이 결백함을 알고 있었다. 결국 요셉은 애굽의 총리대신이 되었고, 만일 우리가 그의 모습을 따른다면 우리도 그렇게 될 것이다(창 39:7~17).

분명한 것은 사역자들에게 더 많은 것들이 요구되어진다는 것이다. 만일 우리가 실패하고 넘어진다면 좀처럼 동정을 보이지 않는다. 왜냐하면 우리는 하나님의 높으신 부르심을 대변하기 때문이다. 우리는 가장 위대한 복음인 하나님의 구원하시고 치유하시고 세상을 변화시키는 능력을 선포하고 있다. 사탄의 가장 큰 희망이자 노력은 이 사역자들의 마음과 감정 안에 들어오는 것이다. 사탄은 그들의 내면에 있는 약점, 특히 음행하려는 기질과 하나님을 대항하려는 기질들로 우리들을 유혹하려 한다. 그런 다음 사탄은 사역자들의 죄가 그들의 결혼이나 사역을 무너뜨리지 못한다고 설득시킨다.

사도 베드로는 우리에게 이렇게 말하고 있다: "근신하라 깨어라 너희 대적 마귀가 우는 사자 같이 두루 다니며 삼킬 자를 찾나니"(벧전 5:8).

내가 에벌린과의 결혼 생활을 시작했을 때, 에벌린은 "오랄, 우리가 결혼하면 그걸로 끝이에요. 우리에게 이혼이란 없어요"라고 말했다.

그녀는 내가 사용하는 언어로 말하고 있었다. 이혼한 집안에서 에벌린은 그것으로 인해 고통 받아 온 것이다.

에벌린은 이혼이 자신의 결혼에 끼어들지 못한다고 결단을 내렸다. 나는 이혼이란 것이 절대 존재할 수 없는 그런 부모님 밑에서 자라났다. 부모님은 66년 동안 결혼한 상태로 서로에게 헌신하셨고, 다섯 아이를 낳으셨다.

나는 이혼이 누나인 주엘의 인생을 완전히 망쳐 버리는 것을 보았다. 누나는 어린 시절 집을 뛰쳐나가 한 젊은 남자와 결혼을 했지만 그 남자는 결국 도망 다니는 죄수임이 밝혀졌다. 그들 둘 사이에서 태어난 유일한 아이인 빌리 준은 대부분 우리 부모님이 양육을 하셨다.

주엘은 주님을 영접한 후 재혼을 해서 60년간 결혼 생활을 계속하며 모든 면에서 축복을 받고 있다. 누나와 매형은 두 딸을 낳았고, 딸들은 자라서 하나님의 여인들이 되었다.

어린 목사였던 나는 이혼에 대해 굉장한 적개심을 가지고 있었다. 하나님의 말씀의 영보다는 말씀을 글자 그대로만 받아들인 것이었다.

이후에 나는 사람들의 연약함 위에 긍휼히 여기는 마음보다 그저 하나님의 말씀을 글자 그대로 가져다 놓는 것이 아무런 도움이 되지 않음을 알게 되었다.

몇몇 목사들은 이혼을 설교의 주제로 삼기도 한다. 그것은 어떤 식으로든 이혼이 가정 안으로 들어가게 하는 것뿐이다. 나는 하나 혹은 두 가지 종류의 죄나 결정들을 계속 반복해서 이야기하는 목사들을 경계해야 하는 것을 배웠다. 그들이 의심스러울 뿐이다.

"하나님의 뜻을" 붙들고(행 20:27) 한 개의 구절을 성경 전체와 조화를 이루게 하는 것이 좋다(눅 24: 27).

에벌린이 자주 이야기했던 것처럼, 결혼은 모든 것이 잘못된 방향으로 되었을 때 당신이 올바른 방향이나 다른 방법을 찾을 수 있을 것이라는 생각으로 하는 것이 아니다. 하나님이 반드시 고려되어야만 한다. 하나님께서 무슨 말씀을 하시는가?

심각한 문제가 발생하기 시작하는 아주 드문 경우도 있을 수 있다. 평안과 조화가 불가능해지고, 결혼이 깨어지게 된다. 만일 다른 결혼을 찾는다면 각자가 올바르고, 성공적이고, 지속되는 결혼을 위해 하나님의 기본적인 원리로 돌아가야 한다. 일단 멈추고, 만일 당신이 하나님과 함께한다면 하나님께서 당신의 결혼 생활도 성공적으로 만드실 수 있다는 것을 기억하라.

63년간의 행복하고 번성한 결혼 생활 후, 나는 비슷한 귀중한 결과들을 얻기를 소망하는 젊은 부부들이나 갓 결혼한 이들에게 이 핵심 요소들을 강조하기 원한다. 결론은 결혼한 두 사람 모두 마음 중심에 하나님께서 결혼의 중심에 계심을 깨닫는 것이다. 당신은 자신의 자리에서 자신의 역할을 해야 한다. 동시에 하나님을 당신의 근원으로 바라보고, 그분께 당신이 믿음의 씨앗을 계속 뿌릴 수 있도록 도움을 청하며, 당신의 내적 및 외적인 것들의 모든 근원이 되시는 그분을 의지하라. 그러면 당신은 진정으로 성공적인 결혼 생활을 하게 될 것이다. 당신이 축복을 받을 뿐만 아니라, 당신과 당신의 자손들이 당신이 주님을 위해 한 고백들 때문에 축복을 받게 될 것이다.

주님을 의지한 것이 나와 에벌린이 어려움에 처했을 때 분명하게 우리를 지켜 주었고, 우리뿐만 아니라 우리 아이들이 사탄의 공격을 받을 때에도 그러했다. 결혼 생활에 있어 우리 모두가 알게 된 것은 주님과 함께 거하며 그분께 순종해야 한다는 것이다. 오늘날까지 우리는 서로를 사랑하며 또한 존중했다. 우리의 사랑과 서로 하나 됨을 통해, 우리는 우리의 근원이신 하나님을 끊임없이 신뢰하며, 또한 개인적인 구주요, 주인으로 모시기 위해 우리의 최선을 다했다.

에벌린은 내 애인이자 사랑스런 아내다. 나는 그녀를 믿고, 또한 신뢰하며, 하나님의 법 아래서 그녀와 함께 살며, 주님께서 나를 본향으로 부르실 그날까지 그러할 것이다.

결혼과 가족은 우리에게 가장 중요한 것이다. 내 슬로건이 그러한 것처럼, 모든 것이 주 안에서 가능하다.

Important Points

1. 하나님께서 당신을 배우자에게 이끌어 주시도록 하라.
2. 평생 결혼한 것임을 마음에 새기라.
3. 성공적인 결혼에 있어 상호 보완이 될 수 있는 성격을 가지는 것이 중요한 부분이다.
4. 좋은 성관계를 유지하는 것이 가까운 영적 관계로 나아가게 해 준다.
5. 개인적으로 성경을 공부하고 기도하는 시간 이상으로 부부가 함께 기도하고 성경을 읽으라.
6. 삶과 행동에 있어 성결한 것이 결혼과 인생에 있어 가장 중요하다.
7. 도덕적이며 그리스도인적인 행동이 결혼에 있어 직면하게 되고 따라야만 하는 가장 심각한 부분일 것이다.
8. 당신은 멋지고 견고한 결혼 생활을 할 수 있다. 당신의 믿음이 핵심이다.

12장

내 아들의 출생을 통해
어떻게 볼 수 없는 것을 보았는가

이 일은 이렇게 일어났다. 1948년 11월, 텍사스 주 댈러스에서 나의 첫 번째 부흥회가 있었고, 그때 에벌린과 나는 우리의 아들 리처드의 출산이 이틀 동안 연기되는 데 동의했다. 물론 이것은 인간의 상식으로는 도저히 불가능한 일이었다.

부흥회는 16일간의 일정으로 계획되어 있었다. 매일 밤 부흥회가 열리는 천막은 시작 전부터 사람들로 가득 찼고, 수백 명의 사람들이 밖에 서 있어야만 했다. 우리는 양 옆 천막을 걷어 올려서 몇 천 명의 사람들이 더 부흥회에 참여할 수 있게 해 주었다.

부흥회 마지막 날은 온 도시를 술렁이게 만들었고, 기록적인 인파가 몰려들었으며, 우리 눈앞에 나타난 결과들만으로도 실로 놀라운 것들이었다. 하나님께서 역사하고 계셨던 것이다. 목회자들은 예배가 끝나기 전 나를 찾아와서 집회를 3일만 더 연장해 달라고 했다.

나는 "형제님들, 털사에 있는 제 아내가 다음 주 수요일에 세 번째 아이를 출산하기로 되어 있습니다. 저는 오늘 예배가 끝난 후 집으로 돌아가서 이틀을 쉬고 수요일에는 아내와 함께 아이의 출산을 지켜봐야만 합니다"라고 대답했다.

"우리도 알고 있습니다."

집회의 대표를 맡고 계시던 목사님께서 말씀하셨다.

"하지만 만일 집회를 3일간 연장한다면 천 명 이상의 영혼들이 더 구원을 받을 뿐만 아니라 수많은 사람들이 주님으로부터 오는 치유를 받게 될 것이라고 믿습니다. 목사님과 사모님께서 이것을 위해 아이의 출산을 3일만 연기시켜 주실 수는 없을까요?"

나는 "아이의 출산을 연기시키라고요?"라고 소리쳤다.

"의사가 몇 달 전에 이미 예정일을 잡았습니다. 아내도 아이가 예정대로 움직이고 있는 것을 느끼고 있습니다. 그런데 어떻게 연기시키라는 말입니까?"

목사님들은 너무도 심각한 상태였다. 큰 결심을 해야만 했다. 모두들 숨을 죽이고 있었지만, 나는 내 안에서 이전엔 한 번도 느껴 보지 못한 무언가를 느낄 수 있었다. 대표 목사님께서 이렇게 말씀하셨다.

"우리는 이 일로 인해 모여서 기도했습니다. 한 번도 이런 부흥회를 경험해 보지 못했습니다. 교회들이 부흥하고 있고, 온 도시가 술렁이는 데다, 부흥회는 절정에 이르러 있습니다. 그런데 어떻게 지금 부흥회를 멈출 수 있겠습니까? 목사님을 이곳으로 보내시고 이런 초자연적인 결과들을 보이신 하나님께서 아이의 출산에 개입하셔서 며칠을 늦추시지 못할 것이라고 생각하진 않습니다."

한 목사님이 이렇게 말씀하셨다.

"오랄 형제님, 지금 사모님께 전화를 걸어서 아이의 출산을 수요일 이후로 미뤄 달라고 해 보시는 게 어떨까요?"

볼 수 없는 것을 보는 것에 대해 이야기하고 있는 것이다! 온갖 생각들이 내 마음을 스쳐 갔다. 내게는 체로키 인디언의 피가 흐르고 있었지만, 에벌린에게는 조직적이고 계획적인 독일인의 피가 흐르고 있었다. 에벌린은 아이의 출산을 위해 이미 모든 것을 준비해 놓은 상태였다. 만일 내가 전화를 해서 그런 말을 한다면 과연 내게 무어라고 하겠는가?

나는 "함께 손을 모으고 한 가지 한 가지를 위해 기도하도록 합시다"라고 말했다.

그 후 몇 분 동안 우리는 정말 열심히 눈물로 기도했다. 기도가 끝났을 때 모인 사람들의 얼굴은 하나님의 임재 가운데 빛나고 있었다. 목사님들이 내게 손을 얹고 "하나님, 오랄 형제로 보게 하옵소서"라고 기도하자 뭔가 알 수 없는 평안이 내게 임했다. 내가 눈으로 볼 수 없는 것을 보기 시작한 것이다.

"좋습니다. 아내에게 전화를 하죠."

목사님들이 주위에 서 있는 가운데 나는 에벌린에게 전화를 걸었고, 아내가 전화를 받자마자 이 모든 일들을 그대로 쏟아 부어 버렸다.

예상했던 대로 에벌린이 이렇게 말했다.

"여보, 혹시 정신이 이상해진 건 아니죠? 제가 아이에게 언제 나오라고 할 수는 없는 거잖아요. 의사 선생님도 검사를 해 보고는 아이가 예정대로 움직이고 있다고 했어요. 그런데 제게 무얼 하라고 하시는 거예요?"

"내가 아니에요, 여보. 목사님들의 요구를 고려해 봐야 한단 말이오. 천 명 이상이 더 구원을 받고, 더욱이 수많은 사람들이 치유될 것을 한번 상상해 보구려."

"알았어요. 그럼 제가 어떻게 하면 되는 거죠?"

"에벌린, 우리는 하나님의 부름을 받은 사람들이고 우리는 주님의 것이오. 하나님의 손이 우리 위에 있고 그분께서 이 부흥회를 통해 초자연적인 역사를 이루고 계시고 있다오. 예정대로라면 나는 오늘 예배가 끝난 후 집으로 가서 수요일에 아이가 나올 때 당신과 함께 있어야 하지만, 내가 말하고 있는 것은 믿음으로 아이의 출산을 수요일 이후로 미루자는 거요."

"그러니까 그 말은…."

"믿음으로 하나님께서 이 일에 개입하셔서 아이의 출산을 늦추는 그런 불가능을 행하신다는 데 동의하자는 거예요."

전화를 타고 침묵이 흘렀다. 잠시 후 에벌린이 말했다.

"좋아요, 오랄. 전화를 통해 저를 위해 기도해 준다면, 저는 하나님께서 아이의 출산을 금요일 저녁까지 미뤄지게 하시고 금요일 자정에 아이가 나오게 하실 것이라는 데 동의하겠어요."

에벌린은 또 이런 말을 했다.

"하지만 수요일 저녁에 예배가 끝나자마자 바로 집으로 돌아오겠다고 약속해 주세요."

나는 그렇게 하겠다고 했다.

주일 저녁, 부흥회가 3일간 더 연장되었다는 광고가 전해지자 열광적인 박수가 터져 나왔다. 내가 아이의 출산을 3일간 늦추기 위해 기도했다는 말은 하지 않았다.

그 후 3일간 우리가 본 것은 지난 16일간 보아 온 그 이상의 것들이었다. 사람들은 넘쳐났고, 기적적인 치유가 일어났으며, 천 명 이상의 사람들이 구원을 받았다. 내 나이 서른 살이었고, 치유 사역을 시작한 지 2년째 되는 해였다. 하지만 나는 다윗이 성경에 다음과 같이 고백한 것과 같은 것들을 느끼고 있었다: "내가 주를 의뢰하고 적진으로 달리며 내 하나님을 의지하고 성벽을 뛰어넘나이다"(삼하 22:30). 솔직히 말하자면, 나는 내 자신이 너무도 겸손해지는 것과 내 믿음이 산처럼 높아지는 것을 동시에 느꼈다.

내가 집에 도착한 것은 새벽 3시였다. 목요일이었고, 바로 사랑하는 아내 곁에서 잠이 들었다.

금요일 저녁 식사에는 손님들이 함께하고 있었다. 식사 후, 에벌린은 일어나서 준비해 놓은 가방을 챙겨 들고는 이렇게 말했다.

"오랄, 병원으로 갈 시간이에요. 아이가 자정 전에 나올 거예요."

이렇게 말하고 있는 그때, 우리에게는 평안함이 함께하고 있었다. 아내도 보지 못하는 것을 본 것이다.

간호사가 에벌린을 검사해 보고는 이렇게 말했다.

"가방을 들고 집으로 돌아가는 것이 좋겠어요. 오늘 밤에는 아이가 나오지 않을 거예요. 제가 의사 선생님을 부를 일도 없을 거고요."

에벌린이 대답했다.

"아이는 자정 전에 나올 거예요. 그러니 선생님을 부르는 게 좋을 걸요?"

뒤로 돌아서며 간호사는 이렇게 말했다.

"아니요. 아이는 오늘 밤에 절대 나오지 않아요. 게다가 선생님은 이미 잠자리에 드셨고 저는 깨우지 않을 거예요. 어서 집으로 돌아가세요."

나는 에벌린의 얼굴을 쳐다보았다.

"알겠어요. 하지만 제가 분명히 아이가 자정 전에 나올 거라고 말한 것을 기억해 두세요. 의사 선생님을 불러야만 할 거예요."

간호사는 요지부동이었다.

에벌린이 내게 말했다.

"여보, 대기실에 가 있으세요. 아이가 나오려고 하면 사람을 시켜서 알려 드릴게요."

대기실은 이제 곧 아빠가 될 남편들로 가득했다. 나는 당시 쓰고 있던 책을 들고 갔고, 곧바로 책 쓰는 일에 빠져들었다. 곁에 있던 남자가 내 쪽으로 몸을 기울이며 이렇게 말했다.

"책을 쓰시나 보죠?" 나는 고개를 끄덕였다.

"무슨 책을 쓰십니까?"

"믿음에 관해서요."

"성함이 어떻게 되시죠?"

"로버츠입니다만."

"오랄 로버츠요?"

"네."

남자는 벌떡 일어나서 내 어깨를 잡고 이렇게 말했다.

"오랄 로버츠 씨, 저는 여기서 이틀 밤낮을 아내가 아이를 낳을 때까지 기다리고 있었습니다. 병원에서는 아내에게 집으로 가지 말라고 했지만, 정작 아이가 언제 나올지를 모른다고 하더군요."

너무도 수척해진 이 남자는 무척이나 괴로워하고 있었다.

"여기 잠시만 계세요"라고 말하고는 남자는 복도로 사라져 버렸다.

얼마 후 그는 어린 아내를 데리고 왔다. 산모는 나를 보고 이렇게 물었다.

"당신이 오랄 로버츠인가요?"

"예, 제가 오랄 로버츠입니다."

"정말인가요?"

"예, 그렇다니까요."

"오, 오랄 로버츠, 진통이 너무도 심하지만 아이가 나오지를 않아요. 저를 위해 기도해 주세요."

여인은 울먹이며 말했다.

나는 쓰던 책을 옆으로 치워 두고 일어나서 이렇게 말했다.

"오른손을 주세요."

그 순간, 산모는 홍수와도 같은 눈물을 터뜨렸다. 나는 이렇게 말했다.

"잠시 저를 보시고 당신의 영으로 제 말을 들으시기 바랍니다."

그녀는 그렇게 하겠다며 고개를 끄덕였다.

"디모데전서 2장 15절에 말씀하시기를 당신은 출산을 통해 구원받을 것이라고 했습니다. 사도 바울은 주님께서 당신보다 더 아이에게 관심을 갖고 계신다고 했습니다. 당신은 하나님의 자녀인가요?"

"네, 그렇습니다."

"좋습니다. 함께 기도합시다."

기도 후 나는 이렇게 말했다.

"이제 안으로 들어가서 아이를 낳으세요. 제 말이 들리십니까?"

"예, 그렇게 할게요"라고 말하고 산모는 남편을 쳐다보며 이렇게 말했다.

"아이가 금방이라도 나오려고 하는 것 같아요."

그러고는 급히 분만실로 사라졌다.

그러는 사이 에벌린이 대기실로 왔고 내게 이렇게 말했다.

"오랄, 잠시 저와 함께 복도를 걸으면서 기도해 주세요. 간호사들은 아이가 아침까지는 절대 나오지 않을 거라고 하는군요. 하지만 우리는 주님께서 자정 전에 아이가 나오게 하실 것이라는 데 동의했잖아요."

나는 아내의 팔을 잡고 복도를 걸으며 우리가 전화를 통해 했던 말들을 붙들고 기도했다. 몇 분 후, 에벌린의 진통이 시작됐다. 매우 강한 진통이었다. 간호사는 바로 조치를 취했다. 에벌린을 휠체어에 태우고는 분만실로 옮겼다. 분만실로 가는 길에, 우리는 내가 기도해 주었던 여인이 분만실 밖으로 나오는 것을 보았다. 여인은 에벌린에게 이렇게 말했다.

"제가 이겼네요."

자정이 되기 20분 전, 리처드 리 로버츠가 태어났다. 꼭 움켜쥔 손은 마치 "내가 나왔어요! 세상을 정복할 준비가 되었다고요"라고 말하는 것 같았다.

나는 리처드의 출산이 초자연적인 요소라고 믿는다(리처드가 초자연적인 아이라는 말이 아니다. 오직 거룩하신 성자 예수님만이 초자연적으로 태어나셨다).

리처드의 기름부음 받은 치유 사역과 오랄 로버츠 대학의 대표이자 학장으로서의 모습을 지켜보며, 나는 하나님께서 리처드를 통해 병든 자들을 고치시고 ORU를 내가 드린 수고 이상으로 성장시키시는 모습에 놀라움을 감추지 못한다. 종종 아내와 내가 어떻게 볼 수 없는 것을 보고 불가능이 가능케 되는 것을 목격했는지 리처드의 출생과 관련된 초자연적이었던 사건들을 되새겨 본다.

우리에게는 네 명의 자녀들이 있다. 차례대로 레베카, 로널드, 리처드 그리고 로베타이다. 이들 모두가 우리에게 특별하고, 이들은 모두 신실한 그리스도인이 되었다.

1. 하나님께서는 "보이는 것은 나타난 것으로 말미암아 된 것이 아니니라"라고 말씀하셨다(히 11: 3).
2. 당신은 믿음으로 볼 수 없는 것을 보겠다고 동의할 수 있으며, 그것으로 인해 불가능을 행할 수 있게 된다.
3. 볼 수 없는 것을 보고 불가능을 행하는 것이 내게 일어났고, 다른 사람들에게도 믿음으로 수없이 일어났다. 또한 당신에게도 충분히 일어날 수 있다.

13장
개인과 사역의 재정을 다루는 10가지 원리

이 장에 대한 조언은 나의 귀한 친구이자 회계사인 로버트 W. 카츠가 해 주었다. 로버트는 네 살 때 나의 텔레비전 치유 사역을 통해 치유를 받았고, 20대 초반에 예수님을 영접했다.

로버트는 내 개인적인 경험들과 생각들을 재정적인 것들에 접목시킬 수 있도록 많은 기술적인 내용들을 제공해 주었다. 이 재정적인 부분들은 모든 사람들의 삶뿐만 아니라 사역에 있어서도 너무나 중요한 영역이다. 이 장의 내용은 내가 매일의 삶을 살아가려고 하는 모습이기도 하다.

이 장을 통해 우리는 우리 개인과 사역의 재정을 성공적으로 다루는 핵심 원리와 주님의 십일조와 헌금들, 그리고 구호물자들에 대한 청지기로서의 책임에 대해 이야기할 것이다.

이것을 연구하고 아는 것이 왜 그리도 중요한가? 사탄이 사역자들을 넘어지게 하는 가장 일반적인 방법들은 그들의 개인적인 재정과 교회, 사역의 재정을 잘못 다루도록 하는 것이다. 내가 성경을 연구한 것에 따르면, 빈곤과 가난, 그리고 탐욕의 영이 이 땅에 으르렁거리고 다니면서 남편이 아내와, 아이들이 부모와, 심지어는 목자와 양들이 싸우게 만들고 있다. 결국 결혼이 실패하고, 관계들이 깨어지고, 사역이 무너져 버린다.

하지만 좋은 소식은, 청지기도에 관해 쓰인 책들 중 최고의 것이 우리의 손에 들려져 있다는 것이다. 성경은 우리에게 지난 5천 년간 인간이 청지기로서 싸워 온 신랄한 역사를 제공해 주고 있으며, 또한 나와 당신이 직면하게 될 모든 재정에 관한 질문들에 대한 적절한 해답을 주고 있다.

성경의 2천 구절 이상뿐만 아니라 잠언의 3분의 2가 돈을 다루는 것과 청지기도에 대한 교훈을 주고 있다. 이 말씀들은 우리에게 어떻게 경제적으로 볼 수 없는 것을 보고 불가능한 것을 행하는지를 보여 주고 있다.

하나님께서는 우리에게 물질적인 것들을 가르치시기 위해 영적인 것들을 사용하시고, 초자연적인 것들로 자연적인 것들을 가르치신다.

당신은 이렇게 질문할 수도 있다.

"하지만 왜 하나님께서 재정에 관한 것들을 가르치시기 위해 초자연적인 것들을 사용하십니까?"

주님께서는 우리 마음 깊은 곳을 보시고 그 안에 무엇이 있는지를 아시는 분이시다: "네 보물 있는 그 곳에는 네 마음도 있느니라"(마 6:21). 만일 우리가 하나님께서 우리에게 맡겨 주신 것들을 잘못 관리한다면, 그리고 우리 개인의 재정이 엉망이 된다면, 우리의 사역 또한 그것에 묶여 있게 될 것이다. 다른 목회자들과 믿는 자들이 절대 의도하지 않았음에도 이러한 일들이 벌어지는 모습을 나는 많이 보아 왔다. 뿐만 아니라 나 자신도 그러한 실수를 저질렀다.

나는 내가 배운 것들을 나누고 있고, 또한 여전히 배우고 있다. 그것은 이 땅에서의 성경적인 청지기도와 내 사역에 대한 책임의 기본들과 하나님 앞에서의 개인적인 재정들에 관한 것들이다. 이 장을 통해 나는 내 개인의 삶과 사역에 있어서 내 재정들을 다스리는 데 도움을 준 열 가지 원리들에 대해 이야기할 것이다.

제1원리 - 재정적인 지혜의 근원에서 시작하라

"사람이 어찌 하나님의 것을 도둑질하겠느냐 그러나 너희는 나의 것을 도둑질하고도 말하기를 우리가 어떻게 주의 것을 도둑질하였나이까 하는도다 이는 곧 십일조와 봉헌물이라 너희 곧 온 나라가 나의 것을 도둑질하였으므로 너희가 저주를 받았느니라"(말 3:8~9).

믿기지 않는 내용이지만, 조사에 의하면 32퍼센트의 목회자들만이 십일조를 한다고 한다. 3분의 1도 안 되는 숫자다. 재정적인 지혜의 근본은 기쁨과 기대로 드리는 마음을 갖는 것이다.

우리는 하나님의 주고받는 원리인 씨앗 믿음을 가르쳐야만 한다. 그것을 행하고, 그런 다음 가르치라. 나는 사람들이 성경에서 씨 뿌리고 추수하는 핵심적인 가르침이 바로 씨앗 믿음임을 발견하게 될 때 그것을 어떻게 행해야 하는지 간절히 알기 원한다는 사실을 발견했다

(창세기 8장 22절을 보라. 이 책 18장에서 씨앗 믿음을 이야기하는 부분을 분명하게 읽도록 하라. 그것이 당신의 삶을 변화시킬 것이다).

만일 내 사역과 당신의 사역이 십일조와 헌금과 구호의 씨를 지속적으로 뿌리지 않는다면, 우리는 주님께서 우리의 삶과 사역을 위해 계획하신 기적적인 추수를 절대 거두지 못할 것이다.

믿음의 씨앗을 뿌리는 것을 거절하거나 간과하는 것은 재정적인 추수를 포함한 기적적인 추수를 할 기회를 잃는 것이다.

우리는 창세기 14장 18~20절에 나온 아브람의 예를 통해 우리가 드리는 십일조가 선택할 수 있는 것이 아님을 보게 된다. 그것이야말로 우리 믿음의 증거이기 때문이다. 하나님께서는 "의인은 믿음으로 말미암아 살리라"(롬 1:17)라고 말씀하신다.

> 하나님의 뿌리고 거둬들이는 파종기와 추수, 주고받는 영적인 법은
> 모두 우리의 믿음의 증거들이다.

내가 이것을 보았을 때, 나는 우리가 십일조를 드림으로 아브라함의 축복을 얻고, 드림을 통해 믿음이 성장해 나간다는 사실을 깨달았다. 우리의 씨앗이 뿌려졌을 때, 그것은 곧바로 예수님의 손에 들려지는 것과 같다. 나는 지금까지 충실히 십일조를 드려 왔다. 그것은 내 씨앗 믿음이었다. 내 개인의 삶과 사역에 있어 단순한 하나의 축복이 아닌 삶의 여러 모습들에 부어지는 축복을 받아 왔다. 그것이 당신의 삶에도 마찬가지라고 믿는다. 이것은 당신 개인의 경제 상황뿐만 아니

라 사역에 있어서의 모든 경제 상황을 긍정적으로 변화시킬 것이다.

물론 당신이 성경에 나와 있는 주고받는, 뿌리고 거두는 원리를 따르지 않아도 뭔가 얻을 수 있는 것은 사실이다. 하지만 결국에는 당신의 지갑에 구멍이 나 있는 사실을 발견하게 될 것이다. 사역은 무너지고 말 것이고, 하나님과 당신 자신의 명예에도 먹칠을 하게 될 것이다.

만일 내가 성경에 나온 십일조를 드림과 주님의 사역을 위해 재물을 드리는 것을 무시하고 하나님의 기적이 돌아올 것을 기대했다면, 대부분의 재정적인 기적들은 나를 지나가 버렸을 것이다. 그것은 당신에게도 마찬가지다. 내가 씨앗 믿음에 대해 계속적으로 배우게 되면서, 그것을 인생과 사역의 한 모델로 추천하게 되었다.

제2원리 - 하나님과 인간의 높은 기준을 붙들라

> "알지 못하고 맞을 일을 행한 종은 적게 맞으리라 무릇 많이
> 받은 자에게는 많이 요구할 것이요 많이 맡은 자에게는 많이
> 달라 할 것이니라"(눅 12:48).

당신이 주님의 사역을 하고 있기 때문에, 돈을 다루는 모든 것들에 있어서 당신은 하나님과 인간의 최고의 기준을 가져야 함을 **명심해야** 한다. 다른 사람들이 일반적으로 겪는 그런 극단적인 상황은 반드시 **피하도록 하라**(예를 들어, 너무 많은 빚을 진다든지 현명하지 않은 투자 결정을 하는 등의 일이다).

"우리는 마치 우리의 개인적인 재정 상황과 신용 정보가
매일 신문의 일면에 기재되는 것처럼 청결한 삶을 살아야 한다."

어려운 가르침으로 보일 수도 있다. 하지만 주님은 우리가 대처할
수 있는 만큼의 상황만을 우리로 영적으로 처리하게 하신다. 누가복
음 16장 1~3절에 예수께서는 우리가 돈에 대한 청지기로서의 역할을
다하는 것이 주님께서 영적인 '진정한 부요함' 들을 맡기시는 기준이
된다는 사실을 분명히 말씀하고 계신다. 만일 주님께서 우리에게 맡
겨 주신 것들을 잘못 관리한다면, 마치 사울 왕이 왕으로서의 기름부
음을 잃어버린 것처럼 사역은 기름부음을 잃게 될 것이다(사무엘상 15장
을 보라. 이 장은 '하나님께서 사울 왕을 버리시다' 라는 제목이 붙여져 있다).

레위기 27장 30절은 우리에게 십일조가 "여호와의 성물"이라고 말
하고 있다. 그렇기 때문에 우리가 십일조를 잘 지키는 것은 구별된 신
뢰이다. 동전 한 닢이라도 그 드려진 목적에 따라 사용되어야 한다.
선교를 위해 모아진 재정은 선교 외의 목적으로 사용되어서는 안 된
다. 거룩하게 맡겨진 것들이고, 하나님께서는 우리가 그것을 거룩하
게 구별하는 것을 존귀하게 여기실 것이다.

재물에 손을 대지 말라!

"어찌하여 왕이 여호와의 목소리를 청종하지 아니하고 탈취
하기에만 급하여 여호와께서 악하게 여기시는 일을 행하였나
이까" (삼상 15:19).

마침내 하나님께서는 내게 아나니아와 삽비라와 같은 죄를 범하지 말라고 말씀하셨다. 그들이 재물을 잘못 다루고 그것을 감추기 위해 거짓말을 한 것은 끔찍한 결과를 가져왔다(사도행전 5장 1~10절을 보라). 우리는 절대 주님께서 우리에게 허락하지 않으신 재물에 손을 대서는 안 된다. 만일 그렇게 한다면 우리 자신과 사역, 그리고 우리 가족이 비난을 면치 못하게 된다.

우리의 어깨 너머를 항상 지켜보고 있는 세무 감시반이 있음을 기억하라. 우리는 돈과 관련된 일들을 모두 공개적이고 정직하게 행해야만 한다.

우리는 단순히 말씀만을 선포하도록 부름 받은 것이 아니라 목자로 부름을 받았다. 또한 목자들은 양들에게 모범을 보여야만 한다. 성경에서 해답을 구하는 무리들의 가장 일반적인 문제들은 돈과 관련된 것들이다. 만일 우리 자신이 재물에 관해 균형 잡혀 있지 못하다면 우리가 양 무리에게 주는 조언에 하나님의 기름부음이 없게 된다.

만일 우리의 양 무리들이 세상 것들에 대한 우리의 판단을 신뢰하지 못한다면, 어떻게 그들이 우리의 영적인 판단들을 신뢰할 수 있겠는가? 다행히 이러한 상호관계를 나는 사역 초기에 볼 수 있었다. 내 개인적인 삶뿐만 아니라 사역에 있어서도 그 어떠한 경제적인 의혹을 만들지 않으시겠다는 주님의 말씀을 신뢰한다.

하나님께서는 사역자들과 그리스도인 사업가들에게 높은 기준을 제시하고 계신다. 주님께서는 우리에게 그분의 가장 귀한 소유인 그분의 자녀들을 맡겨 주셨다. 우리가 그들을 어떻게 이끌고 가르쳤느냐에 따라 우리가 심판을 받는다는 사실이 놀라울 뿐이다. 성경은 이렇게 경고하고 있다: "내 형제들아 너희는 선생된 우리가 더 큰 심판을 받을 줄 알고 선생이 많이 되지 말라"(약 3:1).

제3원리 - 돈을 다루는 데 있어 하나님으로부터 오는 지혜를 구하라

하나님께서는 이렇게 말씀하신다: "지혜를 얻으며 명철을 얻으라 내 입의 말을 잊지 말며 어기지 말라 지혜를 버리지 말라 그가 너를 보호하리라 그를 사랑하라 그가 너를 지키리라 지혜가 제일이니 지혜를 얻으라 네가 얻은 모든 것을 가지고 명철을 얻을지니라"(잠 4:5~7).

나는 90퍼센트의 목회자들이 사역을 위한 책임을 지기에 충분히 준비되어 있지 않다는 보고를 들은 적이 있다. 아마도 같은 수의 목회자들이 개인적인 돈과 교회나 사역의 자금을 책임지고 관리할 만큼 잘 준비되어 있지 않을 것이다. 내 삶에 있어서도 그러했었음을 인정한다.

이러한 책임들은 너무도 복잡해서, 우리들 중 일부만이 그것을 위해 훈련을 받았을 뿐이다. 당신이라면 어떻게 하겠는가? 여기 몇 가지 제안을 주기 원한다.

1. 선지자 호세아의 경고를 들으라: "내 백성이 지식이 없으므로 망하는도다"(호 4:6).

일찍이 나는 내 인생에 있어 경제적인 문제들을 직면하게 될 것이라는 사실을 받아들였다. 대학 시절에 나는 경제 과정을 들었다. 지역 기독 서점에서 기독교 자금 계획과 교회 자금 관리에 대한 훌륭한 책들을 발견했다. 당신에게 이러한 종류의 책들을 사서 계속 참조하라고 강하게 추천하는 바이다.

2. **매우** 조심스럽고 **매우** 주의 깊게 당신 주위에 조언자들을 두라.

그리스도의 몸 된 교회에는 당신에게 지혜로운 조언을 해 줄 수 있는 많은 사람들이 있다. 하나님께서 주신 지혜와 영향력을 가진 사람들을 보내 주셔서 청지기도에 관한 문제들에 관한 조언을 듣게 해 주실 것을 구하라. 때로는 세상의 경제 상담을 받는 것이 현명할 수도 있다.

3. 당신이 청지기도에 관해 직면하게 될 모든 문제들의 해답이 성경에 있음을 기억하라.

전혀 새로운 질문들이란 없는 법이다. 전도서 1장 9절은 우리에게 다음과 같은 사실을 일깨워 주고 있다: "이미 있던 것이 후에 다시 있겠고 이미 한 일을 후에 다시 할지라 해 아래에는 새 것이 없나니."

솔직히 나는 주님으로부터 오는 초자연적인 지혜를 가장 먼저 구하고 있다. 그러면 곧 주님께서 지혜를 공급해 주신다. 경제 지식에 있어 무지한 상태로 남아 있을 필요가 없다. 우리가 찾기만 한다면 많은 도움이 될 만한 것들이 널려 있다.

예를 들어, 한 믿지 않는 사람이 큰 이익을 보장하는 어떤 사업 모델을 가지고 당신에게 접근한다고 가정해 보자. 기도를 하고 모든 것을 확인해 본 후, 주님께서는 다음과 같은 사실을 일깨워 주실 것이다: "믿지 않는 자와 멍에를 함께 메지 말라"(고후 6:14). 그것은 자기 자신만의 계획을 가지고 찾아오는 믿는 자들과도 멍에를 함께 메지 말라는 말도 된다.

기도를 하고 또한 상식을 사용한다면 이러한 문제들에 관해 주님께서 주시는 초자연적인 드러내심을 보게 될 것이다. 사실 자신들에게 제안된 이러한 '거래들'에 아직도 잡혀 있는 몇몇 젊은 목회자들을 알고 있다. 나는 절대 그러한 제안들을 받아들이지 않는다. 그 대신 나는 내 믿음의 씨를 뿌리고 기적의 추수를 내리시는 모든 근원의 하나님을 신뢰할 것이다.

제4원리 - 하나님과 그분의 영적인 번영을 구하라: 당신은 아무런 부족함이 없게 될 것이다

"나의 하나님이 그리스도 예수 안에서 영광 가데 그 풍성한 대로 너희 모든 쓸 것을 채우시리라"(빌 4:19).

첫 번째 12년간의 사역 동안 나는 물질적인 부족함으로 인해 고통을 겪어야만 했다. 내가 속한 교단이 청빈에 대해 가르쳤기 때문이다. 물론 이러한 것들은 오늘날 많은 주님의 몸 된 교회에도 남아 있는 것들이다. 나는 성경에서 하나님께서 그분의 자녀들에게 허락하신 번영을 보았다. 나는 그러한 좋으신 하나님을 믿기로 결심했다. 많은 사람들이 성경의 이러한 계시들을 보지만, 비난받을 것을 두려워하며 이러한 것들을 피하기만 했다. 사실 자신들의 무덤을 판 것이나 마찬가지다.

한 세력 있는 교단의 공식적인 지도자들이 내가 전하는 씨앗 믿음에 대해 공격을 했던 것을 기억한다. 그들은 내가 성경을 전하고 있는 것이 아니라고 했다. 나는 그들에게 성경을 건네주며 "어디에 그런 말씀이 있는지 보여 주시죠"라고 했다. 그들은 그렇게 하지 못했고, 우리는 막다른 골목에 서서 서로를 바라보았다.

그들은 솔직하게 그들이 전하는 청빈에 대해 이야기했고, 나 또한 솔직하게 파종과 추수의 영원한 원리에 대해 이야기했다. 주님께서는 그러한 우리들 안에 들어오셔서 우리의 내면을 깨뜨리셨다. 그러고 나서 우리의 아름다운 관계들이 시작되었고, 그것은 지금까지 이어지고 있다.

하나님께서는 경제 상황을 포함한 우리 삶의 모든 면에서 우리가 성공하기를 원하신다. 그분의 사역을 전 세계적으로 하기 위함이다. 이 모든 것들이 우리의 필요가 먼저 채워지는 것에서부터 시작된다.

성경은 수도 없이 나를 감동시켜 왔다: "이 율법책을 네 입에서 떠나지 말게 하며 주야로 그것을 묵상하여 그 안에 기록된 대로 다 지켜 행하라 그리하면 네 길이 **평탄하게** 될 것이며 네가 **형통하리라**"(수 1:8).

우리 각자를 향한 하나님의 번영은 우리의 부르심을 채우는 그 이상의 것들이다. 만일 우리의 마음이 뿌리고 거두는 것에 있어서 진실하다면, 하나님께서는 그분의 영광의 풍성하심을 따라 우리의 모든 필요들을 채워 주실 것이다. 그 영광은 인간의 것들과는 비교도 할 수 없는 것들이다(갈라디아서 6장 7절, 빌립보서 4장 19절, 마태복음 17장 20절을 보라).

이 진리가 내 안으로 들어왔을 때, 나는 내 모든 필요들을 완전히 다른 빛 아래서 보게 되었다. 그 필요들은 더 이상 사탄이 나를 공격하는 것들이 아니었다. 오히려 내 믿음의 씨앗을 더욱 깊이 심고 하나님께서 '정하신 때'에 기적의 추수를 할 것을 기대하는 기회가 되었다(갈 6:9).

이것은 내 개인적으로뿐만 아니라 사역에서도 삶의 한 형태이자 내 모든 삶의 방향이 되었다. 나는 하나님께서 그분의 백성들을 위해 준비하신 번영의 약속에 대해 아무것도 알지 못하는 사람들이 던지는 비판들에 조금도 영향을 받지 않는다. 주님께서는 우리가 모든 민족에게 증인이 되기 원하시고, 그렇게 해야만 세상의 끝 날이 오게 된다(마태복음 24장 14절을 보라).

> "재앙은 죄인을 따르고 선한 보응은 의인에게 이르느니라"(잠 13:21).

> "스스로 속이지 말라 하나님은 업신여김을 받지 아니하시나니 사람이 무엇으로 심든지 그대로 거두리라"(갈 6:7).

제5원리 - 가족의 경제적인 필요를 돌보라

> "자기 집을 잘 다스려 자녀들로 모든 공손함으로 복종하게 하

는 자라야 할지며 (사람이 자기 집을 다스릴 줄 알지 못하면 어찌 하나님의 교회를 돌보리요)"(딤전 3:4~5).

하나님께서는 그분의 우선순위에 가정을 가장 먼저 두셨다. 심지어 교회를 세우시기 전부터였다. 그렇기 때문에 당신은 사역을 함에 있어 가족과의 친밀한 관계를 유지해야만 한다. 그들에 대한 경제적인 책임 또한 가장 우선시되어야만 한다.

만일 가족을 등한시한다면, 그것은 분노의 씨를 뿌리게 되고 마는 것이다. 당연히 나쁜 씨앗을 뿌리면 나쁜 열매를 거두게 된다. 나는 많은 사역자들의 부인들이 자신들이 받는 것들이라고는 돈이든 뭐든 간에 부스러기들이며 사역에 드려진 찌꺼기들뿐이라고 느끼며 상처를 입었다는 이야기들을 들었다. 뿐만 아니라 사역자들의 자녀들은 상당수가 자신들이 자라면서 한 번도 정당한 공급을 받지 못했다는 좋지 못한 감정을 가지고 있다는 이야기도 들었다. 목사의 자녀인 나 자신도 그들 중 하나였다. 내가 집을 뛰쳐나갔던 가장 큰 원인이 바로 경제적인 부족함 때문이었다.

가난한 사역은 용기를 상징하는 훈장도 아니고, 죽어 가는 세상과 잃어버린 자들에 대한 빚도 아니다.

나도 그것을 알아야만 했다. 내가 사역을 시작한 후, 나는 가족을 최우선에 두지 않았고, 불행히 아내가 하나님의 말씀으로 빛을 보게 하기 전까지 좋지 못한 결실을 얻어야만 했다.

결국 내 가족의 경제 상황을 온전히 다스려야 하는 것이 내 책임임을 알게 되었다. 또한 그것이 단순히 고지서들을 지불하는 것으로 끝나는 것이 아님도 알게 되었다. 재무 계획을 세워야 하는 것이다. 이 계획에는 당신의 인생에 있어 겪게 될 여러 가지 상황들에 대한 다양한 경제 상황들이 포함되어 있어야 한다.

나는 긴급한 경제 상황이나 필요한 보험들, 새로운 집을 사는 것(모든 목회자들은 자신의 집을 가지고 있어야 한다. 그것도 아무런 빚 없이), 투자, 자녀들의 고등 교육 비용, 은퇴 계획들과 같은 상황들에 대해 깊이 생각하고 기도해야 하는 것이 믿음에 포함된 것임을 깨닫기 시작했다. 만일 그렇게 하지 않으면 아무도 그것을 대신해 주지 않을 것이다. 그것은 전적으로 나와 주님께 달린 일이다.

나는 당신이 이러한 문제들에 대해 내가 제3원리에서 이야기한 것과 비슷한 방법으로 접근할 것을 권하는 바이다. 당신 가족의 경제 계획을 위한 좋은 기독교 서적을 사서 공부하라. 현명한 재무 상담가들의 조언을 구하라. 이러한 필요를 '겨냥한' 씨앗을 뿌리라. 그러면 "부지런한 자의 마음은 풍족함을 얻느니라"라는 것을 발견하게 될 것이다(잠 13:4).

제6원리 - 부채를 조심하라

"부자는 가난한 자를 주관하고 빚진 자는 채주의 종이 되느니라"(잠 22:7).

나는 미국에서 사탄이 우리를 향해 사용하는 가장 무서운 영적인 무기들 중 하나가 **두려움**이라고 믿는다. 사탄이 사용하는 가장 자연적인 무기는 우리가 믿음으로 감당하지 못하고 상식을 벗어나는 부채를 지게 하는 것이다.

두려움에 대해 이야기해 보자! 빚은 우리를 완전히 가루가 되어 사라져 버릴 것 같은 그런 두려움으로 채운다. 우리는 채주의 종이 되어, 우리에게 돈이 있건 없건 간에 매달 이자와 원금을 갚아야만 한다. 그것으로 인해 우리는 사랑하시는 하나님을 신뢰하지 못하게 되고, 우리를 향한 목적을 이뤄 드리지 못하게 된다. 마치 엄청나게 많은 다리를 가지고 있는 괴물처럼 우리를 휘감아 도저히 숨을 쉴 수 없는 그런 곳으로 끌고 가 버린다.

느헤미야에 기록된 이스라엘 백성의 울부짖음을 들어 보라.

> "어떤 사람은 말하기를 우리는 밭과 포도원으로 돈을 빚내서 왕에게 세금을 바쳤도다 우리 육체도 우리 형제의 육체와 같고 우리 자녀도 그들의 자녀와 같거늘 이제 우리 자녀를 종으로 파는도다 우리 딸 중에 벌써 종된 자가 있고 우리의 밭과 포도원이 이미 남의 것이 되었으나 우리에게는 아무런 힘이 없도다 하더라"(느 5:4~5).

또한 바울의 조언을 들어보라: "피차 사랑의 빚 외에는 아무에게든지 아무 빚도 지지 말라"(롬 13:8). 분명 바울은 빚에 관련된 좋지 못한 경험이 있을 것이다.

태초부터 주님의 계획은 항상 이러한 것이었다: "네 하나님 여호와께서 네게 허락하신 대로 네게 복을 주시리니 네가 여러 나라에 꾸어줄지라도 너는 꾸지 아니하겠고 네가 여러 나라를 통치할지라도 너는 통치를 당하지 아니하리라"(신 15:6).

분명 우리가 뭔가 큰 것을 구입할 때, 예를 들어, 차나 집 같은 것으로 인해 빚을 져야만 할 때가 있다. 이러한 것들은 그 빚에 상응하는 자산이 관련된 것이기 때문에 임시적으로나마 가능한 것들이다. 만일 필요하다면 집이나 차를 팔아서 빚을 갚을 수 있기 때문이다.

하지만 그러한 자산과 관련되지 않은 신용카드 빚이나 협동조합 대출, 어떠한 종류의 신용 대출이든 그것으로 빚을 져서는 안 된다. 얼마 지나지 않아 당신의 목표는 빚이 없는 상태가 되기 원하는 것이 되고 말 것이다.

만일 사역을 위해 돈을 빌려야만 한다고 느낄 때도 반드시 자산과 관련된 것이어야 하고, 또한 주님으로부터 직접적인 지시를 받아야만 한다. 많은 목회자들이 새로운 성전이나 부속 건물들을 차후에 갚아나가기로 하고 건축을 하고 있다. 오랄 로버츠 대학도 이러한 방법으로 빌린 적이 있었다. 이러한 것들에 대한 경험이 있는 리더들과 상의하고 그들이 그런 상황에 어떻게 했는지를 배우라. 다른 사람들은 일부만을 빌리고 건축을 하면서 자금을 모으기도 한다.

하나님께서 당신을 통해 건축을 원하시는 과정 가운데 그분의 음성을 듣는 것이 현명한 일이다. 주님께서 당신에게 이 땅을 살며 완성해야 할 비전인 볼 수 없는 것을 보여 주시면 어떻게 불가능을 행할지를 보여 주실 것이다. 확실히 그렇다.

이 모든 것들은 어렵게 얻은 경험을 통해 이야기하는 것이다. 인간은 당신을 실망시키고 말 것이다. 하나님만이 당신의 유일한 근원이시다. 나는 나 자신에게 이렇게 이야기하곤 한다: 하나님은 나의 근원이시다!

무엇보다, 내가 주기 원하는 충고는 하나님의 마음을 100퍼센트 가지라는 것이다. 그리고 전심으로 주님의 마음을 따르라. 그리하면 절대 나쁜 결과를 얻지 않을 것이다.

제7원리 - 모략들과 허황된 꿈들을 피하라

> "송사에서는 먼저 온 사람의 말이 바른 것 같으나 그의 상대
> 자가 와서 밝히느니라"(잠 18:17).

내게 그러했던 것처럼 분명 당신에게도 접근해 오는 사람들이 있을 것이다. 좋은 의도나 혹은 그렇지 않은 의도를 가진 사람들이 잠재적인 투자 가치를 가지고 접근해 올 것이다.

물론 귀가 솔깃한 것들일 것이다.

내 경험을 빌리자면, 이러한 돈과 관련된 거래로부터 멀리 떨어져야만 한다. 만일 그러한 거래에 말려든다면 다음의 두 가지 중 하나의 결과를 얻게 될 것이다. 투자가 잘 진행된다면 투자자들이 당신에게 특별한 영향력을 행사할 수 있게 된 것으로 인해 지금까지의 조언자들과의 관

계가 멀어지게 될 것이다. 투자의 결과가 좋지 못하면 모든 관계들이 상처를 입고, 심지어 귀중한 친구들까지 잃게 될 수 있다.

나는 그 누구도 나에게 경제적인 부를 가져다줄 사람으로 보지 않는다. 우리는 오직 하나님만을 우리의 모든 공급의 근원으로 바라보아야 한다: "너의 행사를 여호와께 맡기라 그리하면 네가 경영하는 것이 이루어지리라"(잠 16:3). 다시 말하지만, 하나님만이 우리의 근원이시지 절대 사람이 아니다.

제8원리 - 당신이 신뢰할 수 있는 사람을 찾으라

다음과 같이 고백했던 로마 백부장을 기억하라: "나도 남의 수하에 있는 사람이요 내 아래에도 군사가 있으니 이더러 가라 하면 가고 저더러 오라 하면 오고 내 종더러 이것을 하라 하면 하나이다"(마 8:9).

영적으로 우리보다 성숙되고 또한 재정적인 면에서 더욱 훈련된 사람들을 우리가 신뢰할 수 있는 영역에 두는 것은 주님의 계획 중 하나다.

기도를 통해 주님께 인격과 성실에 있어 흠잡을 것이 없고 우리에게 신중하고 현명한 조언을 해 줄 수 있는 조언자를 우리에게 이끌어 주실 것을 구하라. 또한 주님께서 그러한 사람을 우리에게 보여 주셨을 때, 개인적인 것뿐만 아니라 사역적인 면에 대한(재정적인 면들을 포함해서) 제안을 받도록 하라.

당신의 강점들과 약점들을 드러내고 장단기 목표들을 세워서 함께 지켜보도록 하라. 하지만 나는 그러한 사람들을 정확한 자리에 두는 것이 쉬운 일이 아닌 것을 발견했다. 그렇기 때문에 "신중하고, 조심하라"고 말하는 것이다.

그렇게 신뢰할 수 있는 사람과 영적, 또는 경제적인 내용들을 나누는 것뿐만 아니라, 돈과 관련된 결정을 내릴 때는 반드시 남편이나 아내와 함께 결정을 내리도록 하라. 하나님께서는 당신으로 온전케 하시기 위해 배우자를 주신 것이다.

또한 당신의 배우자는 평생 함께하는 동역자로 함께하고 있는 것이다. 나와 에벌린이 그러한 결정을 내리는 데 하나가 되는 데는 몇 년의 시간이 걸렸다. 더욱 일찍이 그렇게 할 수 있었기를 바랄 정도로 이것은 중요하다.

아내들의 직관력과 통찰력이 없다면 남편들은 완전한 기름부음 없이 돈과 관련된 결정을 내릴 때도 있게 된다. 남자들은 하나님께서 주신 이성적인 판단력의 반만을 사용한다.

제9원리 - 놀라운 일: 성공이 실패보다 다루기 힘들다

"또 비유로 그들에게 말하여 이르시되 한 부자가 그 밭에 소출이 풍성하매 심중에 생각하여 이르되 내가 곡식 쌓아 둘 곳이 없으니 어찌할까 하고 또 이르되 내가 이렇게 하리라 내 곳간을 헐고 더 크게 짓고 내 모든 곡식과 물건을 거기 쌓아 두리라 또 내가 내 영혼에게 이르되 영혼아 여러 해 쓸 물건을 많이 쌓아 두었으니 평안히 쉬고 먹고 마시고 즐거워하자 하리라 하되 하나님은 이르시되 어리석은 자여 오늘 밤에 네 영혼을 도로 찾으리니 그러면 네 준비한 것이 누구의 것이 되겠느냐 하셨으니"(눅 12:16~20).

내 개인과 사역에 성공이 왔을 때 나는 더 큰 부담을 느꼈다. 그것은 완전히 새로운 규칙과 책임이 따르는 경기와도 같았다.

이 땅을 살아간 사람들 중 가장 부유했으며 성공한 사람인 솔로몬은 전도서를 통해 "헛되다"라는 말을 무려 서른한 번이나 사용하며 자신의 삶에 대한 애통함을 노래했다. 솔로몬에게 있어 어린 시절의 노력들은 놀라운 순종과 주님을 향한 집중력을 가져다주었다. 하지만 불행히도 나이든 후에 갖게 된 성공은 자신에게 낙심과 파괴만을 가져다주게 만들었다. 절대 경계를 늦추지 말아야 함에 대한 커다란 교훈이 아닐 수 없다.

- 우리 자신을 주님께 복종시킬 때,
- 우리의 모든 것으로 그분을 따라야 하고,
- 또한 그분의 인도하심과 지혜를 구하면 우리는 성공할 것이다.

우리가 주님과 그분의 부르심에 가장 우리 자신을 복종시켜야 할 때는 다름 아닌 성공의 순간이다.

한 번도 구입해 보지 않고 원해 보지도 않은 것을 사고 싶어질 때를 조심하라.

당신이 절대 실패하지 않을 것이라고 생각하기 시작할 때를 주의

하라.

주님과의 동행함이 진부하게 느껴지고 주님과의 비밀의 장소가 버려질 때를 조심하라. 그때가 바로 당신 자신을 위험한 절벽으로 내모는 순간이다.

내가 이러한 상황과 어떻게 싸웠는지를 기억한다. 나 자신도 오늘날까지 나를 후회하게 만드는 실수들을 저질렀고, 그 모든 것들이 나의 잘못으로 비롯된 것들이다. 처음에는 나도 성공을 잘 다루지 못했다. 그렇기 때문에 당신과 이러한 것들을 나눌 수 있는 것이다.

사탄은 항상 당신의 한 발짝 뒤에 서 있다. 그러고는 당신에게 십일조에 손을 대거나 잠시 빌리라고 할 것이다. 혹은 다른 사람의 것들을 탐내게 할 것이다. 순간의 만족을 위해 자신의 장자권을 팔아 버리는 것처럼 말이다. 만일 그렇게 한다면, 에서와 같이 모든 것을 잃고 말 것이다(창세기 27장 30~38절, 히브리서 12장 17절을 보라).

탐닉, 음행, 돈을 잘못 다루는 것이나 오만한 태도나 행동들은 우리를 완전히 파멸시킬 수 있다. 이러한 모든 것들을 극복해야만 한다.

전에 한 번도 경험해 보지 못한 고백과 겸손이 요구될 것이고, 새로운 시작을 할 수 있는 곳으로 가야 할 시간이 요구될 것이다.

"작은 예방이 병든 후의 치료보다 귀한 법이다"라는 오래된 속담을 기억하라. 목회자들뿐만 아니라 다른 사람들의 삶과 사역에 있어서 진리와도 같은 말이다.

"젊은 자들아 이와 같이 장로들에게 순종하고 다 서로 겸손으

로 허리를 동이라 하나님은 교만한 자를 대적하시되 겸손한
자들에게는 은혜를 주시느니라"(벧전 5:5).

제10원리 - 주님의 일을 분명하게 돌보면 주님께서는 당신의 일을 돌보실 것이다

"믿음이 없이는 하나님을 기쁘시게 하지 못하나니 하나님께
나아가는 자는 반드시 그가 계신 것과 또한 그가 자기를 찾는
자들에게 상 주시는 이심을 믿어야 할지니라"(히 11:6)

주님께서 의도하신 청지기 정신이란 믿음으로 한 걸음 한 걸음을 옮기는 것이다. 한때 나는 하나님께 믿음에 대한 정의를 내려 달라고 한 적이 있었다. 주님께서 주신 답은 내 삶을 완전히 바꿔 버렸다: "믿음이란 성령이 초자연적으로 네 의심을 완전히 비우고, 그곳을 앎으로 채움으로 그 순간부터 의심하지 않는 것이다!"

당신은 믿음으로 발을 내딛고 하나님께서 당신을 부르신 잠재력에까지 도달할 수 있다. 그러면 너무도 믿음에 집중한 나머지 앎이 당신의 영으로 들어올 것이다. 내 경험에 따르면, 앎이 있으면 의심할 수 없다. 그리고 기적이 일어나게 된다.

믿음을 우리가 뿌린 씨로 만드는 것은 예수께서 마태복음 17장 20절에 말씀하신 내용이다. 제자들은 예수님께 그들이 왜 실패했는지를 물었다. 그리고 주님께서는 이렇게 대답하셨다: "이르시되 너희 믿음이 작은 까닭이니라 진실로 너희에게 이르노니 만일 너희에게 믿음이

겨자씨 한 알 만큼만 있어도 이 산을 명하여 여기서 저기로 옮겨지라 하면 옮겨질 것이요 또 너희가 못할 것이 없으리라."

왜 그러한가? 믿음으로 행하는 것은 씨앗의 움직임과 같기 때문이다. 당신의 믿음을 뿌려진 씨와 같이 작용하게 하는 것이 당신으로 하나님의 일을 할 수 있게 만들고, 그러면 하나님께서는 당신을 분명히 돌보실 것이다.

씨가 땅에 뿌려지고 흙이 덮이자 흙이 씨에게 말했다: "내가 너를 완전히 덮어 버렸다."

그러자 씨앗이 대답했다: "아니요, 그렇지 않아요. 당신이 아무리 무겁다고 해도 저는 당신을 뚫고 자라게 될 거예요. 제 안에 하나님께서 주신 생명이 있으니까요."

정말 그렇다. 씨앗은 자라고 또 자라 열매를 맺고 커다란 나무가 된다. 하나님의 생명이 당신이 뿌린 바로 그 씨앗 안에 있다. 씨앗 믿음이야말로 진정으로 내가 믿음을 드러내는 방법이다. 씨앗 믿음이 내게 하나님께서 내 경제 상황뿐만 아니라 남은 평생을 책임지실 것을 알게 했고, 마지막 날까지 아무런 빚도 지지 않게 할 것이다.

나는 당신 개인과 사역의 경제 상황에 대한 이러한 열 개의 원리들이 당신의 마음 깊은 곳에 자리 잡기를 기도한다. 만일 그렇게 되면, 확신하건대, 당신에게 더 나은 날들만이 기다리고 있을 것이다.

Important Points

1. 돈을 다루는 지식의 근원에서 시작하라.

2. 하나님과 인간의 최고의 기준을 붙들라.

3. 돈을 다루는 데 있어 하나님께서 주시는 지혜를 구하라.

4. 하나님과 그분의 영적인 번영을 구하라. 그러면 당신은 아무런 부족함 없는 상태에 이르게 될 것이다.

5. 가족의 경제적인 필요를 돌보라.

6. 빚을 조심하라.

7. 모략들과 헛된 꿈들을 피하라.

8. 당신이 신뢰할 수 있는 사람을 찾으라.

9. 놀라운 일: 성공이 실패보다 다루기 힘들다.

10. 하나님의 일을 잘 돌보면, 그분께서는 당신의 일을 돌보신다.

14장

순종의 대가

1977년, 하나님께서는 내게 믿음의 도시 의료 연구 센터를 건축해서 하나님의 치유 도구인 기도와 의술을 통합할 것을 명하셨다.

한 치유 전도자가 이러한 일을 시도한다는 말에 의료계, 언론뿐 아니라 길거리를 다니는 일반 사람들에게까지 큰 소란이 일어났다. 내가 제안한 것이 6만 평이 넘는 대규모 종합 단지였기 때문이다.

기도와 의술을 통합하는 것은 오래전부터 이야기되어 왔지만 아무도 그러한 것을 시도한 적은 없었다.

내가 치유 사역을 시작한 1947년 5월 이후 나는 가르치고, 선포하고, 치유하는 사역을 통해 치유의 능력이 나오는 것을 보았다(마 4:23). 또한 하나님께서는 의술과 영양분, 운동, 긍정적인 사고 그리고 기후와 같은 것들을 통해서도 치유하신다고 믿는다.

이러한 일들을 부흥회에 몰려든 사람들에게 이야기했지만 마치 아무것도 없는 공간에서 혼자 외치는 것만 같았다. 이 모든 것들이 그들에게는 눈으로 볼 수 없는 것들이었다. 나는 믿음으로 그것들을 보았다. 영으로 하나님의 치유의 강물을 하나로 합칠 수 있다는 것을 알고 있었다. 하지만 너무도 길고 힘든 길이 앞에 놓여 있었다.

부흥회를 후원하던 목회자들은 여러 교단에서 온 분들이었는데, 대부분 믿음으로 치유되는 것은 믿었지만, 의술에 대해서는 부정적인 사람들이었다. 하지만 나는 그렇지 않았다. 병자들을 위해 기도하셨던 내 부모님은 의료 기술을 사용하는 데 열려 있는 분들이었다. 그렇기 때문에 나도 이 두 치유법에 대해 아무런 편견도 가지고 있지 않았다.

하나님께서 내게 명하신 것들(가르치고, 선포하고, 병자들 위에 손을 얹음)을 가지고 미국 전역을 순회하면서, 나는 조심스럽게 내가 아닌 하나님께서만이 고치실 수 있다고 말했다. 내 기도를 통해 치유를 받았다고 믿는 사람들에게 나는 공개적으로 그들의 주치의를 찾아가서 치유에 대한 증언을 하기 전에 확인을 받으라고 강하게 이야기했다.

내가 준비되어지지 않았기 때문에 사나운 논쟁이 벌어지고 말았다. 교회 지도자들은 사람들에게 부흥회에 참석하지 말라고까지 했다. 그들은 믿음으로 치유되는 것만을 보기 원했다. 몇몇 교단의 지도자들은 심지어 언론이 퍼붓는 의심과 조롱을 거들기까지 했다.

반대는 조금도 수그러들지 않았다. 전혀 멈출 기미가 보이지 않았다. 모든 것들이 성경에 있는 것들이었는데도 말이다. 한 번도 그런 적이 없음에도 나는 내 근원의 하나님께로부터 돌아서서 1만 석짜리 대형 천막 성전을 거두고 집으로 돌아가야만 했다.

사역 초기, 나는 절대 재물이나 영광에 손을 대지 않고, 나를 비판하는 사람들에게 반격을 하지 않겠다는 서원을 했다.

하나님께 순종하고, 그분의 치유 능력을 내 세대에 전하는 것에 내 모든 것을 바쳤다.

1954년, 대형 천막에서 벌어지는 치유의 현장을 전국 방송망에 흘려보내 수백만의 사람들이 안방에 앉아 하나님께서 치유하시는 것을 지켜보고 그리스도를 개인적인 구주로 영접할 수 있는 기회를 제공해 주었다. 이러한 일들이 벌어진 것은 처음이었다. 나 자신에게뿐 아니라 모두에게 진일보하는 일이었다.

그 후 하나님의 때에 우리는 하나님의 권위와 성령 위에 오랄 로버츠 대학을 세웠다. 현재 오랄 로버츠 대학은 내 고장인 털사의 16만 평의 대지 위에 학문과 영성에 있어 뛰어난 완전히 인가 받은 대학이 되었다.

오랄 로버츠 대학이 공식적으로 문을 연 것은 1965년이었다. 70년대 말, ORU 내에 의과대학과 믿음의 도시 의료 센터를 세우는 하나님의 때가 내게 이르렀다. 여전히 하나님의 치유하시는 도구인 기도와 의료 기술을 통합시키라는 하나님의 명령이 내 마음과 감정 가운데 있었다. 그것은 치유의 능력이 주님으로부터 왔다는 것을 사람들에게 알게 하기 원하는 것뿐만 아니라, 하나님께서 사람들을 온전한 모습으로 치유하시기 원하시기 때문이었다.

그것이 핵심이다. 예수님의 사역이 그러했던 것처럼, 오늘날에도 마찬가지다.

의료계의 지도자들이나 교회의 지도자들은 모두 의술이나 기도가 서로에게 상호 보완적이라는 것을 밝혀내기 위해 아무런 노력도 하지 않았다. 병자들은 단순히 육체적으로 혹은 영적으로만 아픈 것이 아니었다. 많은 병자들이 자신의 전 존재 안에 문제를 가지고 있었다.

그들에게는 기도와 의술이 상호 보완적으로 필요했다.

부흥회에서 너무도 절실한 수천 명의 병자들을 직접 만나면서, 나는 이 사실을 너무도 분명하게 직면했다.

두 치유의 도구가 하나가 되는 것을 간절히 지켜보기 원했지만, 나 자신이 그렇게 할 수 있는 위치에 있는 것처럼 보이지는 않았다. 하지만 하나님께는 그렇지 않았다. 하나님께서는 내가 지금까지 들어 온 친숙한 그분의 목소리로 말씀하시며 두 치유의 도구를 한 지붕 아래 두는 이 엄청난 발걸음의 첫발을 내디디라고 명하셨다.

내가 사역 초기부터 그렇게 했던 것처럼, 나는 그분의 말씀을 듣고, 기도했고, 그 말씀을 묵상했다. 또한 들은 말씀이 하나님의 기록된 말씀과 어떻게 일치하는지를 살펴보았다. 선지자들과 사도들, 그리고 다른 믿는 자들이 병든 자들과 곤경에 처한 사람들을 직접적으로 대면하는 모습들을 하나님의 말씀 안에서 분명하게 볼 수 있었다 (누가복음과 사도행전의 저자인 누가는 의사였다 - 골로새서 4장 14절을 보라). 이것을 내 영으로 보고 또한 수많은 사람들을 직접 대면한 후, 나는 하나님의 때가 이를 것을 기다렸다.

대가를 지불하라

나는 이미 내 삶을 향한 하나님의 부르심에 대한 대가를 지불했다. 때로 내가 감당할 수 있는 그 이상이었고, 소위 종교 지도자들이라고 하는 사람들에게서 비난을 받았으며, 절대 감시의 눈길을 떼지 않는 언론으로부터 끊임없는 조롱과 선정적인 문구를 통한 비난이 계속되었다.

내가 성경을 아는 한, 하나님께 순종하는 것이 사탄이나 인간들이 오해를 하고 내게 반대를 하는 것보다 훨씬 중요했다.

어떤 대가를 치르든 하나님께 순종해야만 했다.

선지자 사무엘은 이렇게 말했다: "순종이 제사보다 낫고 듣는 것이 숫양의 기름보다 나으니"(삼상 15:22). 다윗은 자신이 "하나님의 뜻을 따라"(행 13:36) 하나님께 순종했으며, 아브라함은 "믿음으로 … 순종하여"라고 기록되어 있다(히 11:8).

순종에 초점을 맞추고 벗어나지 않는 것이 내게 가장 중요했다. 살아남느냐 무너지느냐. 하지만 나는 하나님께 순종하는 데 초점을 맞췄다.

1977년 ORU가 의과대학과 믿음의 도시 의료 센터를 세운다는 소식이 전해지자 지역 의료기관들이 우리를 상대로 싸움을 걸어 왔다.

결투를 신청하는 긴 장갑이 던져졌다. 그리고 그 상대는 오랫동안 치유 사역을 해 온 나 오랄 로버츠였다. 하지만 하나님께서는 항상 남은 자들을 준비시키셨다. 그들은 오직 하나님께만 무릎을 꿇는 자들이었다.

나는 이 남은 자들이 어느 세대든지 존재하는 것을 발견했다. 성경에는 하나님께서 누군가를 그분을 위해 부르실 때, 일련의 사람들의 마음에 도울 것을 말씀하신다는 사실이 담겨 있다. 하나님께서는 부름 받은 사람 혼자서는 하나님의 일을 감당할 수 없음을 알고 계셨다. 나도 마찬가지였다.

1977년 초, 에벌린과 리처드와 나는 기도하기 위해 남서쪽 사막 지대로 갔다. 하나님께서는 그곳에서 내게 다시 말씀하셨다: "네 사막에 비를 내리겠다." 그분의 말씀에는 어떻게 눈으로 볼 수 없는 의과대학을 세우고 믿음의 도시를 세우는 불가능을 행하는지에 대한 자세한 설명이 들어 있었다. 그것은 기도와 의술을 행하는 종합 단지로서, 하나의 기초에 60층, 30층, 20층짜리 세 개의 탑이 세워지는 것이었다. 그 엄청난 종합 건물에서 우리는 주님의 치유의 도구를 하나로 만드는 일을 시작하게 될 것이다.

이 엄청난 규모의 건물들과 거대한 프로젝트 자체가 세상의 이목을 받기에 충분했다. 전에는 경험해 보지 못한 반대가 일어나는 것은 당연한 것이었다.

의료계가 믿음의 도시 의료 센터를 세우는 것을 반대했기 때문에, 우리는 이 일을 털사 법정으로 가져갔고, 결국 우리는 승소했다. 오클라호마 고등법원에서도 마찬가지였다. 후원자들의 가족들로부터 4천 통의 후원 편지들이 오클라호마 입법부로 배달되었다. 그러한 일들은 입법부에서도 처음 있는 일이었다. 법원에서는 즉각적으로 프로젝트를 승인해 주었다.

재판이 계속되는 동안에도 공사를 계속하여 20층이 더 올라갔다. 600만 달러로 시작되었던 공사에 1억 8천만 달러의 자금이 들어와 아무런 빚도 지지 않고 공사를 계속할 수 있었다.

뉴스를 통한 계속되는 공격들과 뒤에서 벌어지는 공격들도 절정에 이르렀다. 사람들은 단순히 언론 매체를 통해 읽고 듣는 것들을 가지고 나의 노력들을 판단했다.

더 이상 돈이 들어오지 않았다.

나는 돈을 빌리기를 거절했다.

결국 공사는 멈춰지고 말았다.

만일 내가 하나님께서 말씀하신 프로젝트들을 **믿음**으로 완성시키지 못한다면, 그것은 완성시킬 만한 가치가 없는 것이다.

내 믿음에 카운터펀치를 맞은 것을 인정한다. 내 믿음이 건물의 외형적인 골격들보다 높지 않은 것처럼 느껴졌다. 오랄을 조롱하는 문구들이 여기저기서 개가를 울리고 있었다. 언론에게도 대승리의 날이었다. 의료계에서도 내가 이 프로젝트를 완성하지 못할 것이라고 믿었다.

오랄 로버츠 대학의 직원들과 전도 사역 팀에서도 걱정을 하는 사람들이 생겨났다. 의심하거나 반대를 한 것은 분명 아니었다. 나는 사실 대학 중앙에 있는 기도 탑에서 살고 있었다. 기도 탑의 60미터 되는 곳에 나의 특별 기도실이 있다. 나는 그곳에서 자주 금식하고 기도하면서 동역자들이 보내 온 기도 요청들과 질병과 문제들을 가진 사람들을 위해 기도했다.

믿음이 있었음에도 세상은 너무도 어두워만 보였다. 나 자신이 하나님의 명령을 수행하지 못하고 있다는 사실 때문에 상처를 입고 말았다. 그렇게 느껴서는 안 되는 것을 알고 있었지만, 어쩔 수가 없었다.

어느 날 오후, 나는 공사가 중단된 종합 단지를 둘러싸고 있던 철골 담장 밖에 차를 세웠다. 차 옆에 서서, 한 손은 차 위에 올려놓고 다른 손은 공사가 끝나지 않은 거대한 건물들을 향해 들었다. 눈물이 얼굴을 타고 흘렀고, 마음은 몸 밖으로 찢겨져 나올 것만 같았다. 기도를 하고 있던 내 온몸이 떨려 왔다. 나는 강한 기름부음을 느꼈다.

중앙의 철골 건물은 높이가 180미터가 넘었고, 완공되면 오클라호마에서 가장 높은 건물이 될 것이었다. 갑자기 나는 영의 눈으로 예수께서 건물 뒤편으로부터 나타나시는 모습을 보았다. 예수께서는 몸을 굽히시고는 아직 공사가 끝나지 않은 믿음의 도시 의료 센터의 철골 건물 아래로 손을 넣고 들어 올리셨다. 그러고는 이렇게 말씀하셨다.

"내가 이 건물을 들어 올리는 것이 얼마나 쉬운지 알겠느냐?"

나는 떨리는 목소리로 대답했다.

"예수님! 당신께서는 정말로 그렇게 하실 수 있습니다!"

나사렛 예수 그리스도, 살아 계신 하나님의 아들이신 예수께서 내 앞에서 총 6만 평이 넘는 건물을 들어 올리고 계셨다. 그렇게 내게 얼마나 그 일이 쉬운 일인지를 보여 주고 계셨다.

목멘 상태로 나는 이렇게 울부짖었다.

"주님, 다시 한 번 자금이 모자랍니다. 마귀가 우리를 넘어뜨리려 하고 있습니다. 우리 동역자들의 후원과 자금 흐름을 막고 있습니다."

예수께서 다시 하신 말씀은 내 머리와 온몸을 가득 메우는 듯했다.

"하지만 내게는 돈이 부족하지 않다. 이 땅의 모든 금과 은이 내 것이다. 아브라함을 믿음과 사랑과 비전, 재물에 있어 부요하며 모든 믿는 이들의 조상으로 만든 것은 다름 아닌 나이다."

문득, 나는 주님의 백성들이 가난하다고 느끼면서 지갑을 들여다보고는 언제 그것이 채워질지를 염려하고 있는 모습이 생각났다.

내 마음을 읽고 계시기라도 한 듯이, 예수께서는 이렇게 말씀하셨다.

"하나님이 누구이고 또한 네가 누구인지를 깨닫고, 아브라함이 십일조를 드린 것처럼 너도 드린다면 절대 너뿐 아니라 나의 모든 자녀들은 가난해질 수 없다. 네가 그렇게 믿음의 씨앗으로 십일조를 내게 바치면, 내 부요함이 너의 모든 필요에 흘러넘치게 될 것이다. 내가 하늘과 땅의 모든 부요함을 나를 믿고 순종하는 너희 각자에게 줄 것이다. 내가 이 모든 것들을 가졌기 때문이다."

"하지만 예수님, 저와 제 동역자들은 처음에 믿음으로 시작해서 의과대학과 믿음의 도시 의료 센터 건축을 위해 순종함으로 지금까지 이렇게 돈을 들여 왔습니다. 이제는 제가 올 수 있는 곳까지 온 것 같습니다"(나는 처음으로 내 믿음을 모두 써 버렸다고 느꼈다).

나는 계속해서 예수님을 바라보며 그분의 엄청난 임재하심 가운데 두려워 떨고 있었다. 그분이 믿음의 도시를 들어 올리시는 것이 얼마나 쉬운 일인지를 지켜보고 있을 때, 주님께서는 다시 말씀하셨다.

"그렇다, 여기까지가 네가 이끌어 올 수 있는 곳이다. 내가 너로 건축을 하게 하기 위해 선택했을 때, 나는 너 혼자서 이 일을 감당하지 못할 것이지만 내가 너의 동역자들에게 말할 것이고, 그들을 통해 완성할 것이라고 말했다."

바로 그때, 나는 내가 주님 앞에 완전히 벌거벗은 모습으로 서 있는 것 같이 느꼈다. 나는 주님께 수백만의 사람들이 주님의 음성을 듣고 믿음의 씨앗을 뿌려 지금까지 공사를 진행시켰으며, 그들 중에는 엄청난 희생을 치른 이들이 있음을 다시 한 번 말씀드렸다. 또한 공사를 마치기 위해서는 훨씬 더 많은 돈이 들고, 공사를 마치고 건물에 필요한 장비들을 채우는 것 또한 더욱 힘겨운 일이라고 말씀드렸다.

주님께서는 다시금 후원자들에게 말씀하실 것이며 그들을 통해 이 일을 완성하겠다고 말씀하셨다. 그럼에도 나는 왜 그리도 많은 사람들이 후원을 거의 중단하다시피 했는지를 이해할 수 없었다. 왜 더 많은 주님의 자녀들이 이 일을 돕도록 하는 그분의 음성을 듣지 못한 것일까?

예수께서 말씀하셨다.

"나는 이전의 동역자들뿐만 아니라 새로운 동역자들에게도 이야기했다. 나는 그들이 순종함으로 내가 그들을 축복하고 복의 근원이 되기를 원한다. 그들은 믿음으로 내게 순종해야만 한다. 그들이 내게 순종함과 동시에, 나는 나의 천사들을 보내어 원수들이 돈을 훔쳐가지 못하게 하겠다. 또한 나는 그들의 삶에 위대한 영적, 육체적, 경제적인 역사를 이룰 것이다."

그때 나는 너무도 심하게 울고 있었기 때문에 한마디도 할 수가 없었다. 나는 울부짖었다.

"예수님, 당신은 나의 구주시며 나의 근원이십니다. 내가 무엇을 하기 원하시나이까?"

"사람들에게 말해라! 동역자들에게 말해라. 내 말들을 그들에게 전해라. 네가 지금까지 그들에게 있었던 이들 중 가장 멋진 동역자가 되기 원하며, 너 또한 동역자로서의 역할을 하는 것을 이야기하라. 그들이 가진 문제나 필요들을 혼자 감당하고 있는 것이 아니며, 내가 나의 종이자 그들 최고의 동역자로서 네게 기름 부었음을 전하라."

갑자기 새로운 눈물이 홍수처럼 터져 나왔다. 내 모든 존재가 아브라함, 이삭 그리고 야곱의 하나님의 임재 아래서 떨고 있었다. 내가 보았던 예수님께서는 더 이상 그곳에 계시지 않았다.

하지만 주님의 영이 바람, 불길, 영광, 위대한 믿음, 진정한 순종으로 나를 휘감는 것을 느낄 수 있었다.

머리를 들고 일어나 보았을 때 건물은 아직 그 자리에 그대로 있었다. 속이 텅 빈 엄청난 규모의 건물이 채워지기를 기다리고 있었다. 하지만 내 안은 저녁을 알리는 어두움을 몰아내는 빛으로 가득했다. 마치 지구 저편을 넘어 하늘까지 분명히 볼 수 있을 것만 같았다. 하늘의 볼 수 없는 것을 보았을 때, 우리의 세계에서 돌진하며 으르렁거리던 것들을 대항하는 커다란 고요를 보았다.

그러고는 남자들과 여자들, 아이들의 셀 수 없는 무리가 내 눈앞에서 마치 나를 격려하며 믿음의 도시 의료 센터가 그들을 향해 문을 열기를 기다리는 모습을 보았다. 그들은 마치 하나님의 영광을 만져 보기 원하는 것처럼 보였다. 그들의 육체를 본 것은 아니었지만, 너무도 분명한 모습이었다.

나는 성경에 있는 내용들을 기억해 냈다. 얼마 전 말라기 3장 10절을 다시 공부했는데, 그곳에서 하나님께서는 이렇게 말씀하셨다: "만군의 여호와가 이르노라 너희의 온전한 십일조를 창고에 들여 나의 집에 양식이 있게 하고 그것으로 나를 시험하여 내가 하늘 문을 열고 너희에게 복을 쌓을 곳이 없도록 붓지 아니하나 보라." 우리가 담을 수 없는 것은 오직 홍수뿐이라는 사실이 깨달아졌다.

하나님께서 이렇게 말씀하시는 것 같았다.

"내가 내 백성들에게 주려고 하는 것은 물줄기나 시냇물, 강과 같은 것이 아니라 끊임없이 흘러나는 내 축복의 홍수다. 그렇기 때문에 그 복은 절대로 어디에도 담을 수 없는 것이다."

엄청난 계시의 은총이었다. 그리고 그것이 내 말이 아닌 하나님의 말씀인 것을 알고 있었다.

비판은 더욱 심해져만 갔다

나는 시동을 걸고 대학 교정을 지나 집으로 갔다. 에벌린은 집에 없었기에 나는 아내를 기다렸다. 누군가에게 이야기를 해야 했기 때문이었다.

얼마 후 에벌린이 돌아왔다. 리처드와 린지가 바로 뒤에 서 있었다. 그들은 나를 보고는 이렇게 말했다.

"무슨 일이 있었던 거죠?"

"자리에 앉으면 이야기해 주지."

그리고 그들에게 모든 말을 전했다.

우리는 최대한 빨리 방송 프로그램을 만들고 동역자들에게 무슨 일이 있었는지를 전했다. 비판하던 사람들이 그 소식을 전해 들었을 때, 그들은 내가 믿음의 도시 의료 센터의 두 배나 되는 모습의 예수님을 보았다는 그 엄청난 이야기가 내 모든 수고들을 끝나게 할 것이라고 생각했다. 그들은 오랄 로버츠가 키가 270미터인 예수님을 보았다고 전했다. 하지만 편지와 방송이 후원자들에게까지 전해졌을 때, 그들은 그것을 영적으로 받아들였다. 육의 일은 육으로, 영의 일은 영으로 판단하지만, 이 두 영역 모두 주님의 것이다. 동역자들의 반응은 실로 엄청난 것이었다.

내가 편지와 방송으로 이야기를 전한 첫 달, 우리는 백만 통의 편지를 받았다. 대부분 특별한 믿음의 씨앗을 담고 있었고, 다음과 같은 글들이 적혀 있었다.

"신문을 읽었지만 정확히 그들이 무슨 말을 하는지는 알지 못했습니다. 이제 우리는 하나님께서 의술과 기도를 하나로 만드시는 이 일에 역사하고 계신 것을 마음으로 알게 되었습니다."

그 즉시 나는 공사를 다시 시작하라는 명령을 내렸다. 우리의 역사를 의심하던 수천 명의 사람들이 이 공사가 중단되었을 것을 기대하고 찾아왔다. 나는 그들이 분명 전에는 이 일을 하나님의 것이 아닌 내 개인의 일로 보았을 것이라고 생각한다. 하지만 그것이 주님의 것일 때는 분명히 다른 것이다!

공사가 마쳐지지 않은 건물보다 두 배나 큰 예수님을 보고 믿음의 새 힘을 얻었을 때를 되돌아보며, 나는 당시 내가 중요한 진리 하나를 깨닫지 못했던 것이라고 느낀다. 성경은 말하기를, 예수께서 아마겟돈에서 그분의 신부 된 성도들과 함께 싸우실 때, 그분은 이 온 지구를 완전히 채우실 것이라고 말씀하고 있다: "볼지어다 그가 구름을 타고 오시리라 각 사람의 눈이 그를 보겠고 그를 찌른 자들도 볼 것이요 땅에 있는 모든 족속이 그로 말미암아 애곡하리니 그러하리라 아멘"(계 1:7).

내가 그 사실을 깨닫고 있었다면, 분명 언론에서는 키가 270미터이신 예수님이 아니라 내가 본 예수님의 수십억 배인 온 하늘을 가득 채운 예수님을 전하게 될 것이다.

Important Points

1. 하나님께서 당신에게 진리를 드러내실 때, 어떠한 반대가 당신에게 닥친다 하더라도 그것을 믿고 신뢰하라.
2. 어떤 대가를 치르더라도 하나님께 순종하라.
3. 당신의 가장 어두운 순간에, 예수께서는 당신에게 계시와 말씀과 볼 수 없는 것을 보여 주실 것이고, 그것들이 당신으로 하여금 앞으로 나아가도록 도울 것이다.
4. 싸움이 가장 치열할 때 하나님의 말씀 안에 거하라. 가장 안전한 곳은 주님 안이다.

15장

8백만 달러의 논쟁과 개 경주업자

내가 이곳에서 나누고 있는 것은 내 인생과 사역에 있어서 가장 비통한 경험이다. 나는 내 삶을 포기하게 할 만큼 심각한 싸움 가운데 있었다.

또한 많은 높고 낮은 사람들에게 가장 심각한 오해를 불러일으켰고, 그것은 무려 1년이나 지속되었다.

믿음의 도시 의료 센터를 건축하면서 우리는 오랄 로버츠 대학의 의과대생들이 그곳에서 수련의 과정을 마칠 것이라고 기대했다.

나는 얼마 전 성령을 받은 정형외과 전문의를 의대 학장으로 세웠다. 나와 학장은 성령이 충만하고, 학교의 이념을 이해하며, 또한 그러한 것들에 생각이 열려 있는 전문 인력들을 불러 모았다. 선교 현장에서 사역하던 몇몇이 ORU로 직접 와 주었다. 그들은 그러한 역할에 있어 좋은 모델이자 큰 도움이 되어 주었다.

나는 의과대학 인가를 받기 위해 미국 의사협회 최고 회장을 만나러 가야만 했다. 회장은 거듭난 그리스도인이었고, 신유도 어느 정도 믿고 있었다.

의대를 세우는 목적에 대해 평가를 받기 위해 그를 만났을 때, 우리는 협회 사무실을 떠나 둘만의 공간으로 이동했다. 나는 내 성경책을, 그리고 회장은 회장의 것을 가지고 있었고, 나는 의료 선교 팀을 앞세운 세계 선교를 해야 하는 내용을 뒷받침해 주는 성경 구절을 그에게 퍼붓다시피 했다.

미국에 대략 53,000명의 의사들이 있지만 오직 400명 정도 되는 의료 선교사들만이 선교 현장에서 활동 중이라는 사실을 회장에게 일깨워 주었다.

전 세계에 가장 많은 선교사를 파송한 침례교단의 교인이면서 또한 하나님의 성회에 속해 있기도 한 회장은 그 사실을 너무도 안타까워했다. 내게 충격이었던 것만큼 그에게도 충격이었던 것이다.

나는 "하나님께서 내게 의과대학을 세우라고 명하신 것은 바로 그 이유에서입니다"라고 말했다.

"좋습니다. 나는 당신 편에 서도록 하죠. 만일 당신의 진정한 목적과 의과대학들의 분명한 목표가 의료 선교 팀을 위한 것이라면 나는 전적인 지원을 하도록 하겠습니다."

"박사님, 거기에는 북미 지역의 미국 원주민들과 절대적으로 의사가 부족한 고립된 지역들도 포함됩니다. 우리는 또한 의술로 선교사들에게 문을 닫고 있는 나라들의 문을 열 것입니다."

나는 그에게 내가 70개국에서 사역을 했지만 내가 만난 의료 선교 팀은 오직 하나였다는 사실을 말해 주었다. 내가 본 그 의료 선교 팀이 수천의 아프리카 부족들이 복음에 문을 열도록 만드는 것을 보았다.

"하나님께서 나를 내 세대에 그분의 치유의 능력을 전하도록 부르셨습니다. 하지만 의과대학 없이는 그 사명을 완수할 수 없습니다."

하나님께서는 그의 마음을 열어 주셨고, 1976년 우리는 결국 승인을 받았다. 의과대학은 1978년 말에 드디어 문을 열었고, 의료 교육 후 다른 나라들을 위한 선교 팀에 들어가라는 나의 부름에 응답한 수많은 열정 있는 젊은 의학도들이 모여들었다. 나는 여러 나라들의 지도자들을 만났는데, 그들은 선교 팀에 의사들이 함께한다면 선교사들에게 문을 열겠다고 했다.

1981년 11월, 믿음의 도시 의료 연구 센터는 대학 내에 성공적으로 문을 열었다. ORU의 의과대학에는 이미 최고의 전문 인력들이 자리를 잡고 있었다. 이미 세 번째 의료 선교 팀이 우리와 함께하고 있었다. 나는 가슴에 큰 기대를 가지고 앞으로 나아가고 있었다. 의과대학이 ORU의 대학원 중 가장 많은 비용 부담이 되었지만, 내게는 그것이 큰 문제가 되지 않았다.

나는 전문의들과 의과대학생들과 최대한 많은 시간을 함께했다. 나는 이미 주님께서 의료 선교 팀을 세우라고 하신 말씀이 완전히 이뤄졌다고 믿고 있었다.

첫 번째 졸업반이 수련 과정을 위해 믿음의 도시 의료 센터와 다른 의료 기관으로 갔을 때에서야 내가 무엇인가를 깨닫지 못하고 있음을 알게 되었다.

ORU의 선교 팀은 지구상의 어느 곳이든 갈 준비가 되어 있었고, 모두들 의사들을 기다리고 있었다. 의사들과 함께할 간호대 졸업생들도 준비를 마치고 있었다. 하지만 의사들이 함께하는 일은 일어나지 않았다.

모든 전문의들이 나와 뜻을 같이하고, 함께 노력해 왔다. 그러던 어느 날 그들과 함께하는 가운데 그때 우리가 직면하고 있는 진정한 어려움들이 무엇인지를 듣게 되었다. 그들은 학생들이 선교 팀에 합류하지 못하는 것이 의대 교육비가 너무도 비싸기 때문이라고 이야기했다. 대부분의 학생들이 부유한 가정 출신이 아니기 때문에 그들 대부분이 75,000달러에서 10만 달러를 빌려야만 했다. 때문에 수련의 과정이 끝난 후에는 빚을 갚기 위해 몇 년간 미국의 의료 기관에서 일을 해야만 하는 것이었다.

나는 다시 한 번 그들에게 내가 동역자들에게 씨앗 믿음을 가르치고 그대로 행함으로 인해 ORU와 의과대학, 그리고 믿음의 도시 의료 센터를 여기까지 오게 한 것이라고 설명했다. 나는 오직 믿음으로만 행했다. 만일 사역과 대학에 있는 모두가 나와 함께 믿음으로 행한다면 의대생들까지도 이 모든 일들을 완성할 수 있다고 믿었다. 내가 아무것도 없는 곳에서 믿음으로 의과대학과 믿음의 도시를 세웠다면, 그들이 못할 이유가 무엇이란 말인가?

내 믿음이 나 자신에게로 돌아왔다. 모든 전문의들은 아니었지만 대부분이 그러했다. 한 의사가 이 문제에 새로운 빛을 비춰 주었다.

"우리는 의료 과학자들입니다. 우리는 지금까지 당신처럼 믿음으로 살지 못했습니다. 그곳까지 가지 못한 것뿐입니다."

나는 나 자신을 책망하며 밖으로 나갔다. 내게는 하나님께서 내게 말씀하실 때마다 함께한 어머니의 충고가 있었다.

"오랄, 항상 하나님께 순종하거라."

나는 다시 그대로 행했다. 이제 의술에 있어 즉각적인 것이란 없다는 것을 배웠다. 하지만 그렇게 보지 못했었고, 딘 윈슬로우가 내게 의사들을 훈련시키고 선교 팀에 보내는 것이 선교사들과 일꾼들을 훈련시키는 것과 같지 않다는 말을 한 것에도 주의를 기울이지 않았다. 그의 말을 듣지 않았던 것이다. 내 잘못이었고, 내 실수였다.

나는 내가 어떤 대가를 치르더라도 하나님께 순종하기 때문에 나와 함께하는 이들이 모두 그렇게 할 것이라고 여겼다. 너무도 힘겨운 교훈이 내 앞에 놓여 있었다.

하나님께서 개입하셨을 때 어떤 일이 벌어지는가!

이 사건으로 인한 고통을 안고 기도 탑으로 갔다. 기도 동역자들이 찾아왔고, 나는 그들에게 기도를 부탁하고는 개인 기도실로 들어갔다.

절대 혼자가 아니었음에도 나는 혼자인 것처럼 느껴졌다. 고통이 더욱 나를 비판하고 있었다. 내 문제들로 나를 완전히 장악하게 한 것이다. 나는 하나님을 향한 질문으로 가득 차 버렸다. 그러고는 잘못된 질문으로 첫 발을 내디뎠다: "왜입니까?"

나는 패배자가 이렇게 말하는 것을 들었다.

"왜 이 일이 내게 일어난 거지? 내가 무엇을 잘못했단 말인가?"

하지만 승자는 모든 잘못된 일들을 바라보고 이렇게 말한다.

"자, 이제 나는 무엇을 하면 되는 거지?"

기도 탑에 있던 두 번째 날, 나는 드디어 "주님 왜입니까?"를 극복할 수 있었다. 그리고 영적으로 받아들이고 믿음으로 돌아갔다.

"이제 무엇을 하면 되는 것입니까?"

하나님께 물었다. 분명 빠르고 쉬운 대답을 기대했던 것 같다.

내가 전에 수도 없이 들었던 주님의 분명하고 친숙한 목소리가 들려왔다.

"아들아, 나는 네게 의술과 치유 팀을 전 세계에 보내라고 명했다. 그것만이 그 나라들로 복음에 문을 열게 하는 방법이기 때문이다. 그렇기 때문에 네게 의과대학을 세우라고 한 것이다. 하지만 너는 실패하고 있다. 이제 이 상황을 되돌리는 데 남은 올해를 네게 기한으로 주겠다. 만일 그 기간 동안 선교 팀을 내보내지 못한다면, 그 다음 네가 서야 할 곳은 내 앞이 될 것이고, 그곳에서 왜 의사들과 선교 팀들을 병든 자들을 치유하고 영혼을 구원하도록 내보내지 못했는지 설명해야 할 것이다."

마치 배가 뒤틀리는 듯한 느낌이 들 만큼 너무도 충격적인 말이었다. 너무도 깊은 충격에 무슨 일이 벌어지는지도 잊을 정도였다.

나는 하나님께 문제를 말씀드렸다. 학생들의 빚에 대해 말씀드린 것이다.

"주님, 저는 사역을 위해 필요한 돈이라는 믿음으로 제가 할 수 있는 최선을 다했습니다. 하지만 의대생들의 빚을 완전히 청산할 수 있을 만큼의 충분한 장학금을 주기 위해 얼마만큼의 재정이 필요한지는 전혀 알지 못합니다."

하나님께서는 나를 놀라게 하셨다.

"800만 달러가 필요하다. 나는 네가 그 돈을 모을 수 있도록 믿음의 수준을 끌어올리기 원한다. 이제 네가 내 계획을 수행할 수 있도록 너의 동역자들과 새 동역자들에게 불타는 소망을 불어넣겠다. 심지어 다른 사역을 위해 계획되었던 것들도 이 일을 위해 사용하도록 할 것이다."

내가 하나님께서 하신 말씀을 이해하려고 노력하는 사이 주님께서는 다시 말씀하셨다.

"또한, 나는 네가 성경을 펴고 나의 보상 체계를 확인해 보길 원한다. 너의 동역자들에게 내 보상 체계에 대해 편지를 쓰고 말하라. 그들의 구원이 은혜이며, 내 자비로 주어지는 선물임을 전하라. 하지만 그들이 '행한 대로' 상을 얻게 될 것이고, 그 상은 내 앞에 섰을 때뿐만 아니라 이 땅에 있는 동안에도 주어진다는 사실을 전하라. 그들이 뿌린 씨의 30배, 60배, 100배뿐만 아니라(마가복음 4장 20절을 인용하셨다), 사탄이 훔쳐간 것들의 7배를 돌려받게 됨을 전하라"(잠언 6장 31절을 보라).

다음 몇 주 동안 나는 정확히 하나님께서 명하신 대로 행했다. 내가 전할 증거는 내 동역자들을 포함한 모든 사람들의 머리 위로 전해졌다. 하지만 그러고는 무엇을 해야 할지 전혀 알지 못했다. 그럼에도 하나님의 말씀들이 내 안에서 종을 울리고 있었다. 그분의 일을 말하는 것이다. 하나님은 그분께서 말씀하신 일을 행하시는 분이시다.

나는 이 모든 것들을 기도하기 위해 모인 ORU 학생들 앞에서 나누었다. 그 시간에 하나님께서 내 눈을 열어 무언가를 보게 하셨던 것을 기억한다. 그리스도인으로 의사였던 누가는 사도 바울과 함께 전도여행을 떠났다. 그들은 의료, 사역, 전도 팀으로, 그들을 통해 하나님께서는 그분의 교회를 세우시는 위대한 일을 행하셨다. 후에 누가는 누가복음과 사도행전을 기록했고, 바울은 신약성경의 절반을 기록했다. 나는 하나님께서 내게 이 특별한 팀들을 내보내라고 하신 것이 얼마나 중요한 일인지를 보게 되었다.

12월의 마지막으로 달려가는 때에, 하나님께서는 다시 한 번 나를 찾으셨다.

"나는 너에게 이 의료 선교 팀의 사역을 위해 800만 달러를 모으라고 명했다. 이 일을 마치는 데 1월 1일에서 3월 31일까지의 시간을 주도록 하겠다. 만일 이 일을 완수하지 못한다면, 이 땅에서 너의 일은 끝날 것이고, 나는 너를 집으로 불러들일 것이다. 그리고 너는 왜 그 일을 완성하지 못했는지를 내게 설명해야만 할 것이다."

1987년 1월 4일, 나는 전국 방송을 통해 800만 달러가 부족하다는 사실을 알렸다. 그리고 만일 내가 그분의 말씀하신 것을 이루지 못하면 내 사역은 끝이 나고, 하나님께서 나를 본향으로 불러들이실 것이라고 전했다.

모두가 내 말에 귀를 기울이는 것처럼 보였다.

분명 마귀들도 내 말을 듣고 있었을 것이다. '공중 권세 잡은 자'인 마귀는 가장 악하고 거짓된 방법을 동원해서 내 삶과 사역, 그리고 하나님의 높으신 목적에 대항했다. 하나님께서 내게 말씀하셨다고 한 내용을 뻔뻔스럽게도 잘못 전달되게 한 것이다.

방송에서는 헬리콥터를 보내 내가 기도를 하고 또 내 아들 리처드가 매일 방송 프로그램을 만드는 기도 탑을 촬영했다. 또한 많은 목회자들이 매주 날아와서 함께 기도하며 나를 후원했다. 그들은 내가 한 번도 하나님의 말씀을 거짓되게 증거하지 않음을 알고 있었다.

그러나 뉴스에서는 내가 전한 말들을 다음과 같은 제목으로 잘못 전달했다.

오랄 로버츠, 자신이 800만 달러를 모금하지 못하면
하나님께서 자신을 죽이실 것이라고 말하다.

그 뉴스에 동조하는 언론들과 수백 명의 교회 지도자들이 사실상 오랄 로버츠가 거짓 선지자이며 복음을 전하기에 충분하지 않고, 이 땅에서 사라져야 할 존재라고 선포했다.

이 교회 지도자들은 각 교단들과 신학교에서 이미 그 이름이 잘 알려진 사람들이었다. 수천 명의 목회자들이 그들을 따라 소리치며 그 뒤를 따랐다.

하지만 나는 이전에 보인 그 어떤 모습보다 견고하게 서 있었다.

"그 누가 무슨 말을 하더라도,
나는 하나님께서 내게 말씀하신 사실을 알고 있었고,
그분의 말씀대로 살도록 나 자신을 바친 상태였다."

하나님께서는 "나는 너를 본향으로 불러들일 것이다"라고 말씀하셨다. 하지만 언론에서는 "오랄 로버츠는 하나님이 자신을 죽일 것이라고 말했다"라고 전했다. 이 두 문장이 분명히 다르지 않은가?

그들의 거짓된 방법들은 결국 내가 하나님께 순종하겠다는 결심만을 더욱 강하게 해 줄 뿐이었다. 내가 치유 사역을 시작한 이후 사탄이 나를 대항하여 자신이 가진 힘을 동원해 방해를 하고, 세상의 지도자들과 여론을 이끄는 사람들이 자신들의 화두에 나를 올려놓고 대부분 조롱을 해 온 것은 한시도 쉬지 않고 있었던 일이었다.

내가 기도 탑에 있는 동안 리처드는 "래리 킹 쇼"나 "굿모닝 아메리카"와 같은 전국 토크쇼의 요청으로 출연을 해서 하나님께서 이야기하신 내용이 어떠한 것인지를 설명했다. 하지만 밀려들어오는 비판을 막을 수는 없었다.

내 영은 그 옛날 하나님의 신실한 백성인 남은 자들이 나를 위해 기도하는 것을 느낄 수 있는 곳까지 이르렀다. 내 말은 그것을 느꼈다는 것이다! 그 세 달 동안 자주 금식하며 기도했던 내게는 고기와 물과 같은 것이 아닐 수 없었다.

개 경주업자

하나님께서 정하신 기한이 가까워 오면서, 나는 사람들의 기부금이 얼마나 들어왔는지를 이야기하기도 전에 그 액수를 영을 통해 알 수 있었다. 재정 담당이 기도 탑으로 찾아오거나 전화를 해서 얼마의 돈이 들어왔는지를 이야기하려고 할 때, 나는 그의 말을 멈추게 하고 이렇게 말했다.

"얼마가 들어왔는지 내가 이야기해 주지."

그는 성령께서 내게 금액을 알게 하신 것으로 인해 그저 멍하니 서 있을 뿐이었다. 나는 그것이 초대 교회에 있었던 지식의 말씀의 은사가 지금도 동일하게 역사하는 것이라고 설명해 주었다. 우리는 하나님께서 그분의 복음이 오늘날 전해지는 것에 있어서 세세한 부분에까지 관여하고 계심을 잊지 말아야 한다.

하나님께서 믿음의 도시 의료 센터와 의과대학을 위해 계획하신 일을 완성하는 기한이 가까워지면서 플로리다에 있는 한 남자에게 매우 특이한 일이 일어났다.

어느 날 나와 에벌린이 리처드의 방송 프로그램에 출연했을 때, 에벌린은 내가 지금까지 들어온 기부금과 우리에게 필요한 액수의 차이를 잘못 이야기한 것을 바로잡아 주었다.

ORU의 학생들은 항상 에벌린이 공개적으로 나의 잘못을 고쳐 주는 모습을 좋아했다. 에벌린은 나를 사랑했고, 내가 옳은 일을 하기 원하는 것을 알고 있는 헌신된 아내였다. 그런 그녀에게는 내가 잘못을 범했을 때 바로잡아 줄 만한 권리가 있는 것이다.

방송이 진행되는 동안 에벌린은 이렇게 말했다.

"잠시만요, 오랄. 뭔가 실수를 하신 것 같은데요."

"여보, 내가 뭘 잘못했단 말이오?"

"800만 달러에서 얼마나 부족한지를 잘못 말씀하셨어요."

"그래요? 매일 정확한 액수를 알고 있었는데, 어떻게 오늘은 잘못 알고 있단 말이오?"

"당신이 왜 그랬는지는 모르겠지만, 우리에게 필요한 것은 130만 달러예요."

플로리다에서 개 경주장을 소유하고 있던 한 남자가 이 방송을 보고 있었다. 그는 함께하고 있던 사람들에게 우리가 분명 정직한 사람이라고 말했다. 내가 오랄 로버츠였음에도 내 아내는 방송이 진행되는 공개적인 현장에서 내 잘못을 바로잡아 줄 만큼의 용기가 있었던 것이다.

너무도 깊은 인상을 받은 그 남자는 우리에게 전화를 걸어 필요한 130만 달러를 모두 보내 주겠다고 했다. 다음 날 그는 수표를 들고 털사로 날아왔다. 나는 그에게 주님께서 그렇게 하라고 말씀하셨는지를 물었다.

"잘 모르겠어요. 하지만 분명한 것은 그것이 마귀는 아니었단 것입니다."

기도 탑에 특별히 준비된 방에 있던 모든 사람들이 함성을 지르며 하나님을 찬양했다.

"개 경주업자시라고요?"라고 내가 물었다.

"네! 그래요, 개 경주장을 소유하고 있죠."

"구원받으셨습니까?"

"잘 모르겠습니다."

나는 그의 손을 잡고 나를 따라 회개 기도를 함께 드리자고 했다. 나와 함께 기도하던 그의 눈에서 눈물이 흘러내렸다. 그의 표정이 변화되었고, 우리는 그곳에 임하신 하나님의 임재하심을 느낄 수 있었다. 우리는 서로를 얼싸안았다. 분명 하늘에서 이 구원받은 한 영혼으로 인해 잔치가 벌어지고 있으리라!

그 일이 있은 후 벌어진 일은 언론과 종교 지도자들이 내가 개 경주업자에게서 돈을 받았다는 것을 비판하는 일들이었다. 그들은 성경에 하나님께서 모든 부류의 사람들을 사용하신 것을 깨닫지 못하고 있었다. 심지어 죄인들과 영적으로 버림받은 이들도 예수님께서 사용하셨는데 말이다. 예수께서 오시기 전에도, 오신 후에도, 그리고 오순절 이후 첫 번째 교회가 세워진 이후에도 이것은 사실이었다. 가장 심한 오해와 불신, 박해와 고난이 하나님의 선택받은 지도자들과 다른 사람들로부터 쏟아졌다.

내가 보기에는 대부분의 그리스도인들과 심지어 목회자들까지도 이 일을 이해하지 못하고 있었다.

많은 사람들에게 성경은 그저 지혜로운 내용과 십계명, 예수님의 산상수훈, 그리고 서신서에 담긴 바울의 증언들이 기록된 이야기책으로만 보일 뿐이었다.

하나님께서 그분의 선지자들과 사도들, 그리고 후에 초대 교회의 제자들에게 은혜와 그 결과로 주신 내용들, 곧 "주님의 말씀들"은 일반적인 믿는 자들에게는 이해할 수 없는 것들이었다. 그러한 것들은 강력한 세상의 매체에 영향을 받는 세상적인 구조에서는 조롱받는 것들이었다.

그럼에도 하나님으로부터 직접적이고 잘못될 수 없는 부름을 받은 우리는 하나님께서 그분의 하신 말씀과 우리에게 명하시고 맡기신 것들을 다시 주워 담지 않으시는 분임을 알고 있었다.

만일 우리가 성경에서의 사건들과 우리 세대의, 그리고 개인의 삶에서의 사건을 볼 수 있다면, 우리는 우리의 발걸음을 멈추고, 숨을 멈추고, 우리가 어떤 대가를 치르더라도 하나님께 순종할 것을 선택할 것이라고 믿는다.

나는 비평가들에게 하나님께서 하신 말씀을 던져 주기 원한다: "은도 내 것이요 금도 내 것이니라 만군의 여호와의 말이니라"(학 2:8).

나는 이렇게 말했다.

"모든 돈이 주님의 것입니다. 돈에는 아무런 잘못도 없습니다. 만일 잘못된 것이 있다면 그 돈을 가진 인간의 잘못입니다. 이 개 경주업자에 대해 우리는 그를 주님께 인도하기 위해 최선을 다했습니다. 그 또한 우리와 함께 기도 탑에서 기도하는 동안 그리스도께서 자신의 마음속에 들어오시는 것을 느꼈다고 합니다. 또한 그 남자는 그 돈이 주님의 일을 위해 드려졌다고 믿습니다."

이 대답이 비판하는 이들을 잠재우지 못하게 되자, 나는 다른 목회자들에게 이렇게 물었다.

"만일 당신이라면 받지 않았겠습니까?"

모두들 받지 않겠다고 대답했다.

너무도 이상했던 일은 나와 에벌린이 개인적으로 그 남자 내외에게 감사의 뜻을 전하러 집으로 찾아갔을 때, 그는 자신이 돈을 기부한 후 돈을 요구하는 4천 건 이상의 요구를 받았다고 한 것이다.

"편지의 내용을 하나하나 다 읽었습니다. 교회들과 개인들, 또한 여러 다른 기관들로부터 온 것들이었죠."

"한 곳에라도 돈을 보냈나요?"

"아니요. 단 한 곳에도 보내지 않았어요!"

단 한 번 하나님께서 그분의 일을 완성하시기 위해 특정 액수를 모으라고 하셨고, 단 한 번 수천의 작은 자들에게 큰 은사가 주어졌고, 단 한 번 전 세계의 이목을 집중시킨 이 일은 내게 이러한 의미가 있었다. 하나님께서 그분의 치유의 강물을 하나로 합치기 원하신다는 것이다.

하나님께서는 나를 본향으로 불러들이지 않으셨다. 무엇보다, 그분께서는 우리가 건축하고 있던 것들을 계속하기 원하셨다. 우리는 마치 느헤미야가 하나님으로부터 무너진 예루살렘 성전을 재건하는 명령을 받았을 때와 동일한 반대를 받고 있다고 느꼈다(느헤미야 2장 5절을 보라).

느헤미야의 대적들이 그를 비웃고, 조롱하고, 그를 쓰러뜨리기 위해 달려들었을 때, 그는 한 손엔 삽을, 다른 한 손엔 창을 들고 사람들과 함께 하나님의 거룩한 도시의 성벽을 재건했다.

하나님께서는 그분의 이름을 영광스럽게 해 드리기 위해 그분의 음성을 듣고 순종하는 이들을 멈추게 하지 않으신다.

우리가 모금을 마치고 얼마 후, 에벌린은 워싱턴 D. C.에서 열린 여성 지도자들의 회의에 참석했다. 그곳에서 두 부인이 에벌린에게 이렇게 물었다.

"혹시 오랄 로버츠 부인 아니신가요?"

"네, 그런데요?"

"그러시다면 왜 하나님께서 오랄 로버츠 형제가 800만 달러를 모으지 못하면 그를 죽이시겠다고 했는지 설명해 주실 수 있나요?"

"하나님께서는 그렇게 말씀하시지 않으셨어요. 하나님께서는 의과대학을 유지하고 의료 선교 팀을 일으키기 위해 800만 달러를 모금하라고 하셨죠. 오랄은 그 사실을 텔레비전을 통해 알렸고, 그래서 동역자들이 참여했던 거예요. 하나님께서는 그에게 '만일 네가 800만 달러를 모금하지 못한다면, 네 일은 끝이 날 것이고, 나는 너를 본향으로 불러들이겠다'라고 말씀하셨죠. 하나님께서 그를 죽이시겠다고 하신 건 아니었어요. 방송에서 그렇게 말한 거죠. 제 남편은 하나님께 순종했어요. 돈이 들어왔고, 그래서 남편은 여전히 살아서 사역을 할 수 있게 된 거죠."

두 부인은 놀라고 말았다. 그들은 언론이 하는 말을 믿었었고, 이제 눈이 휘둥그레질 수밖에 없었다.

수백만의 사람들이 똑같이 느꼈을 것이다. 그들은 하나님의 말씀보다 마귀의 거짓말에 더 귀를 기울였다. 분명히 하나님의 말씀에 나와 있는 내용인데도 말이다.

15년의 세월이 흘렀다. 우리의 의료 선교 팀은 수많은 나라에서 활동 중이고, 몇몇은 병원을 짓기도 했다.

가나에서는 한 추장이 1985년 ORU 의과대학을 졸업한 셋 아브로 박사에게 병원 부지로 허락한 땅에 의료 센터를 세웠다. 그곳은 기름지고, 기도와 의술이 완전히 연합된 곳이었다. 정부 지도자들은 내게 아브로 박사와 이 새로운 의료 시설이 자랑스럽기만 하다고 했다. 가나는 우리에게 완전히 문을 열어 주었다.

나이지리아의 베닌 시에서는 내 아들 리처드가 그 나라의 지도자들과 함께한 자리에서 새로운 의료 센터를 헌납했다. 이 의료 센터는 1983년 ORU 의대를 졸업한 마크 바보 박사에 의해 세워졌다.

1988년, 과테말라에서 짐 저클의 의료 선교 팀과 함께 있었다. 짐이 그곳에서 내가 본 사람들 중 가장 심각한 병자들을 의술로 돌보는 사이 나는 그들을 위해 기도했다. 짐과 그의 선교 팀에서 나온 사람들은 ORU의 수련의들을 그들의 핵심 인물로 세웠다. 그들의 사역은 하나님께서 내게 말씀하신 그대로 이뤄지고 있었다.

내가 아프리카에 부흥회를 인도하기 위해 마지막으로 갔을 때, 미국 대사는 나를 기쁘게 맞이하였고, 단 한 번이지만 언론에서도 호의적인 기사를 실었다. 내게는 전혀 새로운 경험이었다.

약 30만의 인파가 집회 장소인 체육관을 가득 메웠다. 나는 말씀을 선포하고 하나님의 치유의 능력으로 사람들을 섬겼다. 셋 박사와 다른 의사들이 그곳에 함께한 것은 큰 격려가 되었다. 집회를 마칠 무렵 키가 훤칠한 한 ORU 의과대 졸업생이 나를 찾아왔다. 내가 그곳에 오게 된 것을 전해 듣고는 그때가 나를 볼 수 있는 마지막 기회라는 사실을 알게 된 그 청년은 바로 전날 나를 보기 위해 밤새 달려온 것이었다.

그의 이름은 기억하지만 지금은 연락이 끊어진 상태다. 그는 이렇게 말했다.

"저는 목사인 ORU 졸업생들과 함께 의료 선교 팀의 현장으로 향했습니다. 저희 팀은 진료소를 차리고 목사님께서 우리가 하게 될 것이라고 말씀하신 정확히 그 사역을 하며 사방으로 매일 100마일을 여행했습니다."

"그래, 그 결과가 어떠했소?"

"제 인생에 있어 이렇게 행복한 날은 없었습니다. 결코 쉬운 일은 아니었지만, 분명히 하나님과 그분의 백성들에게는 큰 기쁨이 되었습니다. 이것이야말로 진정한 제 상급입니다."

내가 그때 배운 것은 너무도 중요한 것이었다. 하나님께서는 '천년을 하루와 같이' 보신다고 말씀하셨다(벧후 3:8). 시간은 그분의 것이자 그분께 순종하는 우리의 것이기도 하다.

Important Points

1. 하나님께서는 순종하는 그분의 백성에게 보상 체계를 가지고 계신다.
2. 어떠한 것이든 하나님께서 말씀하신 것을 위해 당신의 삶을 드려라.
3. 비판들로 오직 하나님을 향한 당신의 순종을 강해지게 만들라.
4. 하나님께서는 당신을 향한 부르심을 완성하도록 돕기 위해 사람들과 방법들을 준비해 놓으셨다.
5. 하나님의 비전을 완성하는 데 있어 시간은 중요한 요소이다.

3부

생각, 개념, 통찰력
IDEAS, CONCEPTS, INSIGHTS

16장
성공을 배가시키는 새로운 생각

모든 것이 하나의 생각에서 비롯된다. 신선하고 새로운 생각들이 없다면 당신의 삶과 일은 그저 무미건조할 뿐이다.

1946년, 나는 오클라호마 이너드의 목사로 부름을 받았고, 덕분에 대학 과정을 계속 밟을 수 있었다. 그곳으로 간 후 얼마 지나지 않아 나는 내 인생에 있어 가장 큰 충격을 경험하게 되었다.

보통 목사로 부임하게 되면 교회에서 목사관이나 살 집을 제공하기 마련이다. 하지만 그 교회에서는 그렇지 않았다. 내게는 집을 사거나 빌릴 수 있는 돈도 없었기 때문에 주일 아침 첫 설교를 하고 나서 오도 가도 못 하고 있었다. 말 그대로 갈 곳이 없었던 것이다!

잠시 그곳에 서 있는 동안 교회 성도 중 한 사람이 우리를 자신이 살고 있는 방 두 개짜리 집에서 며칠간 머물 수 있게 해 주었다. 어찌 되었든, 그 며칠은 몇 주가 되었다. 교회 이사회에 아무리 부탁을 해 봐도 아무런 소용이 없었다.

그러던 중 우리를 살게 해 주던 그 형제가 다른 도시에 일자리를 얻어 이사를 가야 한다는 사실을 알게 되었다. 우리 가족은 꼼짝없이 길거리로 나앉아야 할 신세가 된 것이다.

이 가족은 아이가 셋이나 있었음에도 나와 우리 두 아이에게 정말 특별한 자비를 베풀며 함께하게 해 주었다. 거기에 한 주방에서 두 여인이 일을 해야만 했다.

이 가족이 이사를 가야 한다는 사실을 알게 된 후 에벌린은 내게 이렇게 말했다.

"오랄, 만일 당신이 살 집을 마련하지 못한다면 우리는 친정으로 가겠어요"(처갓집은 2층 집에서 살고 있었다).

"에벌린, 어떻게 그럴 수가!"

"어디 두고 보라고요!"

그 주 수요일에 있은 기도 모임에 에벌린이 갈 수 없었기 때문에 나는 혼자 가서 설교를 해야 했다. 그런데 믿을 수 없게도, 그날 나는 기름부음을 받았다! 나는 마치 전혀 새로운 세상에서 온 사람처럼 설교를 했다! 말씀을 전하며 나는 내가 처한 상황에 대해서도 나누었다. 설교를 마칠 무렵 주님께서는 내 영혼에 말씀하셨다.

"너의 주급을 드림으로 목사관을 위한 준비금을 시작하도록 하라." 마치 내 위장이 뒤틀리는 듯했다.

나는 주당 55달러를 받고 있었다. 너무도 관대한 가족과 살고 있는 덕분에 우리는 식료품과 검소한 목사 의복을 사고, 학교 등록금을 낼 수 있었다. 그것도 목회를 하는 학생에게 주는 특별 할인이 있었기에 가능한 일이었다. 오래된 내 차는 거의 달릴 수 없는 상태였기 때문에 나는 버스를 타야만 했다. 매일 학교를 가는 날이면 왕복 40센트가 들어갔다.

이러한 모든 것을 무릅쓰고, 나는 순종함으로 지난주에 받은 55달러짜리 수표를 꺼내 제단 위에 올려놓았다.

"여러분, 주님께서는 제 주급을 드림으로 목사관을 위한 **착수금**을 시작하라고 말씀하셨습니다. 이것은 저뿐만 아니라 제 뒤에 오게 될 목사님들을 위한 것이기도 합니다." 나는 볼 수 없는 것을 보았고, 이제 불가능을 행할 준비가 되어 있었다.

그러고는 이렇게 말했다.

"어느 분께서 함께 참여하시겠습니까?"

놀랍게도 함께하고 있던 모든 사람들이 앞으로 나와 제단에 돈을 올려놓았다. 우리는 함께 그것을 세어 보았고, 그것이 계약금으로 충분한 돈임을 확인할 수 있었다.

내가 함께 살고 있는 형제의 집에 도착했을 때 에벌린은 예배가 어떠했는지 물었다. 나는 "좋았어요"라고 대답했다.

"목사관을 위한 준비금을 위해 헌금을 좀 했지. 당신과 아이들은 친정으로 갈 필요가 없어요."

"얼마나 드렸어요?"

"내가 할 수 있는 최대한을 드렸지."

"얼마를 드렸냐고요."

내가 대답을 하자 에벌린은 이렇게 말했다.

"오랄! 그럼 아이들은 어떡하나요? 다음 주까지 뭘 사 주란 말이에요?"

"하지만 여보, 주님께서는 내게 그 주급을 모두 드리라고 말씀하셨단 말이오. 그것 때문에 사람들이 기꺼이 헌금을 할 수 있게 되었고 계약금도 마련한 거란 말이오."

겨울이었고, 나는 추운 침실에서 잠을 자야만 했다. 나는 혼자 '그녀와 나 사이가 트럭을 몰고 가야 할 만큼 멀어졌군' 이라고 생각했다. 그리고 다음으로 '어떻게 해야 할 것인가' 라는 생각이 들었다.

새벽 4시, 누군가 시끄럽게 현관문을 두드리는 소리에 잠을 깨고 말았다. 문을 열자 교인인 아트 뉴필드가 서 있었다. 그가 말했다.

"목사님, 이 시간에 잠을 깨워서 죄송합니다. 잠시 들어가도 될까요? 문제가 생겼습니다. 아무것도 알지도 못하면서 주식 시장에 뛰어들었는데, 이제 농장을 포함한 제 모든 것을 잃게 될 지경입니다. 저는 어제 저녁 목사님께서 목사관을 위해 주급을 모두 내어 놓으실 때 그 자리에 있었습니다. 저는 아무것도 드리지 않았고요. 집으로 돌아갔지만 잠을 잘 수가 없었습니다. 30분 전쯤 일어나서는 밭으로 나가 이걸 파 왔습니다."

그는 주머니에 손을 넣더니, 내게 100달러짜리 지폐 네 장을 건네주었다.

생전 처음으로 100달러짜리 지폐를 보는 순간이었다.

"목사님께 드리는 이 돈은 단순한 돈이 아닙니다. 씨앗을 위한 돈입니다. 목사님도 아시겠지만 저는 밀농사를 짓고 있고, 추수를 위해서는 씨를 뿌려야만 합니다. 저는 이 씨를 하나님의 사람인 당신에게 지금 제가 처한 모든 문제들이 해결될 것에 대한 믿음을 가지고 뿌리는 것입니다. 그래야만 제가 농사일로 돌아가서 제가 할 줄 아는 일을 할 수 있게 됩니다."

에벌린은 침실 모퉁이를 쳐다보고 있을 뿐이었다. 나는 방으로 들어가서 에벌린 앞에 100달러짜리 네 장을 흔들어 보였다. 우리가 기뻐하는 사이, 나는 그것이 내가 드린 것의 약 일곱 배가 되는 것을 알게 되었다. 그것이 씨앗이란 사실을 처음으로 깨닫는 순간이었다. 내가 드린 55달러는 내 필요를 따라 뿌린 씨앗이었고, 내 믿음의 씨앗이었다.

에벌린과 나는 잠자리에 들지 않고 씨앗에 대한 이야기를 나누었다. 내 마음은 하나님께서 그분의 백성들에게 씨 뿌리는 때와 추수의 때(창 8:22), 뿌림과 거둠(갈 6:7), 주는 것과 받는 것(빌 4:15)에 대해 말씀하신 많은 다른 구절들 위에 있었다. 예수께서는 이러한 말씀들의 핵심을 다음과 같이 설명하셨다.

"또 이르시되 우리가 하나님의 나라를 어떻게 비교하며 또 무슨 비유로 나타낼까 겨자씨 한 알과 같으니 땅에 심길 때에는 땅 위의 모든 씨보다 작은 것이로되 심긴 후에는 자라서 모든 풀보다 커지며 큰 가지를 내나니 공중의 새들이 그 그늘에 깃들일 만큼 되느니라"(막 4:30~32).

"이르시되 너희 믿음이 작은 까닭이니라 진실로 너희에게 이르노니 만일 너희에게 믿음이 겨자씨 한 알 만큼만 있어도 이 산을 명하여 여기서 저기로 옮겨지라 하면 옮겨질 것이요 또 너희가 못할 것이 없으리라" (마 17:20).

내가 어린 시절 대부분의 시간을 보낸 목장을 기억한다. 나는 씨를 뿌리는 것이 얼마나 중요한 일인지를 잘 알고 있었다. 작물을 기르기 위해 아빠와 형 바덴은 먼저 땅을 갈고, 고랑을 파고, 목화와 옥수수와 같은 것들을 심었다. 그런 다음 흙을 덮었다.

씨가 자라 땅을 뒤덮으면 우리는 괭이질을 하고 잡초를 뽑아 주어 씨가 완전히 자라날 수 있게 해 주었다. 다 자라면 우리는 추수의 때를 기다리게 된다. 언제나 기쁘기만 한 순간이다. 목화를 따고 다른 수확물들을 거둬다 팔아서 밀린 청구서들을 지불하고 새로운 옷을 사고는, 다음 봄에 심을 또 다른 작물들의 씨앗을 조심스럽게 창고에 쌓는다.

나는 한 번도 이러한 자연의 씨 뿌림을 성경에서 사용한 것처럼 영적인 것들과 연관을 시키지 않았다. 사도 바울이 주고받는 것이라고 부른 것을 말이다. 나는 핵심을 놓치고 있었다.

이것은 한 번도 담아 보지 못한 전혀 새로운 생각이었다. 주는 것에 대한 열정이 내 안으로부터 터져 나왔다. 내가 주님을 영접하고 치유받고 말씀을 전하도록 부름 받은 이후 이러한 흥분은 처음이었다.

내가 자라난 교회에서는 목사님들이 주는 것에 대해서는 가르쳤지만 받는 것들에 대해서는 아무런 언급도 없었다. 사실 그들은 정반대로 가르쳤다. 주는 것은 우리가 하나님께 빚을 졌기 때문이지만, 받는 것을 기대하는 것은 너무도 이기적인 것이라고 했다. 우리는 우리가 드리는 것을 번제로 여겨야만 했다.

새로운 문구가 내 안에서 일어났다.

주는 것은 빚을 는 것이 아니라 씨를 뿌리는 것이다.

처음으로 십자가에서 "예수께서 모든 값을 치르셨다"라는 사실을 정말로 깨닫게 되었다. 만일 우리가 이 땅의 모든 돈을 가지고 있다고 해도 주님께 빚진 것을 다 갚을 수는 없다. 이러한 사실은 내가 '하나님은 좋으신 하나님'이심을 깨닫게 해 주었고, 이러한 많은 새로운 계시들은 내 사역의 상징이 되었다. 또한 이러한 계시들은 다른 교회들의 신학에도 받아들여졌다.

주고받는 이 생각들은 간절히 필요한 변화와 하나님을 향한 새로운 열정, 전염성이 강한 기쁨을 가져다주었고, 그것으로 인해 우리는 우리의 필요를 주님께 드리고, 우리가 뿌린 씨앗이 배가되고, 그것으로 우리의 필요가 채워지는 것을 기대할 수 있게 되었다.

바로 이것이 우리가 그 작은 집에 사는 동안 아트 뉴필드가 그날 밤 우리가 뿌린 것의 일곱 배나 되는 돈을 가져다주었을 때 일어난 일이다. 그리고 몇 주 후, 아트는 그가 할 줄 아는 뿌리고 거두는 일로 돌아갈 수 있었다. 그의 농장은 구원받았고, 아트는 내가 아는 가장 성공한 농부가 되었다.

에벌린과 나는 우리가 드리는 십일조의 방법을 바꾸었다. 내가 말한 것처럼, 우리는 하나님께 드리고 돌려받거나 아무것도 기대해서는 안 된다는 가르침을 받았다. 10퍼센트를 드리고 나머지 90퍼센트로 살아야 했다. 이러한 삶의 방식으로 우리만 힘겨워한 것이 아니라 내가 사역한 모든 교회가 그러했다. 알게 모르게 교회에 있는 사람들은 그들의 목회자가 경제적으로 부요해지길 원치 않았다. 물론 지역 사회도 자신들과 함께 사는 목회자가 부요해지는 것을 원치 않았다.

사람들은 우리가 교인들의 평균 생활수준 이하로 살기를 원하고, 그것으로 겸손한 모습을 보이며 돈을 위해 설교하는 것이 아닌 것을 증명해 보이기를 원한다.

그들은 만일 목회자들이 부요해지지 못하면 그들에게 부요함에 대한 영감을 주지 못한다는 사실을 알지 못하고 있었다. 만일 그들이 물질적으로 번영하지 못하면 복음은 전파되지 못한다.

예수께서는 마태복음 24장 14절을 통해 말씀하셨다: "이 천국 복음이 모든 민족에게 증언되기 위하여 온 세상에 전파되리니 그제야 끝이 오리라."

이 말씀은 그것을 가능케 하는 자원 없이는 절대 불가능하다. 영적인 영역으로부터 씨 뿌리고 거두는 것을 사람들이 이해하도록 가르쳐진 적이 한 번도 없었다.

나는 왜 많은 그리스도인들이 일과 삶에 대한 열등의식으로 적은 기대를 가지고 살며, 또한 왜 교회의 지역 사회와 다른 나라들을 대상으로 하는 봉사활동이 더 이상 확장되지 않는지를 이러한 태도를 통해 알게 되었다.

이 신선하고 새로운 생각은 이러한 문제들이 단순히 말씀에 순종함으로 해결될 수 있다는 것이다. 우리는 성경 시대에 있는 빌립보 교회의 예를 따를 수 있다. 사도 바울은 빌립보 교인들에게 주고받는 것에 대해 가르쳤다. 바울은 그들이 순종함으로 드린 것들에 대한 답장으로 다음과 같이 기록했다: "나의 하나님이 그리스도 예수 안에서 영광 가운데 그 풍성한 대로 너희 모든 쓸 것을 채우시리라"(빌 4:19).

이 사실을 알게 되기 전 나는 내가 새로운 양복을 샀거나, 새 차를 살 생각을 하거나, 가족과 함께 좋은 집에서 살려고 하는 생각을 드러내기를 두려워했다. 내가 최대한 적게 가진 것으로 인해 만족해하려고 했다. 이러한 생각들이나 믿음이 뭔가 잘못되었다는 것은 알고 있었다. 하나님께서 아트 뉴필드를 통해 내 눈을 열어 이 신선하고 새로운 생각을 보게 하시기 전까지, 나는 내 구원과 사역의 기쁨을 잃어버리고 있었다.

당신은 어떠한가? 헌신적으로 내어 주기는 해도 절대 기적적인 보답을 기대해서는 안 된다는 일반적인 가르침에 동의해 왔는가?

나는 당신에게 영원한 하나님의 법인 성경이 이야기하고 있는 것을 전해 주기 원한다.

받는 것은 주는 것의 뒤를 따르고, 씨를 뿌리면 거두게 된다.

파종의 시간이 지난 후 추수의 시간이 오면 당신은 기적의 보답을 기대해야 한다!

거기에는 경제적인 것도 포함되어 있다!

하나님은 당신 개인의 삶과 일에 대해, 그리고 당신이 속한 공동체에서 존경받고 그 결과를 얻는 지도자가 되게 하기 위해 더 좋은 길들을 가지고 있으시다.

17장

근원이신 하나님

내가 극심한 어려움에 처해 도움이 절실히 필요했던 바로 그때, 하나님께서는 의도적으로 내 삶에 개입하셨다. 그렇다. 아트 뉴필드를 통한 경험은 내가 내 주급을 모두 드린 후에 일어났다.

내가 가장 먼저 한 일은 내가 받은 이 공급을 일회성의 일로 끝나지 않고 계속해서 일어나게 하는 방법을 찾는 것이었다. 나는 문제의 핵심인 결론을 보았다. 하나님의 말씀에 추수를 위해 씨를 뿌리면 추수할 것을 기대할 수 있고, 그로 인해 모든 필요가 채워지게 된다는 사실이 기록되어 있다. '씨앗 믿음'의 기적이라는 말이 하나님께서 우리의 모든 필요를 채우시게 하는 거룩한 열쇠와 함께 내 영으로 들어온 것이 바로 이때다.

씨앗 믿음의 기적은 어둠 속에 빛나는 네온사인처럼 내게 새로운 미래를 선명한 모습으로 열어 주었다. 그곳에서 나는 더 이상 패배자가 아닌 승리자였다. 볼 수 없는 것을 보았기에 불가능을 행하게 되는 것은 멀리 있지 않았다.

씨앗 믿음의 세 가지 열쇠가 내 마음과 영혼에 강력한 힘과 함께

들어와 하나님의 숨겨진 부요들을 볼 수 있는 통찰력을 주었다. 그것은 사역을 시작한 12년 동안은 전혀 알지 못하는 것이었다.

씨앗 믿음의 기적의 세 가지 열쇠는 다음의 것들이다.

1. 하나님을 근원으로 바라보라.
2. 당신의 씨앗을 심으라.
3. 기적의 추수를 기대하라.

나는 이 세 가지 열쇠의 지식을 붙들었다. 특히 첫 번째 열쇠인 '하나님께서 나의 근원이시지 세상이 아니라는 사실'을 굳게 잡았다. 바로 이 열쇠가 내가 이 장을 통해 나누기 원하는 계시다.

나는 내가 오랫동안 범한 실수들을 보았다. 그것은 또한 목사이신 내 아버지와 다른 믿는 자들, 그리고 일반적인 교회의 실수이기도 하다. 태초부터 하나님께서 자신을 모든 생명의 근원으로 만드시고 그 생명들에게 계속적으로 생명을 공급하신 내용들이 성경과 내가 가진 성경 공부 책자들에 나와 있다는 사실을 깨닫지 못하고 있었다.

하나님께서는 창조자이시며, 모든 것들의 아버지이시다. 그분은 우리를 너무도 사랑하셔서(심지어 그분이 창조하셨지만 잃어버리신 가족들을 포함한 모든 것들을) "독생자를 주셨으니 이는 그를 믿는 자마다 멸망하지 않고 영생을 얻게 하려 하심이라"(요 3:16).

아브라함의 삶과 바울의 서신서를 연구함을 통해, 나는 하나님이 우리 모든 공급의 근원이시라는 사실을 깨닫게 되었다.

후에 아브라함(열국의 아버지)이라는 이름을 받은 아브람의 이야기를 살펴보자. 그는 훈련된 318명의 종들과 함께 (그의 조카인 롯을 포함한) 주변 도시 사람들을 포로로 잡아간 군대를 뒤쫓아 모든 것들을 되찾은 후 되돌아오는 길이었다. 그때 하나님께서는 멜기세덱을 보내셨다. 그는 살렘(후에 예루살렘이 됨)의 제사장이었고, 아브라함을 축복하기 위해 보냄을 받았다. 그것은 단순한 축복이 아닌 가장 높으신 하나님의 축복이었다.

함께 읽어 보도록 하자.

> "그가 아브람에게 축복하여 이르되 천지의 주재이시요 지극히 높으신 하나님이여 아브람에게 복을 주옵소서 너희 대적을 네 손에 붙이신 지극히 높으신 하나님을 찬송할지로다 하매 아브람이 그 얻은 것에서 십분의 일을 멜기세덱에게 주었더라"(창 14:19~20).

나는 여기서 네 개의 중요한 내용을 발견했다. 멜기세덱이 말하기를,

- 천지의 주재이시요
- 지극히 높으신 하나님이여 아브람에게 복을 주옵소서
- 너희 대적을 네 손에 붙이신
- 아브람이 그 얻은 것에서 십분의 일을 멜기세덱에게 주었더라

빛이 비춰 왔다. 아브람은 자신들의 우상을 만들고 높은 언덕에 두었던 사람들과 달랐다. 그는 모든 것 위에 가장 높으신 하나님을 보았다. 그는 하늘과 땅이 모두 주님께 속한 사실을 보았다. 사탄은 이 땅에 단 1센티미터의 땅도, 물 한 방울도 소유하지 않고 있다. 모든 것이 지극히 높으신 하나님의 소유다.

아브람이 네 왕을 무찌르고 '적은 수로 많은 이들을 이김'으로 하나님만이 그를 모든 대적으로부터 구원하시는 유일한 분이심을 보게 되었다.

이러한 영역에서 하나님을 보게 된 결과로, 아브람은 그의 얻은 것들 중 "십분의 일"을 멜기세덱에게 주었다. 아브람은 승리의 전리품들 중 가장 좋은 것의 10퍼센트를 하나님의 제사장께 드린 것이다.

나는 바울이 갈라디아서 3장을 통해 오늘날 우리가 믿음으로 아브라함의 자손이라고 기록한 내용을 묵상함으로, 우리의 믿음이 그로부터 온 것임을 보게 되었다. '그리스도' 안에 있는 우리들은 아브라함의 자손인 것이다.

다른 말로 하면, 믿음이 3,500년 전 아브라함이 하나님께서 그의 근원이심을 발견했을 때로부터 우리에게 직접적으로 내려온 것이다. 오늘날 우리는 옛 언약의 사본을 받았고, 그것을 우리 구주 나사렛 예수 그리스도가 주신 새 언약으로 이어받았다. 그렇기 때문에 아브라함이 하나님에 대해 발견한 네 가지 중요한 것들이 우리 앞에 서 있는 것이다.

- 땅과 거기에 충만한 것(시편 24편 1절을 보라), 모든 은과 금(학개 2장 8절을 보라)이 하나님의 것이고, 모든 것이 하나님으로부터 왔다(요한복음 1장 3절을 보라).

- 그분의 아들 예수를 통해 우리에게 자신을 드러내신 하나님께서 예수께 모든 이름 위에 뛰어난 이름을 주셨다(빌립보서 2장 9절을 보라).

- 아브라함의 모든 대적으로부터 구원하신 하나님께서 "그리스도 예수 안에서 영광 가운데 그 풍성한 대로 너희 모든 쓸 것을 채우시리라"(빌립보서 4장 19절을 보라).

- 우리는 우리의 모든 공급의 근원 되신 하나님께 믿음의 씨앗으로 십일조를 뿌린다.

나는 내 삶과 사역에서 누구를 신뢰해야 하는지를 놓치고 있었다

지금까지 나는 내게 공급을 해 줄 사람이나 물건들을 찾아 왔다. 인간이나 물건들은 지극히 높으신 하나님이 아니고, 모든 이름 위에 뛰어나지도 않으며, 하늘과 땅도 소유하고 있지 않고, 우리에게 공급할 자원이나 능력도 없다. 나는 완전히 잘못된 곳에서 찾고 있었던 것이다.

이러한 내용들을 보여 주는 이야기가 하나 있다. 내 삼촌인 윌리스 로버츠는 큰 농장을 소유하고 있었다. 삼촌이 가장 많은 돈을 벌어들이는 것은 유명한 엘버타 복숭아였다. 삼촌은 매년 원근 각지에서 복숭아를 사기 위해 찾아오는 사람들에게 수백 상자를 팔았다.

형 바덴과 나는 복숭아를 따고, 포장하고, 손님들의 차까지 운반해 주는 일을 했다. 그런데 어느 해인가 삼촌의 매우 낙심한 모습을 보게 되었다. 우리는 "삼촌, 무슨 일이에요?"라고 물었다.

"애들아, 지난 2~3년간 복숭아 수확량이 계속 줄었단다. 그래서 전문가에게 그 이유를 물었는데, 나무와 흙을 모두 검사하고는 내게 무엇이 문제인지를 알려 주더구나."

"문제가 뭐예요, 삼촌?"

"내가 너무도 심각한 잘못을 저질렀다고 하는구나. 내가 과일에만 신경을 쓰고 나무에는 신경을 쓰지 않았다는 거야."

"그게 무슨 뜻이죠?"

"그 말은, 내가 나무 주위에 있는 흙을 솎아 주고 갈아 줘서 공기와 비가 스며들게 해 줬어야 하는데 그러지 않았단다. 결국 나무는 성장하지 못했고, 그로 인해 복숭아의 수확량과 크기가 현저하게 달라진 거야."

삼촌은 너무도 슬픈 얼굴을 하고는 이렇게 말했다.

"애들아, 올해는 복숭아가 많이 열리지 않을 게다."

"그럼 어떻게 해야 하죠?"

"전문가의 의견을 따르기로 했단다. 복숭아나무를 모두 뽑아 버리고 그 자리에 새로운 나무를 심을 게다. 그리고 나서 그 나무들을 잘 돌보면 매년 좋은 열매들을 얻게 될 것이 분명해."

하나님께서 우리의 근원 되심에 대해 배우면서 나는 그때를 떠올리게 됐다. 진리를 직면해야만 했다. 하나님께서는 내가 축복에만 신경을 쓰고 있고 그 축복의 근원이신 하나님은 보지 못하고 있다는 것을 깨닫게 하시려고 하셨다.

믿음의 방향이 전혀 잘못되어 있었다. 내가 섬기고 있는 하나님 대신 그 사역 자체만을 바라보고 있었다. 당연히 결과는 초라했고, 점점 더 심해져만 갔다.

나는 복음을 선포했다. 내 모든 시간과 은사와 하나님의 계시의 말씀의 지식을 모두 사용했고, 개인적, 공개적으로 사람들을 위해 기도했다. 그것들이 나의 경제적인 필요를 채워 줄 것이라고 기대했지, 우리의 유일한 근원 되시는 하나님을 바라보지 않은 것이다. 빈곤과 필요가 계속해서 나를 부끄럽게 했고, 가로막았으며, 뒤로 잡아챘고, 나 자신을 비하시켰으며, 내 믿음을 빼앗아가서는 사람들에 대한 희망과 기대를 갖게 했다.

죄인이 되어 버린 것이다!

하나님의 복음을 전하도록 부름 받은 오랄 로버츠가 내 모든 필요를 채우시는 하나님이 아닌 사람에게 더 큰 비중을 두고 있었음을 인정해야만 했다.

더욱이 성경의 핵심을 빠뜨리고 이해하지 못한 것은 내가 그만두기 원하게 될 때까지 내게 영향을 주고 괴롭혔다. 그렇게 되어 본 적이 있는가?

갈라디아서 6장 7~9절은 다음과 같이 기록하고 있다.

"스스로 속이지 말라 하나님은 업신여김을 받지 아니하시나니 사람이 무엇으로 심든지 그대로 거두리라 자기의 육체를 위하여 심는 자는 육체로부터 썩어질 것을 거두고 성령을 위하여 심는 자는 성령으로부터 영생을 거두리라 우리가 선을 행하되 낙심하지 말지니 포기하지 아니하면 때가 이르매 거두리라"

나는 (1) 추수의 하나님을 나의 근원으로 바라보고, (2) 내 씨를 뿌리고, (3) 기적적인 공급함이 내가 기대했거나 기대하지 않았던 근원으로 주어지며 선을 행함에 있어 지치지 않으면, 정해진 때에 내 모든 필요가 채워지는 완전한 추수를 하게 될 것이라는 사실을 배웠다.

이것은 54년이 지난 지금도 가슴 떨릴 만큼 너무도 가슴 떨리는 일이었다. 결국 언제나 어떤 상황이든 하나님이 나의 근원이시라는 열쇠를 사용하는 법을 배우게 될 것이다.

나는 이것을 정오의 태양만큼이나 분명하게 보았다. 나는 하나님의 말씀을 전하고 있었다. 그분의 이름을 말했으며, 이제 그분을 나의 근원이시며 내 축복의 주인으로 바라보아야만 했다. 더 이상 누가 내 사역을 후원하고 얼마만큼의 후원을 받아야 하는지를 고민하지 않아도 됐다. 내 마음의 중심에 오직 그분만을 신뢰하면 되는 것이었다.

성경에 내가 얼마만큼 받게 될 것이라고 기록된 것을 믿음으로 기대하면 됐다. 그렇기 때문에 그 순간부터 하나님과 손에 손을 잡고 거니는 것과 같았다. 그분의 기적의 어루만지심이 내가 섬기는 모든 사람들과 행하는 모든 일들에 있게 되는 것이었다.

그때 얼마나 무거운 짐이 내 어깨에서 덜어졌는지를 지금도 기억한다. 사람들이 내게 무엇을 해 줄 수 있는지에 대한 모든 기대들을 지워 버리고 오직 하나님께서 나를 위해 무엇을 해 주실 수 있는지에만 집중할 수 있었다. 그 누구도 채워 줄 수 없는 내 모든 필요를 채워 주실 것이기 때문이었다.

시편 23편이 내 마음을 가득 채웠다: "여호와는 나의 목자시니 내게 부족함이 없으리로다."

Important Points

1. 인간이나 물건들이 아닌 하나님만을 당신의 근원으로 바라보라.
2. 하나님은 지극히 높으신 분이시다. 하늘과 땅의 주인이시고, 당신을 모든 원수로부터 구원하시는 분이시다.
3. 하나님께 십일조를 드림으로 당신의 근원이신 하나님께 씨앗을 뿌리고, 그분께서 그 씨앗을 배가시켜 돌려보내실 것을 온전한 마음으로 기대하라.
4. 당신이 하나님과 함께 일하고 있음을 깨닫고 그분께서 씨앗 믿음의 기적을 통해 당신과 일하심을 기억하라.

18장

모든 것은 하나의 씨앗에서 시작된다

하나님께서 주시는 것에 대한 나의 이해에 커다란 변화가 일어났고, 그것이 우리의 주는 것의 기본이 되었다.

모든 것이 하나의 씨앗에서 시작된다. 주는 것은 하나의 씨앗에 그 기반을 두고 있다. 우리의 믿음은 하나의 씨앗으로 작용한다.

하나님께서는 씨 파종의 때와 추수, 뿌림과 거둠, 주는 것과 받는 것을 같은 것으로 연결시키셨다. 그것들은 성경에 하나의 모습이자 동일한 모습으로 나타나 있다. 하나님의 백성들이 왜 주어야 하는지에 대해 하나님께서는 우리에게 주는 것이 매번 받는 것으로 연결된다는 사실을 말씀하신다. 받는 것은 주는 것의 뒤를 따른다.

씨를 뿌리지 않고는 추수가 있을 수 없다. 당신의 씨를 뿌리지 않고서는 하나님의 부르심을 완성할 수 없는 법이다. 다른 말로 하면, 볼 수 없는 것을 보지 못하고서는(씨를 뿌리는 것) 불가능을 행할 수 없다(기적을 받는 것).

내가 지적한 것처럼, 나는 이 하나님의 말씀의 영원한 원리를 이해하는 데 한때 마음이 무디어진 적이 있다.

우리 목회자들은 자주 성경의 핵심 구절인 요한복음 3장 16절을 가르치는 데 실패한다. 하나님께서 어떻게 주셨고 또 왜 주셨으며, 이 구절이 우리 믿는 자들의 영원한 삶뿐만 아니라 우리의 필요를 채우는 것과 어떤 관계가 있는지에 대한 면에서 그렇다는 말이다.

예를 들어, 요한복음 3장 16절에서 나는 하나님께서 씨앗 중의 씨앗인 그분의 아들을 주시려고 한 것을 보았다. 성경은 예수님을 여자의 씨(창 3:15), 아브라함의 씨(창 17:9, 갈 3:16), 다윗의 씨(삼하 22:51) 그리고 하나님께서 그분의 잃어버린 가정을 다시 찾으시려고 뿌린 씨앗이라고 말씀하고 있다.

나는 요한복음 3장 16절을 내가 한 번도 그 구절을 보지 못한 것과 같은 새로운 모습으로 바라보았다.

> "하나님이 세상을 이처럼 사랑하사 독생자를 주셨으니 이는
> 그를 믿는 자마다 멸망하지 않고 영생을 얻게 하려 하심이라"

- 하나님께서는 그냥 사랑하신 것이 아니라 이처럼 사랑하셨다.
- 하나님께서는 이처럼 사랑하셔서 주셨다. 하나님의 생각에서 모든 주는 것은 사랑으로 비롯된 것들이다.
- 무엇을 주셨는가? 그분께서는 자신의 최고의 것인 그분의 독생자를 주셨다. 줄 수 있는 단 하나의 것을 주셨다. 그분의 사랑으로부터 예수님을 우리의 죄를 위해 죽으시고 우리의 구원을 위해 부활하시도록 주셨다.

- 너무도 멋진 결과를 위해 주셨다. 그분께서 주심은 파종의 때였고, 그분의 파종의 때는 추수 때를 위한 것이었다. 그 결과 얻게 되신 것은 수십, 수백억의 그분의 잃어버린 가족이었다.
- 그분은 그분의 필요와 그분의 원함을 주셨다. "오, 그러나 우리는 아무것도 기대하지 않았는데요?" 나는 항상 이러한 말을 들어 왔다. 글쎄, 하나님을 왜 여기에 같은 논리로 적용하는가?

하나님께 부족한 것이나 필요한 것이 있겠는가? 어떻게 하나님께 그러한 것들이 있겠는가? 그분은 하나님 아니신가?

하나님께서 그분이 사랑하시고 또 사랑받는 그런 아름다운 교제를 가진 가족을 만들기로 작정하셨을 때, 아담과 하와를 만드시고 "생육하고 번성하라"고 말씀하셨다.

하지만 아담과 하와는 자신들을 에덴동산에서 사탄(타락한 천사인 루시퍼)의 유혹에 넘어가도록 내어 주고 말았다. 하나님의 법을 어긴 그들은 하나님께서 주신 기업과 모든 것을 잃고 말았다. 결국 그렇게 해서 하나님께서는 자신의 가족을 잃어버리셨다. 그분께 있어 필요란 것이 바로 이 잃어버린 가족을 다시 찾는 것이다. 한 가지 방법이 있었다. 그분의 최고의 씨앗인 독생자를 십자가 위에서 심는 것이었다. 그리고 그분은 그렇게 하셨다.

- 하나님께서는 기적의 추수를 기대하시며 씨를 뿌리셨다. 그 일은 일어나기 시작했고, 지금도 여전히 일어나고 있다. 거기에는

하나님의 아들들과 딸들인 당신과 내가 포함되어 있다.

• 그리고 그분은 받으셨다! 그리고 영혼들이 그분의 왕국으로 계속해서 들어옴으로 계속 받고 계시고, 그분의 가족이 회복되는 것을 돕고 계시다.

내가 십일조와 헌금을 드리는 것의 배경이 바로 이것이다. 한 개인이 이것을 자신의 필요와 요구에 적용할 수 있기 때문이다.

우리가 하나님께서 하신 것처럼 '이처럼 사랑하고', 하나님께서 하셨고 지금도 하고 계신 것처럼 우리의 최고의 씨를 뿌리고, 멋진 결과를 기대함으로 씨를 뿌리고, 하나님께서 그분의 아들을 보내신 것처럼 우리의 것을 드리고 배가된 추수를 얻을 것을 기대하면, 당신은 주는 것이 아닌 최고의 씨를 뿌리는 것을 말하게 될 것이다!

하나님께서는 나를 누가복음 6장 38절로 이끄셨다.

> "주라 그리하면 너희에게 줄 것이니 곧 후히 되어 누르고 흔
> 들어 넘치도록 하여 너희에게 안겨 주리라 너희가 헤아리는
> 그 헤아림으로 너희도 헤아림을 도로 받을 것이니라"

우리는 소중한 일을 먼저 해야 한다. 바로 주는 것이다. 우리가 하나님의 방법인 씨 뿌리는 것을 먼저 행하면, 하나님께서는 우리에게 배가된 것들로 주실 것이다. 이것이 바로 기적의 추수이고, 거기에는 일곱 가지의 모습이 있다.

먼저 주는 단계를 따르면, 예수께서는 다음의 일곱 가지 것들이 일어날 것이라고 말씀하셨다.

- (네가 준 것들을) 너희에게 (다시) 줄 것이니
- 후히 되어
- 누르고
- 흔들어
- 넘치도록
- 너희에게(네 삶에) 안겨 주리라
- 너희가 헤아리는 그 헤아림으로 너희도 헤아림을 도로 받을 것이니라

바로 이 진리들이 우리 목회자들이 계속해서 사람들과 나누어야 할 것들이다. 성령께서는 사람들을 가르치시기 위해, 그들의 마음을 열기 위해, 주는 것으로부터 받는 것이 나오는 것을 보이시기 위해 이 말씀들과 다른 말씀들을 사용하실 것이다.

우리가 멋진 결과(추수)를 위해 일단 씨를 뿌리면, 우리는 기대하고, 기대하고, 또 기대하게 된다. 그 결과가 주어지면, 물론 당연히 그렇게 될 것이지만, 우리는 그것을 알아보고 손을 뻗어 그것을 받아들이게 될 것이다. 물론 그냥 지나가게 하고는 "아니, 내가 드렸는데도 하나님께서 추수를 허락하지 않으셨어!"라고 말하게 되지는 않을 것이다.

내가 이것을 하나님의 말씀으로부터 직접 배웠을 때 내 삶은 변화

되었다. 이 주고받는 영원한 원리를 설명할 수 있다는 것을 큰 영광으로 느끼기 시작했다. 이 원리가 믿는 자들의 필요들을 채워 줄 것임을 알았기 때문이었다. 우리가 받으면 우리는 진정으로 기쁘게 우리가 하나님의 일을 돌보며 우리의 필요가 채워지는 것을 보게 된다.

내 영은 사람들이 하나님의 일을 향해 드리는 일반적인 반응들로 인해 너무도 많이 낙심되어 왔다. 사람들은 목회자들이 돈을 위해서 설교를 하고, 교회는 그저 목회자들에게 돈을 제공해 주기 위해 존재한다고 느꼈다.

대부분의 목회자들과는 달리 나는 방송의 주요 시간대에 출연해 왔다. 신문이나 방송에서 나를 인터뷰할 때마다 항상 결론은 돈과 관련된 것들이었다. 만일 그들이 예배에 참석한다면, 그들은 헌금 시간을 기다린다. 만일 방송용 카메라를 가져왔다면, 어김없이 카메라는 헌금을 드리는 바구니나 접시에 그 초점이 맞춰졌다. 우리가 예배를 드리는 첫 번째 이유를 돈에 두려고 하는 것이다.

세상의 매체 뒤에는 모든 경제적으로 번영하는 목회자들과 교회들을 거부하는 세상 사람들이 있다. 그들은 목회자들이 가난한 상태를 유지하기 원하고, 교회도 그러하기를 원한다.

목회자들이 가난에 대한 강박관념에서 벗어나게 되면, 사람들은 목회자들이 헌금을 통해 부를 축적했다고 생각한다. 사람들은 마치 삶과 돈을 분리라도 시키려는 듯이 보인다. 세상에서와 마찬가지로 돈은 우리에게도 교환의 수단인데 말이다.

"로버츠 목사님, 얼마나 많은 돈을 벌어들이십니까?"라는 질문이 내게 가장 많이 던져지는 질문이다. 그들은 내가 얼마나 많은 영혼들을 얻었는지, 얼마나 많은 사람들이 치유받았는지, 내 사역이 어떻게 교회를 세우는지, 혹은 우리가 어떻게 하나님의 권위와 성령 위에 학문적으로 든든한 기반을 갖춘 종합대학을 세웠는지에 대해서는 아무런 질문도 하지 않는다.

"당신네들 목회자들은 가난한 사람들로부터 돈을 거둬서는 부자가 되고 있어."

많은 사람들이 계속해서 이렇게 말한다. 또한 그들의 매체에도 이러한 생각을 그대로 내보낸다.

기독교가 번영하는 것을 반대하는 세상 사람이나 종교인들 모두 성경에 나오는 아브라함(모든 믿는 자들의 조상)과 다른 사람들이 부자였다는 사실을 볼 수 있다. 하지만 오늘날 하나님의 종들을 다루는 것은 이야기가 다르다.

사람들이 성경에서 하나님의 사람들이 번영하는 것을 읽는 것은 받아들일 만하지만, 오늘날에는 그렇지가 않다. 특히 예수님께서 우리에게 믿게 하신 이적이나 기적을 믿는 이들에게는 정말 그러하다.

또 다른 모순은 우리가 돈을 다루는 모습이다. 돈은 하나님의 종들이 이 땅에 하나님의 복음을 전하고 사람들의 필요를 채우기 위해 하나님의 능력을 행하는 데 사용될 수 있다.

그럼에도 전통적인 주일 오전 예배에서 십일조나 헌금이 드려질 때, 하나님의 말씀에 나와 있는 주고받는 것의 개념들은 거의 전해지지 않고 있다. 목회자들은 그렇게 하는 것을 두려워하는 것처럼 보이고, 그로 인해 복음이 전해지는 것이 방해를 받고 있다. 이 땅의 모든 것의 주인이신 하나님께 부끄러운 일이 아닐 수 없다.

그로 인해 우리 마음에 불신과 환멸이 생기게 되는 것이다. 그러한 것이 전해지지 않은 것이 최악의 일이고, 나는 그에 대한 죄책감을 느끼며 후회한다.

우리가 드리는 돈은 단순한 돈이 아니다. 그것은 복음의 옥토에 뿌려지는 씨앗이다. 하나님께서는 그것을 배가시키셔서 우리에게 돌려주심으로 우리의 모든 필요를 채워 주신다! 씨앗 믿음의 기적은 우리의 마음에 평안과 기쁨으로 드리는 태도, 그리고 계속해서 기대하는 마음을 갖게 한다.

실패와 패배의 순간에 내가 어떻게 만회하는 씨앗을 심는 법을 배웠는가

오랜 세월 동안 계속된 내 사역을 통해 나는 패배의 고통과 손해가 피할 수 없는 것임을 발견했다.

너무도 오랫동안 나는 이러한 것들로 나를 괴롭히도록 방치해 두었고, 때로는 완전히 나를 쓰러지게 만들었다. 나는 하나님의 말씀과 영혼의 기도, 그리고 내 어깨를 바로 세우고 하나님께 순종함에 있어 방해를 받지 않도록 견디게 해 달라고 하나님께 구했다.

만일 당신이 나와 같은 입장이었다면, 분명 다른 사람의 눈에는 쉬운 것처럼 보였겠지만 당신 자신에게는 점점 더 큰 부담이 되었을 것이다. 물론 많은 이들에게 공개적으로 노출이 되었건 그렇지 않건 간에, 모든 손실과 패배는 당신의 마음을 상하게 할 것이다.

나는 피할 수 없는 문제들을 극복할 수 있는 길을 찾아야만 했다. 그것이 사탄의 계획이었든지 나 자신의 어리석음으로부터 온 것이었든지, 혹은 하나님께 집중하고 내 마음을 주님께만 드리지 못한 것 때문에서였든지 마찬가지였다.

하나님께서는 이러한 방해들을 극복할 수 있는 방법을 보여 주셨다. 이 방해들은 내 개인에게뿐만 아니라 나를 하나님의 부르심의 상징으로 여긴 사람들에게도 너무나 아픈 것들이었다.

하나님께서는 내게 씨앗 믿음이 어디에 가장 도움이 되는지를 보여 주셨다. 하나님께서는 모든 상실과 패배를 만회할 수 있도록 씨앗을 뿌리라고 말씀하셨다. 그것이 방해를 물리치고 주님께서 그러한 공격들을 위해 특별히 준비하신 기적의 추수를 하게 한다고 말씀하셨다.

내가 성경에서 하나님의 종이 이렇게 행한 예를 찾으며 내가 어떻게 해야 할지를 깨닫기 위해 노력하고 있을 때, 내가 농장에 있었던 어린 시절의 일이 기억났다. 사나운 폭풍이 우리가 사는 집을 뒤흔들고 갔기 때문에 우리는 지하 대피실로 피해야만 했다. 다음 날 아침, 우리는 폭풍이 우리가 심은 작물들의 씨앗을 모두 휩쓸고 간 사실을 알게 되었다. 목화, 옥수수, 그 외에 식탁 위에 올리어질 채소와 과일들, 겨울을 위한 통조림용 작물들까지 모두였다. 너무도 피해가 큰 나머지 우리가 추수를 할 수 있을 것이라는 희망이 완전히 사라져 버렸다.

아빠와 나, 그리고 형 바덴은 우리가 씨를 심은 밭 위를 걸어 다녔다. 모든 것들이 완전히 사라져 버린 상태였다.

이미 가진 모든 돈을 사용한 상태였다. 우리 모두에게 너무도 가혹한 시간이었고, 손해는 실로 파괴적이었다.

그때 남에게 절대 지기 싫어하시는 어머니께서 행동을 개시하셨다.

"엘리스, 다시 씨를 심어야 해요."

아버지께서 대답하셨다.

"여보, 다시 씨를 심기에는 이미 너무 늦어 버렸어요. 더욱이 우리에게는 여분의 씨를 심을 만큼의 돈이 없다고."

엄마는 아빠가 우리를 며칠간 다른 농장에서 일을 하도록 하셨고, 그때 우리가 돈을 받은 사실을 알고 계셨다.

"얘들아, 그때 받은 돈이 얼마나 남았니?"

우리는 남은 돈을 모두 식탁 위에 올려놓았다. 아버지께서는 지갑에 항상 20달러짜리 지폐를 넣고 다니셨다. 엄마는 "여보, 그 돈도 올려놓으세요"라고 하셨다.

그러고는 부엌의 선반에서 작은 단지 하나를 꺼내 오셨다. 그 안에는 기회가 생길 때마다 넣어 놓으신 돈이 들어 있었다. 그 단지도 식탁 위에 올려졌다.

계산해 본 결과 대충 100달러 정도였다. 아버지께서 말씀하셨다.

"이걸로는 160에이커(약 20만 평)의 밭에 심기에 충분한 씨를 살 수가 없어."

하지만 어머니께서는 이렇게 대답하셨다.

"여보, 이 돈을 가지고 제터 씨의 가게에 가서 씨앗을 사 오세요."

"소용없다니까. 이 돈으로는 충분치가 않아요!"

결국 어머니께서 이기셨고, 아버지는 상점을 향해 출발하셨다. 제터 씨는 아버지를 알고 있었기에 동정심을 보여 주었다. 제터 씨는 지난 폭풍으로 이 지역 대부분의 농장이 쑥대밭이 되었다고 했다.

아버지는 다시 심을 씨앗을 사러 왔다고 하셨고, 제터 씨는 돈을 낭비하는 것뿐이라고 했다. 다시 심기에는 너무 늦었던 것이다.

아버지께서는 돈을 건네주셨다. 다시 심을 씨를 사기에 턱없이 부족하다는 것을 제터 씨도 알고 있었지만, 내 생각에는 그때 무언가가 그의 마음을 움직였던 것 같다. 제터 씨는 아버지께 돈이 부족하다고 이야기하지 않은 채 차를 뒤편 창고에 대라고 했다.

그는 "이 돈이면 필요한 씨앗을 모두 살 수 있겠구먼"이라고 했다.

우리는 씨앗을 가득 채우고 돌아와서는 다시 땅을 갈고 씨를 심었다. 나는 나중에 주님으로부터 우리가 손해를 만회하기 위해 씨앗을 심었다는 사실을 배웠다.

우리가 씨앗을 다시 심고 있을 때 지역 의사면서 나를 출산시킨 번즈 박사님께서 우연히 근처를 지나가고 계셨다. 그는 우리가 피해를 입은 것을 알고 있었다. 우리를 알아본 그는 차에서 내려 울타리를 넘어 우리가 있는 곳으로 다가왔다.

"이보게 엘리스, 씨앗을 다시 심는 건가?"

"네, 저희의 유일한 희망이거든요."

"그렇다면 내 한 가지만 말하지. 이 지역에서 수백 명의 아이들을 출산시키면서 나는 수없는 실패와 손해를 경험했네. 내가 산모와 아이를 구할 수 있는 희망이 사라졌다고 여기는 많은 순간에 나는 두 배

18장_ 모든 것은 하나의 씨앗에서 시작된다 231

로 더 열심히 노력하고 시간을 투자하면서 포기하기를 거부했다네. 그 결과 많은 아이들이 내 끈질긴 노력과 포기하지 않은 그들의 아버지들 덕분에 잘 자라고 있는 것이고 말이야. 자네는 옳은 일을 하고 있는 것이라네. 분명 새로운 작물들이 자라나서 처음의 손해는 완전히 잊어버리게 될 거라고 나는 믿네."

나는 그분의 말씀을 오늘날까지도 기억하고 있다.

어찌되었든, 어떤 이유에서인지 우리가 씨를 뿌리고 얼마 지나지 않아 싹이 났고, 몇 주 후 우리는 대풍작을 맞이했다!

다시 씨를 뿌린 농장은 우리뿐이었고, 당연히 새로운 목화는 공급이 충분하지 않아, 아버지께서는 목화 값을 두 배로 받을 수 있으셨다. 창고는 새로이 추수한 옥수수와 밀로 가득했고, 로버츠 가는 커다란 기쁨으로 가득하게 되었다.

내가 실패했을 때 얼마나 많이 마지막이라고 느꼈겠는가? 얼마나 그만두고 싶었겠는가? 나는 모든 것이 완전히 끝난 것처럼 보일 때 바로 새로이 믿음으로 씨를 뿌려야 한다는 것을 배웠다. 손해를 만회하기 위해 씨를 뿌리라는 하나님의 영원한 원리가 내 모든 손해를 거둬가고 완전히 지워 버렸다!

사도행전에는 사도 바울이 빌립보에서 사역하던 중 동역자 실라와 함께 감옥에 던져졌을 때 어떻게 그의 사역이 끝날 것 같은 모습이 되었는지를 보여 주고 있다. 바울과 실라는 그곳에서 새로운 씨를 뿌렸다. 자정에 둘은 하나님을 찬양하며 기도했고, 하나님께서는 지진을 일으키시어 온 감옥을 흔드시고 그들을 묶고 있던 결박을 풀어 버리셨다.

간수는 그들이 도망갔다고 생각했다. 당시 로마법에 의하면 간수는 사형을 당해야만 했다. 결국 간수는 자살하기로 결심했다. 그때 바울이 소리쳤다: "네 몸을 상하지 말라 우리가 다 여기 있노라"(행 16:19~28).

바울과 실라가 아직 그곳에 있는 것을 알게 된 간수는 둘을 자기 집으로 데려갔다. 바울은 간수와 온 가족에게 하나님께서 하신 일들을 설명하여 그들이 예수를 구주로 영접하게 했다. 손해가 만회됨으로 인해 빌립보 교회가 세워지게 되었다. 그런 다음 시의 관원들에 의해 쫓겨난 바울은 이웃 도시인 데살로니가로 가서 또 다른 교회를 세웠다.

당신이 겪는 실패나 손해, 패배가 당신에 대한 부르심을 멈추게 하지도, 방해하지도 못한다는 사실을 명심하라. 당신에게는 심어야 할 씨앗이 있다. 믿음으로 나아가서 그 씨앗을 심도록 하라. 그 씨앗을 자라게 하실 하나님을 바라보고, 당신의 근원이신 그분을 바라보고, 기적의 추수를 기대하라. 그러면 하나님께서 하시는 일을 보게 될 것이다.

내게 있어 가장 심한 패배로 보이는 일이 외국에서 벌어졌었다. 그곳에서 우리는 1만 석짜리 천막과 장비를 갖추고 부흥회를 열었다. 첫날부터 천막은 사람들로 가득 넘쳤다. 조금이라도 기적을 맛보기 원하는 수많은 사람들이 천막 밖에 서 있어야 했다.

그때 부두에서 일하던 노동자들이 소란을 일으키기 시작했다. 공산주의자였던 부두 노동자들은 천막 부흥회에 대한 소식을 듣고는 술 취한 상태로 부흥회에 난입해서 집회를 방해하기 시작했다.

당시 그 나라에는 그와 같은 종교 집회를 보호할 수 있는 법이 없었다. 그 부두 노동자들은 복도를 달려와서는 내게 침을 뱉고 내가 병든 자들을 위해 기도해 주지 못하게 될 때까지 나를 때렸다. 뿐만 아니라 사람들을 구원으로 초청했을 때 사람들이 앞으로 나아오지 못하게 했다.

경찰들은 아무런 조치도 취하지 않았다. 집회가 끝나고 천막에서 차로 가는 길에는 몇몇 갱들이 나를 죽이려고 했다. 결국 다른 목회자들이 다른 길로 인도해서 내 목숨을 부지할 수 있게 해 주었다.

다음 날 뉴스에는 다음과 같은 머리기사가 실렸다: "마피아, 오늘 밤 로버츠의 천막 부흥회를 불태우려고 하다."

우리가 가입했던 국제 보험회사에서도 내가 만일 계속 머문다면 보험을 취소하겠다는 전문을 보내 왔다. 미 대사관에서도 협력 목회자들에게 더 이상 그들이 우리를 보호해 줄 수 없다고 했다.

내가 알지 못하는 사이 함께 일하던 형제들은 그날 밤 천막을 거둬서 차로 배까지 운반해서 집으로 보내 버렸다. 에벌린과 나는 새벽 무렵 마피아가 알기 전 미국행 비행기를 타고 그곳을 떠났다.

패배와 상실, 그리고 가장 심각한 내용의 기사를 뉴스에서 보도했다. 눈물이 뺨을 타고 흘렀다. 마치 사탄이 내 사역에서 그의 영토를 얻은 듯한 느낌이 들었다.

"네 손해를 만회할 수 있도록 다시 씨를 심도록 하라"는 말씀이 계속

내 영혼에 메아리쳤다. 털사에 도착하자마자 에벌린과 나는 우리가 출석하던 교회에 우리가 지금까지 드린 헌금 중 가장 많은 헌금을 드렸다. 그리고 우리의 모든 공급의 근원 되시는 주님께 우리의 패배를 극복할 수 있도록 씨앗을 심는다고 말씀드렸다.

상처는 여전히 남아 있었다. 비판하는 이들도 이제는 자신들이 설 곳을 얻게 되었다. 유력한 크리스천 잡지 두 곳에서 너무도 심각한 기사를 실었다. 그 기사는 마피아가 아닌 우리를 비난하고 있었다.

어머니께서 나를 집으로 부르시고는 같이 자리에 앉으셨다. 그러고는 이렇게 말씀하셨다: "아들아, 너는 하나님의 일을 하고 있다. 쉬지 말고 예수님을 바라보도록 하거라. 이제 이 일들은 지나가고, 네 사역은 하나님을 향해 계속 커질 것이다."

얼마나 멋진 어머니란 말인가!

그 해 1956년에는 두 가지 일이 일어났다. 내가 패배한 것이 1월이었지만, 미국에서 있었던 우리의 천막 부흥회에 가장 많은 사람들이 모여든 것도 그 해로 기록되었다. 거의 2백만 명 가까운 사람들이 그 해에 천막 부흥회로 몰려들었다. 그 큰 천막이 가득 찬 것도 그 해가 처음이었고, 심지어 어느 곳에서의 집회이든지 자리가 모자랄 지경이 되었다. 수만 명의 불신자들이 그리스도께로 돌아왔다. 기적 또한 우리가 전에 경험한 그 이상이었고, 그 수만도 엄청났다.

우리가 커다란 손해를 경험했던 그 나라에서는 그 패배의 밤이 오기 이전에 구원받은 사람들에 의해 교회가 세워졌다는 소식이 들려왔다.

우리의 천막 부흥회 말고는 치유에 대한 소식을 들을 수 없는 그런

시기였다. 하지만 오늘날 치유는 전 세계로 퍼져 나갔다. 우리의 것과 비슷한 천막 부흥회 또한 어디에선가는 항상 벌어지고 있다.

내 아들 리처드가 말씀을 선포하고 치유를 전하기 위해 바로 그 나라로 갔다. 리처드는 어디를 가든 환영을 받았다. 언론에서도 더할 나위 없이 좋은 이야기들을 실었다. 심지어 텔레비전 방송에서는 생방송으로 예배를 수차례 방송하기까지 했다.

내가 이끈 부흥회 후 1년, 절친한 친구 빌리 그레이엄이 그 나라에서 대규모 집회를 열었다. 그곳에서 내게 어떤 일이 있었는지를 알게 된 빌리는 다음과 같은 전문을 보내 왔다.

"친애하는 오랄, 자네가 이곳에서 힘겨운 시간을 보냈다는 소식을 들었네. 하지만 내가 자네의 그 기름부음 받은 사역으로 인해 축복받은 많은 사람들을 이곳에서 만났다는 사실을 알려 주기 원하네."

그 이후 손해가 만회됨으로 인해 오랄 로버츠 대학이 세워졌고, 주님을 향한 우리의 사역 또한 계속되었다. 나쁜 상황에 대해 내가 해 줄 수 있는 충고는 그것을 만회할 수 있는 특별한 씨앗을 심고 그 일이 일어나는 것을 지켜보라는 것이다!

기억하라. 이제 멈춰서 하나님께 어떠한 형태의 실패에 대한 것이든 새로운 씨앗을 심는다면, 그 실패는 절대 치명적이 될 수 없다. 포기하지 말라! 그리고 씨앗을 심도록 하라!

1. 당신의 삶에서 추수를 하거나 불가능을 행하기 전에 먼저 씨앗을 심어야만
   한다.
2. 하나님께서 인간을 회복하시기 위해 그의 아들을 씨로 심으신 것처럼, 당신
   의 필요를 향해 씨앗을 심어야만 한다.
3. 어떤 패배나 손실에 대해서든 그것을 만회할 수 있는 씨앗을 심도록 하라.

19장

기적을 기대하라

치유 사역이 절정에 이르면서 계속해서 기록적인 사람들이 몰려들었고, 셀 수 없을 만큼 많은 이들이 치유와 구원을 받았다. 하지만 반대의 장벽 또한 있었다. 플로리다 마이애미에서 있었던 한 부흥회에서 나는 한 단체에서 우리가 복음을 전하고 병든 자들을 치유하는 이일을 물리적으로 방해하려는 시도가 있다는 전갈을 받았다.

그러한 일은 전에도 있었지만, 나는 잘 대처를 했었다. 하나님께서 그분의 종을 보호하시고 원수들이 주님의 치유의 역사를 행하시는 것을 방해하려는 노력을 물리치시리라는 것을 믿었다.

나를 공격하려는 이들은 끊임없이 지독한 방법으로 기독교를 공격해 온 악명 높은 무신론자였다. 그들은 특히 말씀을 전하며 기적과 이사를 행하는 이들을 주목표로 삼았다. 그들은 부흥회를 공격할 뿐만 아니라 그곳에 참석한 자들을 잡아 가두어 사역과 내 이름에 먹칠을 하겠다며 협박했다.

너무도 성공적이었던 마이애미의 부흥회였기 때문에 분명 그들이 그냥 넘어갈 리가 없을 것 같았다. 하나님의 능력의 임재가 너무도 강력해서, 하나님께서 사람들 가운데 행하시는 일들을 방해하려면 사탄은 분명 가장 큰 총과 계략을 가지고 덤벼야 할 것처럼 보였다.

협박을 해 온 단체는 무신론 운동을 이끌어 온 세계적으로 유명한 사람이 이끌고 있었다. 그런 그들의 경고에 대해 뭔가 불길한 예감이 있어서 내 심장을 조이는 듯한 두려움을 느꼈다. 분명 뭔가 다른 것이 있음을 느꼈던 것이다.

나는 보통 오후 3시경에 낮잠을 잔다. 그렇게 해야 치유와 구원을 위해 오는 사람들에게 무언가 상쾌한 상태로 기도와 말씀을 전할 수 있기 때문이다. 하지만 너무도 예민해진 나머지 그때는 잠을 잘 수가 없었다. 기도를 하려고 해도 마치 어떤 힘이 하나님께 드리는 내 마음과 입술의 말을 모두 물리치는 것만 같았다. 그때 갑자기 하나님께서 말씀하셨다.

"아들아, 기적을 기대하거라!"

너무도 놀란 나는 이렇게 대답했다.

"주님, 다시 한 번 말씀해 주시겠습니까?"

주님께서는 너무도 분명한 음성으로 다시 말씀하셨다.

"기적을 기대하라!"

기적을 기대하라! 전에는 한 번도 들어 보지 못한, 그리고 생각해 보지 못한 말이었다. 그 말을 곰곰이 생각하고 있는 사이 하나님께서는 다시 말씀하셨다.

"매일 새로운 기적을 기대하라."

"이때부터 나는 사람들에게 기적을 기대하고,
매일 새로운 기적을 기대하라고 말하기 시작했다."

그 즉시 모든 두려움이 사라졌고, 나는 잠이 들었다. 그리고 강력한 기름부으심과 함께 잠에서 깨어났다. 후원 목회자들을 포함한 모든 동역자들은 경찰에 신고를 한 상태였고, 경찰들은 내가 예배 장소에 들어섰을 때 사람들 사이에 있었다. 무신론 단체의 지도자들로부터 제보를 받은 방송에서는 카메라와 기자들을 보내 왔다.

강단으로 올라가면서 나는 전에 없었던 담대함을 느끼고 있었고, 어떤 일이 일어나든 그에 대한 준비가 되어 있었다. 그곳에는 팽팽한 긴장감이 돌고 있었다. 설교를 시작했지만 아무런 일도 일어나지 않았다. 마치 천사들이 그곳에서 모든 원수들을 몰아낸 듯했다. 엄청난 영적인 폭발이 있었던 것만 같았다. 천 명이 넘는 사람들이 그리스도를 그들의 개인적인 구주로 영접하기 위해 앞으로 나왔고, 치유받은 사람들의 숫자는 그 이상이었다.

나는 사람들에게 하나님께서 내 방에 찾아오셨던 일에 대해 이야기했다. 그리고 사람들에게 기적을 기대하고, 매일 새로운 기적을 기대하라는 말을 반복해서 말했다. 사람들은 마치 전기에 감전이라도 된 듯한 모습이었고, 하나님의 구원과 치유의 능력이 우리 모두를 완전히 감싸고 있었다. 그리고 나는 바로 그때 하나님의 신선하고 새로운 말씀을 받은 느낌이었다. 나는 어디를 가든, 어느 방송에 출연하든 그 이야기를 나누기 시작했다.

'기적을 기대하라'는 말이 전국을 연결하는 네트워크를 타고 흘러갔다. 기적을 기대하는 새로운 개념들이 모든 곳에 퍼져 나간 것 같았다.

나는 사람들에게 전하기 시작했다.

"기적이 매일 당신을 향해 오거나 지나갈 것입니다. 기적을 기대하세요. 그래야만 주님께서 기적을 보내실 때 그것을 알아보고 손을 뻗어 받아들일 수 있습니다. 기적이 오더라도 그것을 기대하지 못한다면, 그냥 지나가 버릴 것입니다. 그리고 당신은 분명 당신의 필요와 문제가 있는 그 때에 하나님께서 왜 찾아오시지 않는가 하며 이상히 여길 것입니다."

나는 이 모든 내용들을 나의 책 「기적을 기대하라」(Expect a Miracle)에 기록했다. 백만이 넘는 사람들이 이 책을 구입했고, 이 책은 베스트셀러가 되었다.

나는 또한 종교인들이 텔레비전 방송과 라디오를 통해 이 말들을 말하는 것을 듣게 되었다. 내가 가는 곳이면 어디서든 사람들은 내게 웃으며 이렇게 말했다: "기적을 기대하라." 마치 인사처럼 말이다.

뉴욕 시에 있는 마블 대학 교회의 목사이자 「가이드 포스트」(Guideposts)의 설립/출판인인 노먼 빈센트 필은 「가이드 포스트」에 다음과 같은 제목의 기사를 실었다.

"'기적을 기대하라'는 당신의 삶을 변화시킬 강력한 문구다."

그렇게 이 말이 퍼져 나갔고, 다른 수많은 나라에도 전해졌다.

내 모든 삶의 태도가 바뀌어 버렸다. 새로운 열정이 넘쳐났고, 사역의 결과들이 너무도 극적으로 증가하는 것을 보게 되었다. 다음 해에 11개월 만에 백만의 영혼들이 구원을 받았고, 그러한 엄청난 숫자가 기록된 것은 처음 있는 일이었다.

예수께서는 우리가 그분께서 우리를 찾아오시는 것을 준비하라고 말씀하신다. 베드로는 다음과 같이 기록하고 있다: "너희 선한 일을 보고 오시는 날에 하나님께 영광을 돌리게 하려 함이라"(벧전 2:12).

하나님께서 당신을 찾아오실 것이라는 것은 잘 알고 있을 것이다. 기적이 당신을 향해 흘러올 것이다. 만일 기적을 기대하는 자세를 가지면 더 많은 기적들이 당신을 향해 오게 된다.

중요한 것은 기적이 언제 오는지를 깨닫는 것이다.

계속해서 하나님의 기적이 매일 새로이 올 것을 기대하지 않는다고 해서 기적이 오지 않는다는 말은 아니다. 기적은 온다. 하지만 그것들을 기대하면, 당신은 그 기적이 당신을 향해 오고 있는 징조를 알고 그것을 **받아들일** 위치에 있게 된다. 당신이 볼 수 없는 것을 보지 못하게 되면 불가능을 행할 수 없기 때문이다.

나는 한때 성경을 통해 하나님께서 그분의 백성들을 기적과 함께 찾아오신 예를 찾아본 적이 있다. 나는 이 일들이 한 개인과 무리의 사람들에게 얼마나 자주 일어났는지를 알고 놀라게 되었다. 또한 얼마나 자주 그들이 기적을 기대하지 않았고, 그것을 알아보지 못했으며, 기적이 그냥 지나가 버렸는지를 보았다. 사람들이 하나님께서 그들을 잊어버리시고 버리셨다고 생각하며 울며 통곡하는 모습도 보았다.

사람들이 너무도 자주 살아 계신 하나님으로부터 오는 기적을 기대하지 못하는 것으로 보였다. 나 또한 하나님께서 내게 명하신 것을 행하는 것을 머뭇거리다 실패했던 것을 알고 있다. 그것은 기적을 기대하고 매일 새로운 기적을 기대하라는 말씀이셨다.

내 생각에 사탄은 특별히 하나님으로부터 오는 이 말씀과 우리 각자에게 하나님께서 찾아오신다는 사실을 흐리게 하는 것 같다. 하지만 나는 하나님께서 나를 향해 보내시는 기적들을 더욱더 잘 지켜보겠다고 서원했다.

나는 이러한 사실에 대한 흥미가 파도처럼 몰려드는 것으로 인해 용기를 얻었다. 사람들은 기적에 대한 기대로 활짝 열린 모습으로 찾아왔다. 이것이 너무도 중요한 것은 기적이 바로 문제들을 바로잡기 때문이다.

내가 세계를 여행하던 중 대만에서 부흥회를 연 적이 있다. 그곳에서 기적이 너무도 긴장된 상황을 해결한 적이 있다.

나에 대한 첫 환대는 대단했다. 장제스 장군과 부인이 우리를 궁전으로 맞이해 주었고, 거기서 우리는 함께 기도했다. 중국에 근접해 있기 때문에 중무장된 작은 나라 대만은 부흥회에 굉장한 관심을 보였다. 몇몇 대령들과 장군들이 그리스도인이었기 때문이다. 그들은 고위 관료들이 모인 자리에서 내게 말씀을 전할 것을 부탁했고, 나는 그렇게 했다.

부흥회에 참석한 사람들 중 최소한 절반은 자신들의 상관들과 함께한 군인들이었다. 대부분의 군인들은 모인 장소의 벽면에 붙어 서 있었고, 자리는 시민들이 차지하고 있었다.

하나님께서 나를 치유 사역에 부르셨을 때, 먼저는 말씀을 전하게 하셨고, 그런 다음 구원받지 못한 이들을 초청하며, 그리고 마지막으로 치유를 위해 기도하라고 하셨다. 그리고 그 숫자는 항상 엄청났다.

이 부흥회 마지막 날 나는 뭔가 굉장히 잘못된 느낌들이 모인 사람들로부터 오고 있는 것을 느꼈다. 내가 어루만지고 기도해 준 사람들이 조금도 치유되지 않은 것이다. 너무도 새로운 경험이었고 괴로운 일이었다.

예배가 끝나자 후원 목사님들 중 당회장께서 이렇게 말씀하셨다.

"중국 사람들은 누군가 자신을 만지는 것을 싫어합니다. 그러한 것들에 익숙하지가 않죠. 그렇기 때문에 기적이 일어나지 않는 것입니다."

"그럼 어떻게 해야 하죠? 주님께서 그렇게 하라고 하신 것인데요."

목사님은 먼저 사람들에게 내가 그들을 만지는 것이 공격하려고 하는 것이 아니라 그들에 대한 사랑과 존경을 표현하는 것이라는 설명을 하라고 충고했다. 내가 그들에게 보여 줄 수 있는 가장 큰 존경의 표현은 성경에 나와 있는 대로 그들에게 손을 얹고, 그들의 믿음이 그들을 치유할 수 있도록 하나님께 올려 드리게 하는 것이었다.

다음 날 나는 기쁜 마음으로 그렇게 했지만, 조금도 모임의 분위기가 바뀐 것 같지 않았다.

치유 시간에 갑상선이 부어 있는 한 여인이 내 앞에 서 있었다. 갑상선은 누구나 볼 수 있을 정도였다. 나는 그녀에게 내가 긍휼과 믿음으로 갑상선을 만지는 것은 그녀를 존경하기 때문이라고 말을 했고,

모든 사람들이 그 여인과 나를 쳐다보고 있었다. 그런 상황에서 내가 만질 수 있도록 해 줄 것인지를 통역을 통해 그녀에게 전했고, 여인은 고개를 끄덕였다.

모든 사람들이 지켜보는 가운데 나는 여인의 목을 조여 오고 있는 갑상선에 손을 얹고 기도했고, 그 즉시 부어 있던 것이 완전히 사라져 버렸다. 여인의 목이 완전히 정상이 된 것이다. 여인은 손으로 그 부분을 만져 보고는 울음을 터뜨렸고, 하나님을 기쁨으로 찬양했다.

나는 큰 소음을 듣게 되었다. 수백 명의 군인들이 앞으로 달려 나와서는 사라진 갑상선 자리를 보여 달라고 했다. 통역은 조심스럽게 하나님께서 내 손과 믿음, 그리고 여인의 믿음을 사용하셔서 기적을 행하셨다고 전했다.

이 말을 들은 사람들은 내 주위에 몰려들어 그들에게 손을 얹고 기도해 달라고 했다. 마지막 결과는 이 젊은 군인들이 보는 앞에서 벌어지는 대역전과 같은 것이었다.

주님께서 내게 말씀하셨다: 기적이 문제를 해결한다!

그 후 모임에 대한 소식이 온 섬에 전해졌다. 우리는 그곳에 담보와 같은 것을 남겨두었고, 그것은 여전히 그곳에 있다고 믿는다. 남은 집회 동안 '기적이 문제를 해결한다'라는 말들을 전하고 다녔고, 이 말을 기억하는 수많은 높고 낮은 지위의 사람들로부터 편지를 받았다.

하지만 주님께서는 끊임없이 내게 주님의 말씀과 직접적으로 기적을 받는 것이 조심스럽게 다루어져야 한다는 사실을 일깨우셨다. 기적이 그저 아무렇게나 주어지는 것처럼 보이지만 그렇지 않다. 누군가, 혹은 한 무리의 사람들이 기적을 믿고 기대해 왔다. 먼저 씨앗을 뿌려야 한다.

하나님의 눈이 온 땅을 두루 감찰하고 계신다. 그분께서는 모든 인간의 마음에 어떤 일이 벌어지고 있는지를 알고 계신다. 그분께서는 항상 이 땅에서 열심히 그분과 함께하며 일하는 신실한 남은 자들을 가지고 계신다. 나는 하나님께서 우리 모두가 그 남은 자 가운데 참여하길 원하신다고 믿는다.

나는 매일, 모든 상황에 실망하거나 포기하지 않은 채 기적을 기대하고 그것을 지켜보도록 남아 있는 법을 천천히 배운 사람이다. 기적을 기대하는 법을 배웠고, 또한 그것을 바로 알아보고 손을 뻗어 받아들이는 법을 배웠다.

하나님의 부름을 받은 하나님의 남종과 여종인 당신이 이것에 주의를 기울이기 원한다. 의심만 품지 않는다면 이것에 있어 선두주자가 될 수 있다.

하나님께서 그분의 말씀을 전하는 자들과 다른 지도자들에게 기적의 의미에 대해 점점 더 말씀하시기를 기도한다. 하나님께서는 항상 기적으로 일을 하셨고, 성경은 어떻게 기적들이 문제들을 해결했고 승리를 안겨 주었는지에 대한 수많은 예들로 가득 차 있다.

내가 보고 경험한 그 이상의 것들이 있다. 분명 우리와 모든 곳에 있는 사람들을 향해 셀 수 없을 만큼의 기적이 오고 있다고 믿는다. 하나님께서 그분의 사랑과 능력으로 내 안에서 기적을 통해 어떤 일을 행하셨는지를 나누도록 하셨다고 느낀다.

1. **핵심**은 기적이 언제 당신을 향해 오는지를 알아보는 것이다.
2. 당신이 씨를 심고 기적을 기다릴 때에야 비로소 기적을 받을 수 있는 위치
   에 있게 된다.
3. 기적은 당신의 삶에 있는 문제를 해결한다.

20장
영으로 기도하고 믿음으로 씨를 심기 전에는

첫 12년간의 사역에서, 나는 옳은 결정을 하거나 하나님의 능력과 인도하심이 필요한 무엇인가를 시도하기 전에 그에 합당한 준비나 혹은 우선순위를 따르지 않고 너무 많은 일들을 해 버렸다.

그 결과 나는 영적으로 흔들리고 말았다. 내 인생에 있어 어떤 규칙이란 없었다. 분명한 결정도 내리지 못했고, 하나님께서 함께하신다는 확신으로 무엇인가를 시도거나 하는 일도 없었다.

내 머릿속은 생각들로 가득 차 있었다. 그중에는 창조적인 것들도 있었지만, 순서나 방향도 잡지 못했고, 그것이 가능할 것이라는 생각으로 실천에 옮기지도 못했다.

물론 몇몇 좋은 결정을 내리고, 좋은 일들을 시도해 본 적도 있었다. 하지만 잘 시작을 했다가도 두 마음을 품고 끝나는 경우가 많았다. 사도 바울이 말한 것처럼 마치 의미 없는 소리와 같았다(고전 13:1).

변화를 위한 무언가가 필요했다. 이러한 위기는 내 삶과 사역에 있어 극단적인 선택을 하게 만들었다. 이 온전치 못한 상태로 계속 가느냐, 아니면 하나님 안에 있는 그 길을 찾느냐? 하지만 어떻게 해야 한단 말인가?

첫 12년의 사역이 끝나 갈 무렵, 나는 어떻게 사도 바울과 같은 하나님의 사람들이 하나님께서 명하신 결정을 내리고 성령의 이끌림을 받아 모든 일들을 시도하는 법을 배웠는지를 찾겠다는 간절한 소망을 가지고 성경을 연구하기로 했다. 나는 그들이 어떻게 볼 수 없는 것을 보고 그로 인해 불가능을 행했는지를 보기 원했다.

특히 나는 고린도전서 12장 4~11절에 나와 있는 성령의 아홉 가지 은사들을 연구했다.

> "은사는 여러 가지나 성령은 같고 직분은 여러 가지나 주는 같으며 또 사역은 여러 가지나 모든 것을 모든 사람 가운데서 이루시는 하나님은 같으니 각 사람에게 성령을 나타내심은 유익하게 하려 하심이라 어떤 사람에게는 성령으로 말미암아 지혜의 말씀을, 어떤 사람에게는 같은 성령을 따라 지식의 말씀을, 다른 사람에게는 같은 성령으로 믿음을, 어떤 사람에게는 한 성령으로 병 고치는 은사를, 어떤 사람에게는 능력 행함을, 어떤 사람에게는 예언함을, 어떤 사람에게는 영들 분별함을, 다른 사람에게는 각종 방언 말함을, 어떤 사람에게는 방언들 통역함을 주시나니 이 모든 일은 같은 한 성령이 행하사 그의 뜻대로 각 사람에게 나누어 주시는 것이니라"

내게는 특히 지식의 말씀과 지혜의 말씀이 있었고, 또한 영들 분별하는 은사가 있었다. 많은 사람들이 계시의 지식이라고 부르는 것이었다.

방언과 통역의 은사가 나를 매료시켰지만, 나는 사실 어떻게 해야 하는지를 알지 못했다.

나는 성령으로 세례를 받았고 상황에 따라 방언을 말했지만, 깊은 침체나 기쁨의 순간에서만 가능했다. 의지적으로 방언을 말할 수는 없었다. 그것이 자연적으로 내 내면으로부터 터져 나올 때까지 기다려야만 했다. 말할 것도 없이 내 영의 기도에 대한 하나님의 응답으로 내 마음에 통역이 가능한지도 알 수가 없었다.

또한 방언이 영의 기도인지 혹은 영의 노래인지도 사실 알지 못했다. 그에 대해 배운 것이 없었기 때문이다. 아주 중요한 순간에 나는 어떻게 의지적으로 방언으로 기도하며 하나님의 응답으로 주어지는 통역을 할 수 있는지를 배우게 되었다. 1963년의 일이었다. 그때 나는 하나님께서 내게 하신 것을 어떻게 해야 할지를 모르고 있었다.

하나님께서는 1935년에 귀로 들을 수 있는 음성으로 내가 형 엘머의 차 뒷좌석에 타고 결핵과 말 더듬는 것을 고치기 위해 치유 예배로 가는 길에 말씀하셨다.

"아들아, 나는 너를 치료해 줄 것이다. 그리고 너는 내 치유의 능력을 네 세대에 전하게 될 것이다. 그리고 내 권위와 성령 위에 세워진 대학을 세우게 될 것이다."

너무도 분명하고 명확한 말씀이었고, 하나님께서 말씀하신 내용의 첫 번째 부분은 이해할 수 있었다.

하나님을 위해 대학을 세우라고 하신 두 번째 부분은 분명하지는 않았지만, 그것이 내게 하신 말씀이라는 사실은 확실했다. 당시 열일곱 살이었던 나는 그 분명한 내용을 붙들기에 너무 어렸지만, 그 사실이 내가 피할 수 없는 것이라는 것은 분명했다.

대학을 어떻게 세워야 하는지는 전혀 알 수 없었다. 특히 하나님을 위한 대학이라니. 내가 두 개의 대학을 다니고 있기는 했지만, 대학을 세우거나 그것을 운영한다는 것은 전혀 다른 이야기였다.

가장 중요한 것은 내 삶을 하나님께 드리겠다는 결단을 했다는 것이다. 어머니께서는 내 평생 다음과 같이 말씀하셨다.

"아들아, 항상 하나님께 순종하거라. 그리고 눈에 보이는 것을 의지하지 말거라."

내가 사역에 있어 비틀거리고 길을 잃은 적도 있기는 하지만, 그어떤 상황에서도 하나님께 순종하기로 서원한 상태였다. 21년간의 치유 사역을 포함한 28년간의 사역을 한 후, 나는 대학을 세우라는 하나님의 때가 임했음을 알 수 있었다.

하나님께서는 후계자 없는 성공은 실패라는 사실을
내 마음에 집어넣어 주셨다.

얼마 후 치유 사역은 절정에 이르렀다. 만일 내가 주의를 기울이고 후계자를 세우지 않는다면, 내가 아무리 엄청난 하나님의 구원과 치유의 능력을 행했다 할지라도 사역은 나와 함께 끝나고 말 것이다. 하나님께서는 그분의 사역이 계속되길 원하신다. 내 노력을 뛰어넘고,

계속해서 이 땅을 가득 채우기 원하신다.

대학을 세워야 할 때가 되기까지는 모든 것이 순조로웠다. 하나님께서 내게 말씀하셨다.

"너는 내가 이 세상을 지을 때 사용한 것을 가지고 대학을 세우게 될 것이다. 그것은 '무'(無)이다." 내 영혼의 뿌리까지 뒤흔들 만큼 충격적인 말씀이었다. 이미 볼 수 없는(비전) 것을 보았으니 이제 불가능을 행할 때가 된 것이다. 하지만 어떻게 하란 말인가?

나는 매일 차를 몰고 대학 부지인 오클라호마 털사로 가서 맨발로 그곳을 걸어 다녔다. 대학 부지 위를 걸어 다니던 어느 날, 나는 하나님께 이 엄청나고 복잡한 일을 어떻게 시작해야 하는지 알려 달라고 기도했다.

내게는 돈도, 건물도, 전문가들도, 학생도, 방법도 없었고, 오직 내가 이 일을 할 수 있다고 믿는 몇몇 사람들뿐이었다.

나는 한 번도 외롭다고 느껴 본 적이 없었다. 내 마음은 마치 백지처럼 공허했다. 내가 아는 것이라고는 아무것도 없이 시작하라는 하나님께 순종해야 한다는 것이었다.

갑자기 눈물이 터져 나왔고, 나는 절망적으로 무릎을 꿇었다. 갑자기 성령의 언어가 터져 나왔다. 내가 무슨 말을 하는지 전혀 알 수가 없었지만, 내가 하나님께서 주시는 새로운 언어로 기도하고 있다는 사실은 알 수 있었다.

고린도전서 14장 2절은 다음과 같이 기록하고 있다: "방언을 말하는 자는 사람에게 하지 아니하고 하나님께 하나니 이는 알아 듣는 자가 없고 영으로 비밀을 말함이라."

내가 신비로운 일을 말하고 있는 것을 알 수 있었다. 모든 지식과 지혜가 있는 하늘의 영역을 침범하고 있었다.

방언은 1~2분 정도 계속되었다. 두 발로 일어섰지만 어떻게 해야 할지를 몰랐다. 갑자기 내 언어로 기도가 터져 나왔다. 그것은 내게 지금까지 부족했던 지식을 드러내고 있었다.

그 즉시 나는 울부짖었다.

"주님, 한 번만 더 이 말을 하게 하소서."

하나님께서는 계속해서 그렇게 할 수 있게 하셨다.

이 모든 것이 멈추었을 때 구름이 걷혔고, 새벽이 지나갔으며, 내 마음에 한 줄기 빛이 비추기 시작했다. 순간 나는 어떻게 하나님의 권위와 성령 위에 강력한 학문 기반을 가진 대학을 하나님을 위해 세울 수 있는지를 알게 되었다. 건물이 올라가고, 전문가들이 몰려들고, 교육 과정이 잡히고, 전국과 전 세계에서 학생들이 몰려드는 모습을 본 것이다. 너무도 선명한 환상이었다. 내가 볼 수 없는 것을 본 것이다.

나는 집으로 차를 몰고 가 에벌린에게 모든 이야기를 해 주었다. 에벌린은 나와 같은 것을 느낄 수 있었지만, 하나님께서 내게 그분을 위한 대학을 세우는 것에 대해 무엇을 말씀하셨는지는 이해하지 못했다.

다음 날 아침, 욕실 앞을 지나고 있던 에벌린은 내가 면도를 하며 방언으로 기도하는 소리를 들었다. 아내에게 처음 든 생각은 '오 하나님, 오랄은 지금까지 치유 사역에서 균형이 잡혀 있었습니다. 그것이 이제 와서 무너지지 않게 하소서' 였다고 한다.

에벌린도 나처럼 감정적이 되었을 때 방언을 하기는 했지만, 하나님께서 어떤 말씀을 하셨는지 통역을 하는 것에 대해서는 알지 못하고 있었다. 그 주에 하나님께서는 아내의 마음을 감동시키셔서 내가 새로이 시작한 것에 대해 증거한 방언과 통역에 대해 설명해 달라고 했다. 나는 아내에게 내 모든 지식을 동원하여 설명해 주었다. 그러고 나서 함께 고린도전서 14장을 읽었다. 그리고 아내는 하나님께 자신도 동일한 경험을 하게 해 달라고 기도했고, 하나님께서는 그것을 허락해 주셨다!

그 이후 우리는 함께 방언으로 기도했고, 아내 또한 하나님께서 그 기도의 응답으로 자신의 마음에 통역을 해 주신다는 사실을 배우게 되었다.

사실 고린도전서 14장 13~15절에 바울은 우리가 의지적으로 방언 기도를 할 수 있고, 우리의 마음에 통역할 수 있다고 기록하고 있다. 우리는 하나님의 계시의 지식을 받았다.

혼자서 성경을 연구해서는 깨달을 수 없지만, 하나님께서 성령을 통해 드러내시는 하나님의 말씀인 계시의 지식에 대해 중요한 말을 전해 주기 원한다. 어떤 사람들은 하나님께서 우리에게 하시는 모든 말씀은 기록된 성경에 모두 나와 있다고 한다. 그 이상 우리에게 하실 말씀이 없으시다는 것이다. 하지만 성령께서 오순절 날에 부어진 이후, 그분은 모든 믿는 자들에게 말씀하시고, 말씀하셨으며, 여전히 성경의 계시의 말씀을 통해 말씀하고 계신다. 특히 우리 목회자들과 말씀을 전하는 자들에게는 더욱 그러하다.

성령께서는 하나님의 기록된 말씀의 내용을 어떻게 개인적으로 적용해야 하는지를 알고 계신다. 내게 있어 이 사실은 매우 중요하다.

내게 주어진 계시의 말씀은 반드시 기록된 성경을 통해 확인이 되어야만 한다. 하나님의 말씀은 제멋대로이거나 터무니없는 상상이 아니기 때문이다. 만일 그렇게 된다면 우리로 이단이 되거나 그에 참여하게 만든다. 만일 계시의 지식이 기록된 하나님의 말씀으로 확인되지 않는다면, 잊어버리라.

하나님께서 당신으로 어떤 일을 하도록 부르실 때, 당신은 당신 자신을 온전히 드리고 하나님으로 당신을 무장시키실 것을 기대할 수 있다. 하나님께서 모든 것을 처음부터 다 보여 주시지는 않지만, 당신이 한 발 한 발을 내디딜 때마다 점점 더 많은 그분의 계획과 뜻하심이 당신에게 드러나게 될 것이다.

내가 앞에서 이야기한 것처럼, 나는 어떻게 대학을 세워야 할지 알지 못했다. 계시의 지식이 나로 전혀 알지 못하는 영역을 침범하도록 하는 가장 중요한 역할을 했다. 그 영역은 성령께서는 너무도 잘 아는 부분이었기 때문이다.

그렇게 해서 내가 내 사명을 어떻게 이행해야 하는지는 알았지만, 그것을 실행하는 것은 내가 전에 한 번도 지나 보지 못한 또 하나의 교차로와 같았다. 그 다음은 무엇인가?

내가 하나님을 위해 결정을 내리고 무언가를 시도하기 전에 가장 먼저 한 일은 '영'과 '내 깨달음으로' 기도하는 것이었다. 그 다음은 믿음으로 씨를 심는 일이었다.

내가 전에 너무도 분명히 들었던 하나님의 음성처럼, 하나님께서는 믿음으로 씨를 심으라고 말씀하셨고, 그렇게 해서 내가 환상을 통해 본 모든 것을 받을 수 있었다.

에벌린과 나는 적은 부동산을 구입했었다. 우리는 그것을 팔아 대학 건물을 세우는 첫 번째 돈으로 사용했다. 우리는 그것이 단순한 돈이 아닌 씨앗이라는 사실을 알고 있었다. 파종과 추수, 씨 뿌리고 거두는 시기, 그리고 주고받는 때였다.

씨앗 믿음은 우리의 삶에서 하나님께 순종하고 하나님을 향해 무언가를 시도하는 데 있어 삶의 방식이 되었다. 내 씨앗이 그분의 손에 들려졌을 때, 내가 느꼈던 가장 무거운 짐이 벗어지는 것을 느꼈다.

나는 하나님의 말씀에 견고한 기반을 둔 계시의 지식을 받았다. 내 영 안에 자리 잡은 어떤 시도나 하나님을 향해 무언가를 시도하기 전에 나는 먼저 방언과 통역으로 기도했다. 그런 다음 내 믿음의 씨앗을 뿌렸다.

이 두 믿음의 행동은 좀 달라 보일 수도 있다. 하지만 이 두 다른 차이가 나로 하나님 안에서 성공하는 데 있어 커다란 차이를 만들어 냈다.

만일 당신이 털사에 있는 사우스 에비뉴 7777번지로 온다면, 400 에이커(약 50만 평)의 부지에 들어선 22동의 건물들과 수천 명의 학생들, 그리고 학문적으로 인정된 종합대학을 보게 될 것이다. 또한 내 아들 리처드가 부학장이자 대표로서 오랄 로버츠 대학을 내가 지난 30년간 설립하고 이끌어 온 것보다 더욱 훌륭하게 운영하고 있는 것을 보게 될 것이다.

ORU는 기독교 운동의 중심이자 학부와 석·박사 과정을 하나님의 권위와 성령 위에서 가르치는 대학이 되었다. 이것은 내가 하나님께서 말씀하신 대로 아무것도 없이 먼저 영으로 보고 건물을 짓기 시작한 것만큼이나 커다란 기적이 아닐 수 없다.

내 사무실 책상에는 이런 푯말이 붙어 있다: "여기서 아무런 계획도 세우지 말라."

하나님의 계시의 지식과 씨 뿌림 없이는 하나님께서 나를 부르신 그 큰 계획을 절대 성취하지 못했을 것이다. 나는 당신에게 이 말을 하기 원한다. 당신이 있는 그곳에서 아무런 계획도 세우지 말라.

Important Points

1. 내가 다음의 두 가지를 하기 전에 절대 어떤 결정도, 하나님을 향해 어떤 시도도 하지 않는다는 사실을 강조하기 원한다: (1) 사도 바울이 고린도전서 14장 13~15절에 기록한 것과 같이 방언으로 말하고 그에 대한 통역을 받는다. (2) 믿음의 씨앗을 심고, 하나님께서 기적의 추수로 만드실 수 있는 것을 드려서 그분의 계획과 목적을 이루시도록 한다.
2. 하나님께서 당신으로 어떤 일을 행하도록 부르셨을 때, 하나님께서는 당신을 무장시키실 것이다. 당신이 발걸음을 옮길 때마다 계속해서 그분의 계획을 보여 주실 것이다.
3. 당신을 돕기 위해 하나님께서는 계시의 지식을 주실 것이고, 당신이 홀로 성경을 연구해서는 얻을 수 없는 그분의 말씀을 성령을 통해 보여 주실 것이다.

21장
사역을 확장시킨, 어머니로부터 배운 다섯 가지 비밀

내 어머니 클라우디아 프리실라 로버츠는 나보다 키가 30센티미터, 아버지보다는 25센티미터가 작은 150센티미터 정도밖에 되지 않는 분이시다.

어머니는 아버지처럼 목소리가 큰 분도 아니셨다.

세상의 이목을 끌려고 하지는 않으셨지만, 하나님께서 어머니를 부르신 바른 말씀 안에 거하며(딤후 4:2, 사 50:4) 병든 자들을 위해 기도하라는 말씀을 완성하려고 노력하셨다. 물론 공개적으로 병든 자들을 위해 기도하신 적은 거의 없고 한쪽에서 조용히 사역하셨다.

어머니께서는 상황과 환경의 핵심과 결론을 잡아내시는 매우 특별한 능력이 있으셨다. 어떤 일이 있을 때 그것이 사탄의 일인지 아니면 주님의 임재로부터 오는 기도의 응답인지를 빠르게 알 수 있으셨다. 아버지께서는 어머니의 그러한 능력을 아셨고, 어떤 상황에서 그것이 좋고 나쁨을 확인하는 데 어머니를 의지하셨다.

내가 두 분으로부터 배운 것은 정말 값으로 따질 수 없는 귀한 것들이다.

다음의 다섯 가지가 내가 아직도 엄마라고 부르는 어머니를 통해 배운 것들이다.

1. 내 개인의 증언을 해야만 한다

어머니께서는 만일 내가 하나님께서 내 삶에서 행하신 일과 지금 행하고 계신 일들을 전하지 않는다면, 내 설교는 공허한 소리가 되고 사람들과 그들의 필요를 채워 주는 하나님의 능력이 함께하지 못한다고 믿으셨다.

내가 자라난 어린 시절은 목회자들이 성경 본문을 또 다른 성경 말씀으로 해결하는 것이 최고의 설교라고 믿었다. 다른 말로 하면, 설교의 주제와 본문을 정하면 설교할 말씀을 성경의 다른 예와 비교해서 전했다.

이러한 설교는 듣는 자들로 성경을 더 많이 알게 하는 데는 도움이 되었다. 그때나 지금이나 그만한 역할이 있는 것은 분명하다.

그러나 그들이 전하는 성경이 자신의 삶과 또한 자신들이 사역하는 사람들의 삶에 어떻게 적용되는지를 전하는 데는 늘 실패했다. 개인적인 증언 없이 직접적으로 성경만을 증거한 것이다.

어머니도 성경을 사랑하셨고, 아버지의 설교 듣기를 좋아하셨다. 하지만 나는 집에서 어머니께서 아버지에게 이렇게 말씀하시는 것을 들었다: "여보, 당신은 하나님과 성경이 당신과 가족, 혹은 말씀을 듣고 구원받고 치유받은 사람들을 어떻게 도왔는지를 전하지 않았어요. 일반적인 사람들이 얼마나 성경을 잘 모르는지를 생각해 보세요. 심지어 성경이 없는 사람들도 있어요. 그들은 당신이 성경을 해석해 주면서 수천 년 전 사람들의 삶에서 어떻게 역사했는지 이야기하는 것을 즐겨 듣고 있어요. 하지만 그들이 진정으로 목말라하는 것은 '그게 나와 무슨 상관인 거지? 내 문제를 해결하는 데 어떤 도움이 되는 거야? 지금 내게 도움이 되는 건가?' 라는 것이에요."

아버지는 자신의 설교에서 개인적인 경험을 자주 나누는 그런 분이 아니셨다. 분명 사람들의 삶에 필요한 성경의 말씀들을 전하셨다. 전혀 나쁠 것이 없었다. 아버지께서는 새로운 지역에 열두 개의 교회를 세우셨다. 분명히 말씀을 전하는 데 있어 기름부음을 받으셨고, 우리 아이들도 아버지의 설교를 듣기 좋아할 정도였다.

어머니는 설교자가 아니었다. 하지만 예수님과 살고 걷고 이야기를 나누는 관계를 가진 가정 주부였다. 아버지만큼 성경을 아시는 것은 아니었지만, 성경의 예수님은 잘 알고 계셨다. 어머니께 있어 예수님은 그분이 이 땅에 사실 때의 사람들에게만큼이나 사실이었다. 어머니는 아버지의 설교를 듣고 본문의 결론을 붙드신 후 자신과 다른 사람들의 필요로 이끌어 낼 수 있으셨다. 그것이야말로 어머니께 진정한 설교였다.

우리 아이들은 한 가지 형태가 만들어지는 것을 보았다. 아버지께서는 설교를 하시고 사람들을 구원과 성령 세례를 위해 초청하신다. 사람들이 앞으로 나아오면 아버지께서는 자리에 앉으시고 고갯짓을 하셔서 어머니께 자리를 내어 드리셨다.

그러면 어머니께서는 앞으로 나아온 사람들이 구원과 성령 세례를 통해 혹은 그 외의 필요한 것들을 위해 기도하게 될 때까지 그들을 위해 기도하셨다. 어머니께서는 그렇게 하는 것을 좋아하셨고, 그것이 자신에 대한 소명이라고 생각하셨다. 아버지께서도 이 영역에 대한 어머니의 가치를 아셨고 그렇게 하도록 해 주셨다.

이와 같이 당신이 내 설교를 들을 때면 내 구원과 성령 받은, 혹은 내 폐와 혀가 고침을 받은 것을 증거하는 것을 듣게 될 것이다. 나는 나 자신의 경험뿐만 아니라 내 사역을 통해 특별한 것들을 받은 다른 사람들에게 임한 기적적인 사건들을 나눈다.

나는 예수께서 성경 시대에 기적으로 역사하셨던 것처럼 매순간 우리와 함께 살아 계신 모습으로 함께하시고 역사하시기를 원한다. 또한 분명하게 내 영이 살아 있는 것을 느끼기 원한다. 성령으로 내 마음이 끊임없이 새롭게 되는 것을 느끼기 원한다. 매순간, 어느 순간에든지 '새로운 피조물'이 되기 원한다.

그렇다고 내가 하나님의 말씀을 연구하고 묵상하며 성경 말씀을 다른 말씀들과 비교하는 데 시간을 쓰지 않는다는 말이 아니다. 내 불같은 소망은 내가 가르치고 선포하고 치유를 전하는 사람들이 예수님과 제자들이 있었던 시대처럼 내가 주는 것들을 그들 개인의 것들에 적용할 수 있게 되는 것이다.

개인적인 증언이 없는 설교자는 '살아 있는' 메시지가 없는 것이고, 사람들이 바로 지금 겪고 있는 문제들을 해결해 주기에 부족한 것이다.

2. 하나님께 순종하고 눈으로 보는 것을 의지하지 말라

나는 어머니께서 나의 본심을 잘 알고 계셨다고 생각한다. 그녀는 이 세상에서 나의 약한 부분과 기질을 포함한 나의 전부를 가장 잘 알고 있는 사람이었다.

"아들아, 항상 하나님께 순종하거라." 어머니는 종종 이렇게 말씀하곤 하셨다. 그녀는 내가 하나님께 불순종하게 될 경우 사역은 물론 내 삶이 실패하게 될 것을 알았기 때문이다. 그녀에게 있어 중요한 것은 하나님께 순종하는 것이었다. 나는 어머니의 말씀을 늘 내 안에 깊이 새겼다. 오늘날까지도 하나님께 순종하는 것은 내 삶에 있어 가장 우선적으로 염두에 두는 것이다. 나는 항상 '하나님이 무엇을 말씀하시는가?' '이 말씀은 무엇을 말하는 것인가?' 를 생각한다. 나의 사역이 무엇이든 나는 그것을 하나님께 순종함으로 시작한다.

구원의 비밀은 하나님에 대한 즉각적인 순종이다.

나는 이것이 절대 진리라는 사실을 발견했다.

"아들아, 항상 네 눈에 보이는 것을 의지하지 말거라." 어머니는 내 사명이 성공하기 시작했을 때부터 내 머리가 커져 자랑하고, 마치 나 자신이 큰일을 행한 것 같은 그러한 유혹을 받게 될 것을 영으로 느끼셨다. 지금까지 하나님의 부름을 받은 남종과 여종들이 그렇게 영적으로 망하게 되는 것을 목격하셨기 때문이다.

내 영혼 깊은 곳에서부터 하나님 없는 나는 아무것도 아니라는 사실을 알고 있었다. 어머니께서 경고하신 대로, 내가 구원과 치유 및 하나님의 부르심에 순종하지 않았다면 나는 계속해서 결핵에 걸려 있고, 계속해서 혀를 더듬거리며 말을 하지 못했을 것이다. 어쩌면 예수께서 나를 구원하시고 치유하시고 그분의 치유에 대한 사명을 받기 몇 시간 전에 벌써 죽었을 것이다.

나는 나를 의심하고, 조롱하고, 나를 향해 못된 짓을 하는 사람들보다도 나를 칭송하는 소리를 훨씬 두려워한다. 털사에 있는 한 침례교 목사인 친구가 내게 이렇게 말했다.: "오랄, 적은 양의 향수는 좋은 것이네. 하지만 향수를 병째 들이마시면 독이 되는 법이지." 나도 그렇게 믿는다. 적은 양의 칭찬은 좋을 수 있겠지만, 그 이상을 듣는 것은 거절한다.

나의 귀한 어머니께 감사드린다.

3. 스스로에게 내 삶과 사역을 공격하는 것과 관련된 올바른 질문을 하라

어느 때가 되자 언론에서는 내 치유 사역을 조롱하기 시작했다. 또한 몇몇 교회 지도자들은 자신들의 권한으로 내 목사 면허를 취소시켜 버리겠다고 했다.

나는 베드로가 사도행전 10장 38절에 기록한 예수님의 사역과 같은 것들에 대한 사람들의 대우에 익숙해져 있었다: "하나님이 나사렛 예수에게 성령과 능력을 기름 붓듯 하셨으매 그가 두루 다니시며 선한 일을 행하시고 마귀에게 눌린 모든 사람을 고치셨으니 이는 하나님이 함께 하셨음이라."

예수께서는 착한 일을 행하셨다!

그럼에도 공격은 멈추지 않았다. 그리고 서른세 살의 죽음으로 그 절정에 이르렀다.

그러한 대우들이 계속되고 줄어들지 않자, 어머니께서 나를 부르시고는 이렇게 말씀하셨다: "아들아, 네가 공격을 당하고, 원수들이 온갖 비방을 하고, 마귀들이 네가 패배한 것처럼 믿게 만들려고 해도 이 사실을 기억하도록 해라. 먼저 너 자신에게 그것이 사실인지를 물어보도록 해라. 그런 다음, 만일 그것이 사실이 아니라면 그 근원을 확인해 보거라."

감사하게도 나는 그 말씀을 가슴 깊이 새겼다. 나는 어머니께서 절대 나를 나쁜 길로 인도하지 않으심을 알고 있었다. 나는 어머니와 그분이 하나님을 통해 진리를 확인하는 놀라운 방법을 믿었다.

수백 번도 넘게 자신들의 힘으로 나를 파면시키고, 공격하고, 잘못 전하게 하려는 교회들의 말들과 행동들을 접할 때마다, 나는 멈춰서 스스로에게 이렇게 질문했다.

"그들이 내 사역을 불신하게 만들려고 하는 말들과 행동들이 진실인가? 만일 그렇다면 내가 어떻게 바꿔야 하는 거지? 만일 사실이 아니라면, 내가 왜 바꿔야 하는 거지? 저 부정적인 세력들과 나를 이해하지 못하는 사람들은 누구인가? 그들이 어디에서 온 것인가? 그들의 본성은 무엇인가? 그들이 대표하는 것은 무엇인가?"

당신 내면의 진정한 자아로 힘을 가져가는 것에 대해 이야기하고 있는 것이다. 이 질문들은 내 사역이 진행되는 동안 계속되어 왔다!

당신 자신의 삶에 대해 생각해 보라. '예수님, 나를 심하게 대적하는 저들은 누구입니까? 왜 그들이 저를 대적하는 것입니까? 저들이 하는 말이 사실입니까? 저들이 무엇을 하는 것입니까?' 이 질문들은 당신으로 정직하게 대답할 수 있도록 해 줄 것이다. 만일 그 변화가 당신을 향한 하나님의 부르심을 변화시키지 않는다면 당신이 변할 것이다. 만일 반대하는 것들이 사실이 아니라면, 당신은 처음으로 돌아가 부르심에 충실하게 될 것이다. 그 결과는 예수님께 맡겨 드리라.

4. 어떤 상황에서도 대적에게 반격을 하지 않는다

어머니께서는 내게 진정한 마귀에 대해 끊임없이 말씀하셨다. 내 안에 충만하게 계신 하나님의 이름만을 높인다면, 마귀는 나의 원수들을 만들어서 큰 소란을 일으킬 것이다.

"오랄, 네 사역을 대항하는 것은 단순한 사람이나 무리들이 아니다. 누구든 자신의 왕국에 손해를 주는 사람을 멈추게 하려는 것이 마귀의 일이란다. 마귀는 자신의 거짓말을 듣는다면 누구든 혹은 어떤 그룹이든 사용한단다. 그 사람들이 네 대적이라 생각하겠지만, 사실 네가 진정으로 싸우는 것은 사탄이다."

"그 차이를 알아보는 법을 배워야 한다. 사람이나 그 무리들을 공격하지 말고, 믿음으로 사탄을 대적해서 그에게 하나님의 소유인 너로부터 손을 완전히 떼라고 명하거라!"

"무엇보다 절대 반격을 하지 말아라! 만일 네가 반격을 한다면, 마귀는 네 마음에서 하나님과 그분의 부르심을 빼앗는 데 성공하게 되는 것이다. 마귀는 너로 사역에 있어 화평한 마음이 아닌 사람들과 싸우는 그런 마음을 갖게 할 때까지 너를 혼란스럽게 할 것이다."

"이 모든 것들에 하나님을 신뢰해라. 하나님은 네가 생각하는 것보다 강하신 분이시다. 그분께서는 네가 맞서는 모든 공격과 공격하는 이들이 얼마나 정직하지 못한지를 너보다 더 잘 아신다. 또한 사람들은 네가 생각하는 것처럼 그렇게 쉽게 그들에게 속아 넘어가지 않는단다. 만일 그들이 네 사역의 결과들을 보게 되고, 그것들로부터 도움을 얻는다면, 그러한 부정적인 말들은 절대 믿지 않을 것이다."

"아들아, 그리고 한 가지가 더 있다. 너는 그러한 반대나 어려움들 없이는 발전할 수 없다. 예수님과 베드로, 바울 그리고 성경의 모든 이들이 자신들을 미워하는 사람들이 아닌 하나님과 그 부르심에 집중하여 강하게 된 사실을 기억하거라. 예수님에 대해 기록된 말씀을 기억하거라: '믿음의 주요 또 온전하게 하시는 이인 예수를 바라보자 그는 그 앞에 있는 기쁨을 위하여 십자가를 참으사 부끄러움을 개의치 아니하시더니 하나님 보좌 우편에 앉으셨느니라' (히 12:2)."

이러한 지혜를 가진 어머니를 주신 하나님께 감사드린다. 하나님께서는 내가 절대 반격하지 않겠다고 한 나의 서원을 아신다! 내 삶과 부르심에 예수님으로부터 비롯된 어떤 달콤한 것들이 있다 하더라도, 그것은 내가 절대 반격하지 않겠다는 것이 있어야만 가능하다. 내가 만일 예수님께 순종하고, 내 눈에 보이는 것을 의지하지 않으며, 아무런 칭찬도 바라지 않고 내 일을 계속하면 주님께서 나와 내 사역을 돌보실 것을 믿는다.

5. 기름부으심의 폭발력

나는 하나님께서 복음을 전하는 자나 가르치는 자뿐만 아니라 그분의 백성 각 개인에게 기름부으신다는 사실을 배웠다. 그들이 하나님의 기름부으심을 알고 그분의 영광을 위해 사용하기만 한다면 말이다.

어머니는 기름부음 받은 여인이셨다. 하지만 크게 소리를 내는 분은 아니셨다. 말이 많은 분도 아니셨다. 하지만 일단 기름부음이 임하면 그녀는 단 몇 마디의 말로도 원하는 것을 말할 수 있었다.

예를 들어, 사람들이 아버지의 설교를 너무도 강하게 믿지 않는 힘든 지역에 있으셨을 때, 아버지는 종종 어머니를 부르셔서는 강단에서 증거를 하게 하셨다. 아버지께서는 자신이 말씀을 전할 수 있도록 어머니께서 예배의 분위기를 변화시키실 수 있다는 사실을 알고 계셨던 것이다.

어머니께서는 불과 3~4분 만에 사람들로 마음을 열어 반응하게 만드는 아주 신비스러운 능력이 있으셨다. 심지어 사람들로 펄쩍펄쩍 뛰며 하나님을 찬양하게 만들었다. 나는 이러한 일들이 일어나는 것을 자주 목격했다. 어머니께서 돌아가시기 몇 년 전, ORU의 학생들과 교수진이 모두 모인 예배에 어머니께서 함께하셨다.

말을 많이 하는 분이 아니셨지만, 예수님과의 친밀한 관계에서 오는 기름부음은 어머니의 모든 말들로 사람들을 움직이게 만들었고, 함께한 모든 영혼들에게 영향을 주었다. 사실 내가 이곳에서 몇 마디로 나눈 비밀들은 어머니께서 더 짧은 말들로 내게 주신 것들이다.

내 사역에 있어 나는 모든 말들을 중요하게 만들려고 노력했다. 나 자신이 기름부음을 받았다는 것을 확인하기 전까지는 말씀을 전하지 않으려고 노력했다. 내가 이것에 성공할 때 하나님께서는 큰일들을 행하셨다.

나는 감사함으로 내 기억 속에 어머니에 대한 기억을 간직하고 있다.

Important Points

1. 사람들에게 자신의 개인적인 증언을 하라.
2. 하나님께 순종하고 눈에 보이는 것을 의지하지 말라.
3. 내 삶과 사역에 대한 반대에 대해 나 자신에게 올바른 질문을 하라.
4. 대적에게 절대 반격하지 말라.
5. 하나님의 기름부음은 폭발적이다.

22장
아버지께서 가르치신 다섯 가지 비밀

나는 복음을 전하는 자의 학생이자 배우는 자였다. 내가 배우지 못한 것은 한 가지도 생각하지 못하며, 그렇게 할 수도 없다. 나는 우리에게 하나님의 말씀을 가르치고 전하는 이들의 강점과 약점을 모두보는 것이 매우 중요하다고 믿는다.

이미 앞에서 목사이신 아버지께서 가지고 계셨던 가난에 대한 강박관념에 대해 이야기한 바 있다. 하지만 그것이 아버지의 진심은 아니셨다. 단지 아버지께서 사시던 때에 아버지께서 속하셨던 교단이부유해져서는 안 된다고 여겼고, 또한 아버지께서 사역하신 지역의일반적인 사람들이 복음을 거부했기 때문이다.

아버지의 가족은 그것으로 인해 고생을 해야만 했다. 내가 나 자신의 인생을 찾아 집을 나선 데는 두 가지 이유가 있었다. 하나는 전혀교육적이지 않고 아이들에게 큰 꿈도 심어 주지 못하는 종교적인 문화를 떨쳐 버리기 원하는 불타는 희망 때문이었다. 다른 하나는 그들이 사는 세상이 내가 살기에는 너무도 작아 보였기 때문이다. 나는 그러한 모든 것을 거부했다.

어린 시절 집의 뒷마당에서 오클라호마에 펼쳐진 언덕들을 바라보았던 것을 기억한다. 나는 그 너머에 펼쳐진 커다란 세상을 상상했다. 그 세계는 나에게 반항을 하고 뛰쳐나오라고 손짓하고 있었다. 불과 열여섯 살인 나는 마음속으로 이렇게 말하고 있었다: "세상아, 내가 간다!"

그렇다고 아버지나 아버지께서 속하셨던 교단이 완전히 잘못되었다는 말은 아니다. 그들은 좋은 사람이었고, 정직하며 열심히 일하는 신실한 사람들이었다.

그들은 거룩한 삶을 살았다. 그들은 우리 모든 아이들이 인격을 쌓도록 했다. 그들의 꿈이 작았을지라도, 하나님의 의를 삶의 가장 최우선으로 붙들었다. 뒤를 돌아보면 내가 인격을 형성하는 것을 돕고 나로 하나님의 음성에 귀를 기울이도록 가르친 많은 좋은 것들을 보게 된다. 그들에게 큰 빚을 진 것이다.

아버지께서 사신 세상에서 내가 아버지로부터 배운 것은 나의 선포하고, 가르치고, 치유하는 사역에 큰 흔적을 남겼다. 당신 또한 당신의 개인적인 것들에 도움이 되는 것들을 발견하게 될 것이라고 생각한다.

1. 성경을 사랑하는 귀한 비밀

내가 부모님과 집을 떠나고 난 몇 달 후, 나는 변호사가 되고, 언젠가 정치적으로 가장 높은 자리에 올라가겠다는 목표를 가지고 열심히 싸우고 있었다. 아버지께서 성경을 사랑하셨던 귀한 기억들이 내 영혼에 밀려들었다. 성경을 포함해 손에 닿는 것이면 무엇이든 읽으셨던 어머니와는 달리, 아버지께서는 성경 외에 읽는 책이 거의 없으셨다.

나는 아버지께서 집 뒤편에서 의자를 집에 기대어 놓으시고는 크루덴 성경 사전을 옆에 둔 채 성경을 읽으시던 모습을 기억한다. 어린 시절 아버지 곁에서 놀 때에도 나는 아버지께서 늘 성경을 보고 계셨던 것을 알 수 있었다. 때로 몸을 떨며 눈물을 흘리기도 하셨다. 혹은 기쁨으로 하나님을 찬양하기도 하셨다. 성경에서 기쁨으로 뛰며 소리치게 만드는 것을 발견하셨던 것이다.

성경 읽기를 멈추시고는 사전을 들고 관련된 구절을 찾아 하나님의 말씀의 핵심 원리들을 완전히 소화시키셨다.

많은 경우 아버지는 우리 아이들을 불러 모으시고는 성경의 위대한 이야기들을 들려 주셨다.

인간의 창조, 노아의 홍수, 아브라함이 믿음으로 미지의 땅으로 떠난 이야기, 이삭과 에서, 야곱의 사다리, 요셉이 형제들의 손에 팔려 가서 아무 죄 없이 감옥에 갇힌 사건, 하나님께서 그를 바로의 오른팔로 만드신 일, 에스더가 용감한 행동으로 유대인들을 구한 사건, 그리고 예수님의 탄생, 마리아의 희생적인 믿음과 순종함으로 어린 소녀였음에도 아기 예수를 잉태한 일 등….

아버지에게는 이야기꾼으로서의 은사가 있으셨다. 사람들에게 마치 이 이야기가 살아 있는 듯이 전해 주셨다. 그냥 그 사실들을 묘사한 것이 아니라 우리를 이야기가 있는 바로 그곳으로 데려가서는 그들의 믿음을 보고 듣고 느끼게 해 주셨다.

그러한 성경의 이야기들이 내 삶에 지속적인 영향을 주어 나 자신도 목사가 될 것이라고는 생각지 못했다. 나 또한 사람들에게 성경의 요점들을 전하는 것이 아니라 그들을 성경 시대의 현장으로 데리고 가서 그들의 삶을 변화시키게 만들었다. 내가 이야기를 내 설교로 만들어 내는 이 강력한 비밀은 모두 아버지 덕분이다.

많은 목회자들이 단순히 내 설교를 듣기 위해 부흥회에 찾아오곤 한다. '네 번째 사람', '삼손과 들릴라', '우승자의 전투', '위로 넘어갈 것을 밑으로 갈 수 없다', '옮겨진 힘', '치유의 핵심 키', 그리고 '귀신 들림'과 같은 것들이다. 목회자들은 자주 이 설교들을 듣기 위해 찾아왔다. 이 책의 마지막에 나의 설교인 '네 번째 사람'을 실어 두었다. 그 설교를 통해 하나님께서 당신에게 주시는 것들을 얻게 되기를 바란다. 그 설교는 지금도 여전히 내가 한 그 어떤 설교보다 사람들의 삶에 영향을 주고 있다.

나는 아프리카의 많은 원주민 목회자들이 '네 번째 사람'이 실린 설교집을 가지고 있다는 이야기를 들었다. 그들은 그 내용을 외우고 내용 그대로 설교해서 내가 얻은 것과 같이 영혼들이 구원받고 병든 자들이 치료받는 동일한 결과를 얻고 있다.

오늘날까지 나는 정식 교육을 거의 받지 못하셨지만 성경의 위대한 주제들을 이야기 형태로 전하셨던 아버지를 기억한다. 나는 내 자신이 이렇게 말하는 것을 듣는다: "아버지, 감사합니다. 제게 말씀을 전하는 이러한 강력한 방법을 가르쳐 주시고 그것을 듣는 이들에게 하나님의 생명을 전해 주게 하셨군요."

2. 목사는 성실해야 한다

아버지의 말이 곧 보증수표였다. 사람들은 아버지가 하시는 약속이면 뭐든지 믿을 수 있었다.

아버지께서는 빚지기를 싫어하셨고, 최후의 방법이 아닌 이상 돈 빌리기를 거절하셨다. 심지어 빌리게 되더라도 기한까지 기다리지 않고 최대한 빨리 돈을 모두 갚으셨다. 그렇게 조금도 흠이 없는 신용을 갖게 되셨다.

또한 87세의 나이로 천국에 가시기까지 말한 것들과 행동을 그대로 일치시키셨다.

성실하지 못한 것은 마치 이름이나 국적이 없는 것과 같다.

나는 성실 없이 하나님께서 나를 부르신 부르심을 절대 완성하지 못한다는 사실을 잘 알고 있다.

수년 동안 어떤 목회자의 성실하지 못함이 계속해서 변하지 않는다면, 나는 그 사람을 내 인간관계 안에서 완전히 지워 버렸다. 목사인 한 친구가 내게 이런 말을 했다: "오랄, 나는 자네에게 믿을 수 없는 목사가 접근해 오면 이렇게 말하는 것을 알게 되었네. '성실하세요. 그렇지 않으면 모든 것을 잃게 될 것입니다.'" 그 친구의 말이 옳다고 인정해야만 했다.

성경에 나오는 하나님께서 사용하신 사람들의 삶을 연구하면서 나는 그들의 성실과 순종이 모든 것 위에 뛰어났다는 사실을 발견했다. 그것은 오늘날에도 마찬가지라고 믿는다.

3. 예수님의 친밀한 임재가 언제 어디서나 나와 함께할 수 있다

부모님께서는 보통 새벽 4시에 일어나셨고, 우리 아이들은 두 분이 예수님께 이야기하시는 소리를 듣곤 했다. 이것이 내게 있어 가장 소중한 기억 중 하나다. 나는 예수님께서 우리 집에 사시는 것으로 믿게 되었다. 믿을 수 있겠는가? 이 사실이 내 삶에 각인되어 버렸다. 어머니와 아버지의 이 비밀이 내 삶을 영원히 떠나지 않았다.

내가 미국이나 그 외 70여 개의 다른 나라에 있을 때라도, 나는 내 자신에게 수도 없이 예수께서 내 안에 그리고 내가 주님 안에 언제 어디서든 함께하는 사실을 증명했다. 내가 주님 안에, 그리고 주님이 내 안에 있지 않은 시간은 한순간도 없었다. 바울의 고백처럼 말이다: "내 안에 그리스도께서 사시는 것이라" (갈 2:20).

4. 천국과 지옥의 절대적 사실의 비밀

아버지께서는 성경이 피해야 할 지옥과 얻어야 할 천국을 가르치고 있다는 사실을 알고 계셨다. 뿐만 아니라, 천국은 아버지께 숨 쉬는 것만큼이나 가까이 있었다. 아버지께서는 이 땅에서의 분명하지 않은 삶과 우리가 '주 안에서 죽었을 때' 가게 될 분명한 천국에 대해 말씀하셨다.

그분의 세 아들들과 두 딸들을 불러 모으시고는, 우리에게 예수님을 아는 것과 이 땅에서 그분을 섬기는 것, 그리고 영원히 그분과 함께 왕 노릇하는 것이 얼마나 중요한지를 끊임없이 말씀해 주셨다. 또한 지옥이 인간이 아닌 마귀를 위해 만들어진 것도 말씀해 주셨다. 만일 누구든 하나님을 거부하면, 하나님께서 그를 지옥으로 보내시는 것이 아니라 자신이 그곳으로 가기를 선택한 것이라고 하셨다.

열린 마음으로 성경을 읽지 않는 사람이라면 하나님께서 지옥을 '마귀와 그의 천사들'을 위해 준비한 것임을 알 수 없을 것이다. 만일 우리가 지옥으로 가기를 선택한다면 우리는 침략자가 되는 것이다. 주님께서는 "내가 너희를 위하여 거처(천국)를 예비하러 가노니"(요 14:2)라고 말씀하셨다.

나는 이 사실이 얼마나 깊이 내 영과 의식 속에 자리 잡았는지를 알지 못했다. 내가 열일곱 살 때 불치의 병으로 이 땅을 떠나려고 했을 때 천국과 지옥에 대한 진리가 끊임없이 나를 다시 찾아왔다.

이제 내 차례가 되어 나는 내 아이들과 손자들, 그리고 내 설교를 듣는 이들에게 이 비밀을 전하고 있다. 내가 이 살아 있는 천국과 살아 있는 지옥에 대해 선포하는 것을 피할 방법은 없다. 그것이 내게 너무 깊이 뿌리 박혀서, 절대 잊지 못할 것이다.

5. 살아 있는 순간뿐만 아니라 죽는 그 순간까지 자녀들을 축복하라

아버지께서는 그렇게 하셨다. 87세 때 세상을 떠나실 것이라는 계시를 받으신 후 아버지께서는 천국에 가시게 될 것을 알고 계셨다. 이 땅에서의 마지막 날, 살아 있는 네 명의 자녀들을 불러 모으셨다(엘머, 주엘, 바덴 그리고 나였다).

우리 각자는 아버지께서 우리를 떠나실 것이라는 것을 알고 있었다. 아버지께서 계신 방으로 들어가서 아버지 곁에 섰다. 마음이 너무도 아팠다.

의사는 우리에게 아버지의 심장이 점점 약해지고 있다고 했다. 아버지의 건강은 놀랄 만큼 좋은 상태셨다. 우리는 아버지의 강하고 건강한 몸과 그분의 외모를 통해 빛나는 예수님의 부인할 수 없는 모습을 사랑했다.

여전히 아버지께서 말씀하시고 전하셨던 그 영원한 집으로 가실 때가 되었다는 사실에 우리는 흐느껴 울었다.

아버지께서는 우리 각자의 손을 잡고 축복해 주셨다. 사랑과 희망, 그리고 언젠가 우리를 천국에서 보게 될 기대를 말씀하셨다. "하나님께서 너희를 축복하시길"이라고 조용히 속삭이시고는 숨을 거두셨다. 우리는 몸을 굽혀 아버지의 볼에 키스를 하며 눈물을 흘렸다. 아버지께서 몸을 떠나 예수님께로 가신 것에는 아무런 의심도 없었다(고린도후서 5장 8절을 보라).

그 후 우리 네 형제가 함께할 때면 항상 아버지의 이름을 떠올리며 그분에 대한 기억으로 이야기를 나누었다. 그때마다 아버지께서는 우리와 함께 계셨다. 우리는 그분이 어떠한 하나님의 사람이었는지를 알고 있다.

이 땅을 떠나시며 우리에게 주신 아버지의 축복이 어떻게 그분의 삶과 사역을 반영해 주고 있는지를 다 말해 줄 수는 없다. 내가 본향으로 갈 때 나 또한 아이들을 축복해 주기를 원한다. 그렇게 내 마음속에 그러한 것들이 살아 있고, 또한 아이들도 그렇게 해 주길 바라고 있음을 알고 있다.

70대에도 말씀을 전하셨던 아버지처럼 나도 그렇게 하고 있다. 그러한 은사를 주시고, 내가 죽어서 천국에 가게 될 기쁨을 허락하신 주님께 감사드린다!

Important Points

다음의 것들은 아버지께서 가르쳐 주신 비밀들이다.

1. 성경을 사랑하는 것은 값으로 따질 수 없을 만큼 귀하다.

2. 주님의 종들은 특별히 성실해야 한다.

3. 주님과의 친밀한 관계는 언제, 어디서나 가능하다.

4. 천국과 지옥은 분명한 사실이다.

5. 살아서뿐만 아니라 죽는 그 순간에도 내 자녀들을 축복하라.

23장
사랑하는 아내로부터 배운 다섯 가지 비밀

내가 사랑하는 아내 에벌린으로부터 배운 비밀들만으로도 분명 이 책을 가득 채우고도 남을 것이라고 믿는다.

주님께서는 친히 에벌린을 내 삶에 보내 주셨다. 내가 남편과 아버지, 그리고 복음을 전하는 목사로서 무엇이 필요한지를 잘 아셨기 때문이다. 다행히도 나는 그녀가 나를 위해 선택된 자매라는 사실을 깨달았다.

내게 에벌린만큼이나 사랑한 사람도 없고, 또한 그녀로부터 배운 것만큼 많은 것을 배운 사람도 없다. 우리가 모두 스물한 살이었던 때로부터 여든네 살이 된 지금까지 이 결혼이 주님의 것이며, 이 결혼을 통해 엄청난 일을 하고 계신 것을 알고 있었다.

내가 에벌린과 결혼함을 통해 배운 너무도 귀중한 비밀들을 함께 나누기 원한다. 이 비밀들은 내가 먼저 한 남자가 되는 데 있어, 그 다음 남편과 아버지, 그리고 내 부르심을 완성하는 데 도움을 주었다.

1. 우리의 삶에서 가족을 최우선에 두는 비밀

에벌린은 내게 하나님께서 교회를 세우시기 전에 가정을 먼저 지으셨음을 일깨워 주었다. 주님께서는 우리가 땅 끝까지 이르러 복음을 전하면서 우리 가족을 주님께 인도하길 원하시지, 그들을 마귀나 지옥으로 인도하길 원하시는 것이 아니다.

그러기 위해서는 사랑과 인내, 그리고 아이들을 양육할 시간이 필요하다. 아이들은 우리의 행동 하나하나를 모두 지켜보고 있다. 대부분 아이들은 그들의 삶에 대한 책임을 우리의 행동을 통해 본 것으로 본보기를 삼는다.

처음에 우리 아이들은 내가 왜 그리도 자주 치유 사역을 위해 집을 떠나 있어야 하는지를 이해하지 못했다. 나는 한 달에 일주일 정도만을 집에서 보냈다. 사역에 너무도 집중한 나머지 나는 아버지로서 너무 많은 실수를 저지르고 말았다. 지금 깨달은 것을 그때 알고 있었다면, 나는 분명 다르게 행동했을 것이다. 사실 아이들이 자라는 동안 우리가 아이들과 가치 있는 시간을 보낼 수 있는 기회는 단 한 번뿐이다.

복음을 전하느라 너무도 바쁜 목회자의 자녀들이 주님을 영접하는 모습들이야말로 기적이 아닐 수 없다.

우리의 결혼에 있어 에벌린은 단순히 내가 집에 없다는 이유만으로 너무도 큰 짐을 짊어져야만 했다. 내가 집에 있을 때 나는 너무도 에벌린과 함께 시간을 보내고 싶은 나머지 마치 아이들은 무시하는 듯한 태도를 보였다. 아이들은 내가 자신들에게 아무런 관심도 갖지 않고 있다고 느꼈다.

내가 이 일에 대해 처음으로 에벌린과 심각한 대화를 나누었던 것을 기억한다. 나는 아내를 서재로 불러서는 문을 닫고 이렇게 이야기했다: "에벌린, 우리 결혼 생활에 뭔가 문제가 있는 것 같구려. 내가 집회를 마치고 집으로 돌아오면 당신과 아이들은 마치 내가 집에 있는 것 때문에 겁을 먹은 것처럼 보이더군. 첫날이나 둘째 날만은 마치 천국에 온 것처럼 느끼다가 말이오. 그런 다음 각자 자기 일로 돌아가서는 나를 무시하더구려."

"오랄, 내 마음을 다해 당신을 사랑해요. 저는 가능한 많은 시간을 당신과 함께 보내고 있어요. 하지만 아이들은 자신들만의 필요가 있고 매일 따라야 하는 일정들이 있어요. 아이들의 엄마로서 그러한 것들을 그냥 지켜만 볼 수도 없고요. 당신은 한 달에 일주일 정도만 집에 있기 때문에 일반적인 결혼 생활이 어떠한 것인지를 알지 못하고 있어요."

아내는 나를 안아 주고 내게 입을 맞추어 줌으로써 나를 얼마나 사랑하는지를 보여 주었다(나도 그것이 사실임을 알고 있었다). 나는 이렇게 말했다: "여보, 그것을 기억하도록 노력하리다."

결국 우리는 가능한 한 많은 시간을 함께 보내기로 결심했다. 그리고 가능한 많은 시간을 아이들과 함께하기 위해 노력했다.

2. 내 성질을 조절하는 비밀

나는 항상 성질이 급한 사람이었다. 내가 싫어하는 사람이나 상황에 대해서는 아무 생각 없이 반응을 했다. 내가 뱉은 말들을 얼마나 많이 다시 주워 담을 수 있기를 바랐는지 모른다. 나는 마치 폭탄과도 같은 사람이었다.

에벌린은 이렇게 말해 주곤 했다.

"오랄, 목소리를 낮추세요. 화내지 말고 성경이 '유순한 대답이 분노를 쉬게 한다' (잠 15:1)라고 말하고 있는 것을 기억하세요."

하지만 내게는 쉽지 않은 일이었다. 내가 감당하기 힘들 만큼 빨랐다. 나이가 들면서(특히 지금의 나이가 되어서) 많은 것들을 쉽게 받아들이게 된 것이 얼마나 감사한지 모른다.

요즘 들어 나 자신이 하나님께 내 성질과 선천적으로 가지고 태어난 다른 여러 단점들에 대해 이야기하는 모습을 발견했다. 전에는 이러한 모습들이 없었다. 에벌린은 내가 무례를 범하는 수많은 경우들에 내 의도는 전혀 그렇지 않았었다는 사실을 일깨워 주었다. 그러한 모습들에까지도 솔직한 아내의 모습으로 인해 그녀를 더욱 사랑한다. 그러한 그녀의 모습에 화를 내며 밖으로 나가서 차를 몰고 떠나가며 아내를 미워하거나 거절한 적은 한 번도 없었다.

내 마음 중심은 진리를 따르고 있었다.

중요한 것은 누가 옳은가가 아니라, 무엇이 옳은가이다.

분명 나는 그것을 쉽게 발견하지 못했다. 나의 개인적인 성질로 인해 범하는 죄들은 내 안에 너무 깊이 자리 잡고 있어서 기회가 생길 때마다 튀어나오는 것만 같았다. 때로 나는 그 자리에 멈춰서는 에벌린에게 이렇게 말하곤 했다: "에벌린, 함께 기도해 주구려. 나와 함께 믿음으로 내 삶과 가족과 사역을 대적하는 원수들을 물리칠 수 있는 당신의 믿음이 필요하오."

함께 기도하고, 때로는 서로를 끌어안고 눈물로 기도했던 것들이 내 안에 너무도 분명한 변화들을 가져다주기 시작했다.

마침내 에벌린은 이렇게 이야기할 수 있게 되었다.

"오랄, 당신이 점점 더 부드러워지고 있어요. 훨씬 더 친절한 모습이 되었다고요."

이 모든 것들로 인해 하나님께 영광을 돌린다. 주님의 도우심으로, 나는 우리가 모든 것에 평온할 수 있는 법을 배웠다.

3. 바른 문법을 사용하는 비밀

영어를 가르쳤던 에벌린은 올바른 문법과 그것을 사용하는 법을 알고 있었다. 나도 학교에서는 영어를 좋아했고 바른 문법을 배웠지만, 말을 하는 데 있어서는 점점 더 주의를 잃어 갔다.

결국 에벌린이 이런 말을 했다.

"오랄, 바른 문법으로 사람들을 섬기세요. 틀린 말들로 실망시키지 말고요." 정말 정신이 번쩍 드는 말이었다.

나는 에벌린에게 내가 실수를 할 때마다 바로잡아 달라고 부탁했다. 한 예로, 나는 "ain't"와 같은 바르지 못한 축약형 말들을 너무 많이 사용했는데, 이것은 당연히 좋지 못한 것들이었다. 에벌린은 수많은 사람들에게 말씀을 전하는 목사인 내가 이 땅에서 가장 귀한 복음을 전하는 자임을 일깨워 주었다. 에벌린은 내게 예수께서 올바른 문법을 사용하셨을지를 물었다.

"물론 그러셨겠지."

"당신은 예수님의 사람이요, 성경의 사람 아닌가요?"

내가 고개를 끄덕이자 에벌린이 말했다.

"그렇다면 삶의 모든 면에서 주님을 따라야 하는 것 아닌가요?"

그 말이 분명하게 나를 사로잡았다. 얼마 지나지 않아 내가 사용하는 문법에 대한 에벌린의 칭찬들이 음악처럼 들려왔다. 내가 학사에서 박사 과정까지 완전한 인가를 받은 오랄 로버츠 대학의 설립자이자 학장이 되었을 때, 나는 올바른 문법을 배우고 사용하는 것이 얼마나 중요한지를 깨닫게 되었다.

우리는 시간을 내서 아이들에게 올바른 문법을 가르쳤고, 뿐만 아니라 '평범하고 쉬운 말들을 사용' 하라고 가르쳤다. 우리 아이들은 예전이나 지금이나 올바른 문법을 사용하고 있고, 모두가 분명한 발음을 갖게 되었다.

4. 씨를 뿌린 후 어떻게 거둘 것인가?

나는 씨앗 믿음의 기적을 사람들에게 전하는 것에 너무도 흥분한 나머지 사람들이 내가 기도로 무언가를 요구한다고 생각하기를 원치 않아서, 결국 사실상 하나님께서 내 필요를 채우시는 것들을 개인적으로 받지 못했다.

사역을 시작하면서 나는 절대 재물이나 영광에 손을 대지 않겠다고 서원했다. 에벌린은 우리가 개인적으로 믿음의 씨앗을 심었을 때 하나님께서 기적의 추수를 보내셨지만 내가 그것은 받아들이지 않았다는 사실을 깨닫게 해 주었다.

결국 나는 깨어나게 되었다. 하나님께서 추수를 허락하실 때 만일 우리가 그것을 기대하지 않거나 알아보지 못하면, 그것은 그냥 지나가 버린다. 그렇게 되면 하나님의 말씀이 우리 안에 살아서 역사하지 않게 된다. 누가복음 6장 38절은 이렇게 기록하고 있다: "주라 그리하면 너희에게 줄 것이니." 이것은 예수께서 친히 하신 약속이며, 주님께서는 절대 자신이 한 약속을 다시 주워 담지 않으시는 분이시다.

나는 내가 만일 받는 법을 배우지 못하면, 나 자신이 사람들에게 본이나 스승이 되지 못한다는 사실을 보았다. 만일 복음을 전하는 사역자가 자신의 필요를 채우지 못한다면, 사람들에게 씨를 뿌리고 수확을 하라고 하거나(갈 6:7), 주고받으라고(빌 4:15) 할 수 없게 된다.

내가 당신에게 분명하게 말할 수 있는 것은, 남편과 아내가 주고받는 것을 행하지 못하면, 그들은 행복한 부부가 아니고, 서로가 축복으로부터 멀어지게 된다는 사실이다.

5. 내 아내가 내 모든 필요를 채워 줄 수 있다는 분명한 진리

내 인생에 있어 최고의 질문은 결혼에 대한 것이었음을 인정한다. 내가 예수 그리스도를 개인적인 구주로 영접하고 복음을 전하라는 부름을 받기 전과 후의 여인에 대한 소망은 완전히 다른 것이었다.

그것은 마치 낮과 밤 같은 차이였다. 내가 주님을 영접하기 전, 내가 원하는 여인은 내가 원하는 무언가를 얻을 수 있는 여인이었다.

하지만 거듭난 후 기적적인 무엇인가가 내 모든 존재를 장악했다. 여인은 단순한 성적인 대상이 아닌, 내 어머니나 누이 주엘과 같은 존재가 되었다.

이 분명한 변화는 나를 놀라게 만들었다. 데이트를 할지라도 조금의 흑심이 없었다.

내가 에벌린과 데이트를 할 때, 그녀는 내가 다른 젊은 남자들과 너무도 달라서 남자에 대한 에벌린의 태도를 완전히 바꿔 버렸다고 했다. 조금도 구애를 하지 않았던 것이다.

우리가 결혼한 후 에벌린은 내게 이런 말을 했다.

"내가 당신과 함께 있을 때 얼마나 안전하다고 느꼈는지 몰라요. 조금도 나 자신을 방어해야 한다고 느끼질 않았어요. 나는 평안 가운데서 내가 결혼하기 원하는 유일한 단 한 사람인 당신에게 사랑을 표현할 수 있었죠."

에벌린과 내가 그녀가 학생들을 가르치던 학교가 있는 텍사스에서 (10장에서 설명했듯이) 주말을 보내는 동안, 나는 하나님께서 우리 둘을 함께하게 하셨고, 그녀야말로 나를 위해 준비된 여인임을 알 수 있었다. 에벌린도 내가 자신을 위해 준비된 남자라고 말했다. 우리는 서로에게 너무도 평안함을 느꼈다.

주님께서는 에벌린의 마음이 내게 이런 말을 하도록 하셨다.

"오랄, 저는 우리가 결혼해서 함께하게 될 시간들에 대해 매우 중요한 이야기를 하기 원해요. 먼저 아내로서 당신의 모든 필요들을 채워 주겠다고 약속하겠어요. 다른 여인에게 유혹을 받는다거나 내 충성심에 의심을 품게 되거나 내가 당신의 필요를 채워 주지 못한다고 느끼게 될 일은 없을 것이라고 약속해요. 주님께서는 내게 성경에서 말하는 남편에 대한 아내의 책임과 기회에 대해 가르쳐 주셨어요. 나는 당신이 나를 믿고 평안함을 느끼게 되길 원해요."

나는 에벌린의 눈을 들여다보았고, 그 안에서 여인으로의 순수함과 진실함을 보았다. 내 인생에 있어 가장 아름다운 순간이었다. 주님께서 선택하신 아내를 내게 주심으로 앞으로 계속해서 이어질 순간이었고, 남편으로의 내 모든 필요가 채워질 것이었다.

"에벌린, 우리는 이 순간을 절대 잊지 못할 거요. 우리는 하나님께서 우리를 하나로 만드신 것을 알고 있소. 우리 스스로는 절대 그렇게 할 수 없는 일이에요. 나는 당신이 한 약속을 주님께서 주신 것으로 받아들이겠어요. 그리고 나 또한 주님의 도우심으로 우리가 함께하는 한 당신에게 신실할 것을 약속하오."

우리는 둘 다 흐르는 눈물을 참을 수 없었다. 깊은 감동의 순간 그 이상이었다. 두 그리스도인이 주님 안에서 결혼한 것이다.

네 명의 아이들과 열세 명의 손자와 손녀, 그리고 몇몇 증손자까지 둔 63년이 지난 지금도 나는 에벌린의 약속을 기억한다. 나는 솔직하게 에벌린이 잠언 31장 10~31절을 통해 솔로몬이 설명한 그 누구와도 비교할 수 없는 아내였다고 고백할 수 있다.

"누가 현숙한 여인을 찾아 얻겠느냐 그의 값은 진주보다 더

하니라 그런 자의 남편의 마음은 그를 믿나니 산업이 핍절하지 아니하겠으며 그런 자는 살아 있는 동안에 그의 남편에게 선을 행하고 악을 행하지 아니하느니라 그는 양털과 삼을 구하여 부지런히 손으로 일하며 상인의 배와 같아서 먼 데서 양식을 가져 오며 밤이 새기 전에 일어나서 자기 집안 사람들에게 음식을 나누어 주며 여종들에게 일을 정하여 맡기며 밭을 살펴 보고 사며 자기의 손으로 번 것을 가지고 포도원을 일구며 힘 있게 허리를 묶으며 자기의 팔을 강하게 하며 자기의 장사가 잘 되는 줄을 깨닫고 밤에 등불을 끄지 아니하며 손으로 솜뭉치를 들고 손가락으로 가락을 잡으며 그는 곤고한 자에게 손을 펴며 궁핍한 자를 위하여 손을 내밀며 자기 집 사람들은 다 홍색 옷을 입었으므로 눈이 와도 그는 자기 집 사람들을 위하여 염려하지 아니하며 그는 자기를 위하여 아름다운 이불을 지으며 세마포와 자색 옷을 입으며 그의 남편은 그 땅의 장로들과 함께 성문에 앉으며 사람들의 인정을 받으며 그는 베로 옷을 지어 팔며 띠를 만들어 상인들에게 맡기며 능력과 존귀로 옷을 삼고 후일을 웃으며 입을 열어 지혜를 베풀며 그의 혀로 인애의 법을 말하며 자기의 집안 일을 보살피고 게을리 얻은 양식을 먹지 아니하나니 그의 자식들은 일어나 감사하며 그의 남편은 칭찬하기를 덕행 있는 여자가 많으나 그대는 모든 여자보다 뛰어나다 하느니라 고운 것도 거짓되고 아름다운 것도 헛되나 오직 여호와를 경외하는 여자는 칭찬을 받을 것이라 그 손의 열매가 그에게로 돌아갈 것이요 그 행한 일로 말미암아 성문에서 칭찬을 받으리라"

다음의 비밀들은 내 아내 에벌린을 통해 배운 것들이다.

1. 가정을 가장 우선시하라.

2. 내 성질을 조절하는 것은 중요하다.

3. 올바른 문법을 사용하는 것은 나로 어떤 사회나 사역에서든 받아들여지는
   데 도움을 준다.

4. 에벌린은 내가 씨를 뿌린 후 어떻게 받아야 하는지를 가르쳐 주었다.

5. 아내는 남편의 모든 필요를 채워 줄 수 있다.

24장

결론

만일 당신이 볼 수 없는 것을 본다면, 불가능을 행할 수 있게 된다

내가 지나온 기나긴 길을 되돌아보면, 성령께서는 내가 볼 수 없는 것을 보지 못했다면 여전히 불가능을 행하지 못하고 있을 것이라는 사실을 일깨워 주신다.

내게는 특별한 훈련이나 스승이 없었다. 나에게는 오직 내 마음속에 있는 하나님의 부르심과 매일 밤낮으로 흡수한 주님의 말씀, 그리고 오직 믿음으로만 하나님께서 하실 일들을 보게 될 것이라는 증거들만이 있었다. 이제 나는 볼 수 없는 것을 보지 못했다면 한 발짝도 내딛지 못했을 것이라는 것을 알고 있다. 불가능은 그대로 불가능으로 남아 있을 것이다.

이 남은 장을 통해 내가 볼 수 없는 것을 보고 여전히 불가능을 행하는 이야기들을 전해 주기 원한다. 오늘날 나는 경외함으로 그것들을 바라본다. 여러 면에서 그것들은 단지 꿈 같이 보일 뿐이다. 하지만 꿈도 실제로 있을 수 있는 것이고, 존재하는 것이며, 내 인생 너머까지 이어질 것으로 보일 수 있다.

내가 하나님과 동행하게 되기 전까지 나는 나 자신의 실수와 잘못, 실패들을 드러내려고 하지 않았다. 처음에 교단의 지도자들은 내게 두 달의 시간만을 허락해 주었고, 그 두 달은 2년이 되었다. 물론 그 이유는 잘 알고 있다. 결국 그들은 하나님께서 내 비천한 인생을 통해 어떤 일을 행하셨는지를 본 후 포기해 버렸다.

만일 이 책 안에 조금이라도 나 자신을 자랑하는 내용이 들어 있다면 그것은 내 마음속에 있는 것들이 아니다. 내가 행한 일들에 대해 자랑하는 듯 보이는 것이 있다면, 그것은 볼 수 없는 것을 보는 것이 하나님의 말씀에 나와 있는 그분의 원리를 당신이 적용하기만 한다면 불가능을 행할 수 있게 된다는 것을 의미하는 것이다.

내가 이 책을 통해 나누기 원하는 것은, 내가 불가능을 행할 수 있다고 믿었을 때 겪은 수많은 문제들이다.

54년 동안 나는 내 육체의 모든 것들을 동원해서 예수께만 초점을 맞추고 예수께서 사람들을 바라보신 대로 바라보려고 노력했다. 나는 사람들의 영과 혼과 마음, 경제 상황, 그들 가족의 구원을 위한 소망함 가운데 하나님의 복음을 전하기 위해 노력했고, 그들의 젊은이들을 교육시키는 데 내 모든 정성을 다해 왔다. 또한 하나님께 순종한다는 단 한 가지 소망만을 가지고 있었다. 나는 예수님처럼 되려고 노력하는 데 그 초점이 맞춰져 있지 않은 사람이나 종교 단체가 아니었다.

이것으로 인해 모든 논쟁과 언론의 조롱을 당했고, 또한 사탄이 내가 감당할 수 있는 그 이상의 핍박을 가해 왔다. 사역 첫 해에 이 모든 일들이 벌어졌을 때 나는 이 모든 것들이 닥치도록 허락해 버렸다. 결국 나는 그것들에 부정적인 행동으로 대처하고 말았다. 나는 하나님의 말씀과 내 삶에 대한 주님의 부르심을 따라야 주님의 강력한 기름 부으심이 계속해서 내 삶에 부어진다는 것을 알고 있었다. 그것을 분명하게 깨달은 나는 믿음으로 그것을 붙들었다.

마침내 나는 강해지는 유일한 방법이 반대를 겪고 그것을 극복하기 위한 힘을 얻으며, 평온과 평정, 그리고 선한 마음과 믿음에 분명한 태도, 부르심에 대해 감사하는 것임을 배우게 되었다.

약한 세력이 아닌 강한 힘을 대적함으로 강해진 것이다. 내가 견고하게 서서 반격하기를 거절하고, 하나님께 순종하며, 내 눈에 보이는 것을 의지하지 않았기 때문이다.

그렇게 나는 살아남았다!

나는 내 사역이 바른 길을 가도록 했다.

볼 수 없는 것을 보았고, 불가능을 행했으며, 여전히 지금도 행하고 있다.

반대를 예수님과 말씀의 관점에서 바라보지 않았다면 나는 사역을 시작한 해에 쓰러지고 말았을 것이다.

하나님께 모든 영광을 돌린다.

만일 내가 내 모든 깨달음으로 하나님께 순종하기만 하면 나를 이해하지 못하는 친구나 원수들에 의해 멈춰지거나 패배하지 않게 됨을 배웠다.

아무리 열심히 노력했다고 해도 나는 완벽해지지 못했을 것이다. 끊임없이 실수를 범하고 결점을 나타냈을 것이 분명하다. 내가 끊임없이 성공을 유지할 수 있게 한 것은 이사야 1장 19절에 나온 것과 같은 하나님의 말씀을 따랐기 때문이다: "너희가 즐겨 순종하면 땅의 아름다운 소산을 먹을 것이요."

이 모든 것들이 당신이 하나님의 부르심에 어떻게 순종하느냐, 그리고 제한된 상황에서 당신의 믿음을 어떻게 사용하기로 서약했느냐에 달려 있다고 믿는다. 당신은 최악의 것을 받을 것이라고 믿을 수도 있고, 하나님으로부터 최고의 것을 믿음으로 받을 수도 있다.

나는 그것이 사실임을 발견했다.

내가 미 전역을 다니며 사역하면서 어디를 가든 리더들이 그렇게 하는 것을 보았다. 그들이 25세에서 50세 사이의 사람들이라는 사실에 큰 충격을 받았다. 이 성공적인 리더들의 대부분은 오직 손가락으로 꼽을 만큼의 사람들로 시작했고, 때로는 자신의 가족들로만 시작하기도 했다. 하지만 그들은 모세처럼 '볼 수 없는 것을 보았고', 앞으로 나아갔으며, '불가능을 행했다' (히브리서 11장 27절을 보라).

빌리 조 도허티와 그의 아내가 오랄 로버츠 대학을 1970년대 말에 졸업했을 때, 그들은 아무것도 없이 사역을 시작했다. 그들은 "왜 아무도 나를 돕지 않는 거야? 어디서 돈을 구하지? 어떻게 시작하냔 말이야?"라며 칭얼거리지도, 울부짖지도 않았다.

그들은 아주 적은 것으로 시작해서 조금의 결과를 얻었고, 그것이 사람들을 감동시켰다. 거의 25년이 지난 지금, 털사에 위치한 빅토리 기독교 센터에는 매주일 아침 8천 명의 사람들이 모여서 예배를 드린다. 빅토리 기독교 학교는 유치원에서 고등학교 교육까지 진행되는 오클라호마에서 가장 큰 학교로, 1,200명이 넘는 학생들이 등록되어 있다. 그들의 빅토리 성경 학교는 사람들로 가득 차 있다. 그들은 20개의 교회와 학교를 러시아를 비롯한 12개국에 세웠다.

그들은 볼 수 없는 것을 보았고, 불가능을 행하고 있다. 그들처럼 아무것도 없이 시작해서 현재 각자의 영역에서 뛰어난 사역을 하는 사람들을 백 명이라도 댈 수 있을 정도다.

크레플로 달라는 15년 전쯤에 애틀랜타에서 세계를 변화시키는 교회(World Changers Church)를 시작했다. 물론 아무것도 없는 상태에서 시작했다. 최고의 것을 향해 달려갔고, 타협하기를 거절했다. 현재 1만 석짜리 교회가 되었지만 여전히 자리가 부족할 정도다. 그가 선포하고 가르치고 치유하는 예배 실황이 텔레비전 방송을 타고 흘렀고, 그것은 수백만의 시청자들을 감동시켰다. 그의 교회에서 내가 세 번 말씀을 전할 기회가 있었는데, 매번 말씀을 마치고 돌아올 때마다 나는 하나님의 위대한 운동이 시작되고 있거나 이미 시작된 것을 보았다.

케네스와 글로리아 코플랜드가 아이들을 데리고 ORU로 온 것은 1967년이었다. 그들은 교육뿐만 아니라 하나님의 음성을 듣는 법을 배우고 예수님을 더욱 가까이 알아서 그들의 사역이 발전하고 그들의 믿음이 세상을 변화시키게 되길 원했다.

케네스는 이렇게 말했다.

"제가 이 오랄 로버츠 대학에서 가장 나이 많은 신입생인 것 같습니다."

내가 대답했다.

"켄, 만일 하나님께서 자네를 이곳으로 부르셨다면 너무 늦는다는 것은 없는 법이네."

켄이 대답했다.

"분명히 하나님께서는 그렇게 하셨습니다. 저와 제 가족이 대학 정문을 들어섰을 때 이곳에서 공부하는 학생들의 나라들을 상징하는 국기가 펄럭이는 것을 보고 제 딸이 이렇게 말하더군요: '아빠, 저 국기들을 좀 보세요. 우린 이제 전 세계와 함께 있는 거예요!' 우린 우리가 와야 할 곳에 온 것을 알고 있었죠."

켄이 상업용 비행기 조종사 경력이 있는 것을 알게 되었고, 부흥회 매니저이자 사역용 비행기 기장이었던 밥 드위즈가 그에게 당시 내가 인도하고 있던 주말 부흥회를 위한 비행기의 부기장 자리를 주었다.

또한 밥은 켄을 부흥회를 위한 운전기사로 일할 수 있게 해 주었고, 부흥회에서 너무 상태가 심해서 공공연한 치유의 자리까지 가지 못하는 사람들을 위한 천막과 회관에서 사람들을 돕는 일을 하게 해 주었다. 켄은 내가 사람들을 위해 기도할 수 있도록 준비시키는 일을 했다. 나는 항상 사람들을 위해 기도하기 전에 먼저 그들을 위해 기도했다.

켄은 내 설교를 듣고 내가 병자들을 위해 기도하기 전 사람들을 주님 앞으로 이끄는 동안 재빨리 심한 병자들이 모여 있는 곳으로 가서 설교를 듣지 못하는 사람들에게 치유 기도를 받기 전에 그들이 준비되어지기를 원하는 마음으로 설교의 요점을 전달해 주었다.

그렇게 켄은 교육을 받았을 뿐만 아니라, 현장에서 벌어지는 내 사역을 통해 훈련까지 받게 되었다. 켄과 글로리아는 주님의 불이 그들의 영으로 자신들의 사역을 시작하도록 하시기 전까지 최대한 오랫동안 ORU에 머물렀다.

오늘날 코플랜드의 사역은 이 땅에서 가장 잘 조직된 강력한 전 세계 구원 사역이 되었다. 또한 그 강력한 영향력을 매일 텔레비전과 수백만의 테이프 그리고 서적, 개인 부흥회를 통해 전하며 성장해 가고 있다.

그 외에도 틴 마니아의 론 루스, 마일리스 먼노에, 내 아들 리처드와 너무도 귀한 며느리 린지를 포함한 수백, 수천의 사람들이 더 있다. 리처드는 현재 ORU의 부학장이다. 리처드와 린지가 매일 밤 진행하는 **치유의 시간**(The Hour of Healing)은 200개 이상의 텔레비전 방송과 케이블 TV를 통해 방송되고 있다. 지식의 말씀이 그들을 통해 강력하게 역사하고 있다. 수천의 사람들이 치유를 받고 있고, 그들 중 많은 이들이 방송국에 전화를 걸어 자신들의 치유를 증언하고 있으며, 내가 전 세계를 다니며 그렇게 했던 것처럼 똑같은 질병과 아픔으로 고통을 겪고 있는 사람들에게 희망을 주고 있다. 그들이 얼마나 자랑스러운지!

지금 이 시간, 나의 친한 친구이자 기름부음 받은 사역과 하나님의 치유 사역에 있어 형제와 같은 베니 힌 목사는 아직 50세가 안 된 나이에 전 세계에서 하나님을 향해 굶주린 수십만의 사람들의 필요를 채우도록 부름 받았다.

아르메니아와 그리스 부모 밑에서 이스라엘에서 태어난 그는, 어린 시절 가족과 함께 캐나다로 이주해 와서 그곳에서 그리스도를 구주로 영접했다. 21세의 나이로 말씀을 전하도록 부름을 받은 그는 미국에서 오랫동안 하나님의 특별한 여종이었던 캐더린 쿨만으로부터 큰 감동과 영향을 받았다.

15년 전쯤 하나님께서는 그에게 기름부으심으로 독특한 사역을 위해 그를 따로 세우셨고, 그 이후 전 세계의 그 어떤 회관이나 체육관도 기름부음과 그를 통해 치유받기 원하는 사람들을 모두 수용해 내지 못할 지경이 되었다.

내가 알기로 선포하고, 가르치고, 치유하는 사역에 있어 그와 같이 끊임없이 자주 많은 사람들을 불러 모은 사람은 없었다.

그의 사역에 함께 참여하며, 그의 요청에 따라 기독교 사역의 개척자적인 사역 중 하나인 치유 사역의 내 경험을 함께 나눌 수 있는 것을 큰 영광으로 생각한다. 나는 그를 믿고 지지하며, 그를 통해 왕과 국무총리, 국회의원과 같은 이들을 포함한 수많은 사람들에게 부어지는 하나님의 기름부음으로 인해 전율을 느낀다. 그는 진정한 하나님의 기적이다.

베니는 하나님의 백성에게 기름부으심으로 오는 위대한 부흥이 다가오고 있으며, 그리 멀지 않다고 했다. 나는 베니처럼 제한된 배경을 가지고도 수백만의 사람들에게 개인적으로, 또한 방송 프로그램인 "오늘이 당신의 날입니다"(This Is Your Day)를 통해 그렇게 엄청난 영향을 주는 사람은 알지 못한다.

베니의 사역 절반을 차지하고 있는 베니의 딸과 수잔느는 5천 명의 학생들과 함께 오랄 로버츠 대학에서 공부했다. 베니는 자주 오랄 로버츠 대학 전체 학생들에게 말씀을 전하고 있으며, 현재 대학 이사진으로 섬기고 있다. ORU의 졸업생이 아님에도 ORU의 선교 사역에 큰 부분을 담당해 주고 있다.

이 책이 다른 모든 이들의 이야기를 전해 줄 만한 공간이 있기를 바랄 뿐이다. 사역과 사업, 통신, 의료, 치과, 법률, 교육과 같은 현장과 사업에 있는 수천의 ORU 졸업생들이 그들이다. 그들 각자는 '모든 인간 세상'에서 하나님을 위한 영향력을 행사하고 있다. 하나님께서는 그들 각자가 어느 곳에 있는지를 알고 계시고, 나 또한 알고 있다. 내가 드린 수고를 넘어 성공을 거두는 사람들을 바라보는 것을 통해 얻는 기쁨과 전율은 다 표현하지 못할 정도다.

나는 내가 어떤 사역을 할 수 있는지 생각하지도, 꿈꾸지도 못했다. 단지 나는 하나님께 오직 마음을 다해 순종함으로만 보았다. 나는 하나님께서 부르셔서 나에게 맡기신 사역을 하나님의 뛰어난 능력으로 인해 감당할 수 있었다.

하나님의 뛰어나신 능력을 힘입지 않고 행한 모든 사역은 실패했다. 결국 믿음만이 유일하게 하나님의 뛰어나신 능력을 나태내는 것이라 확신하게 되었다.

그렇다. 분명 가능하다. 그리고 당신이야말로 그것을 가능하게 할 수 있는 사람이다.

어떤 이유로든 당신이 볼 수 없는 것을 보지 못했기 때문에 불가능한 것을 행하는 것은 정말 불가능하다고 느낄 수도 있다. 교단의 벽에

간혀서 용기를 잃어버린 것일 수도 있다.

그렇다. 나는 당신을 생각하며 기도할 것이다. 나는 외롭고 열매 없는 사역이 어떠한 것인지를 알고 있다. 의심과 잠을 못 이루는 밤, 다른 사람들로부터 오는 대답할 수 없는 질문들을 알고 있다. 하지만 무엇보다 하나님께서 실존하시는 분이시라는 사실을 잘 알고 있다. 우리는 그분을 볼 수 있다. 그분께서 물리적으로 우리가 있는 시간과 공간에 함께하지 않으실지라도, 그분이 이스라엘 거리의 흙을 밟으시며 선포하시고 가르치시고 치유하신 것 이상으로 분명하게 함께하시는 것을 알고 있다. 주님께서는 우리로 '그분을 보고', '그분을 듣고', 우리 개인으로 주님과 만나고 주님이 우리를 만나 주실 수 있다는 사실을 믿기 원하신다.

하나님께서는 내게 말씀하신 방법과는 완전히 다른 방법으로 당신에게 말씀하실 수 있다. 내가 그분의 음성을 귀로 들었지만, 당신은 그렇지 않을 수도 있다. 영혼의 깊은 감동 속에 듣고 그것이 당신 안에 남아 절대 사라지지 않을 수 있다.

우리는 모두 다른 개성을 가지고 있다. 하나님께서는 우리의 개성과 그에 따른 다른 방법들로 말씀하신다. 모두에게 귀로 들을 수 있는 음성으로 말씀하시는 것은 아니다. 모두에게 다르게 각자에게 맞는 방법으로 말씀하신다는 사실을 잊지 말기 바란다.

그분께서 우리의 영혼에 말씀하실 때 기쁨과 열심, 열정, 능력과 권세, 그리고 우리의 자아를 깨뜨리는 기름부음에 대해 말씀하실 것이다!

그렇다, 당신도 분명하게 할 수 있다!

오클라호마의 작은 시골 마을에 말을 더듬고 결핵에 걸린 어린 인디언 소년이 볼 수 없는 것을 보고 불가능을 행할 수 있고 여전히 행하고 있다면, 당신도 분명히 할 수 있다!

25장

네 번째 사람

이 설교는 지난 54년간 사람들에게 가장 강력한 영향을 준 설교다.

다니엘 3장에는 다음과 같은 환상적인 이야기가 담겨 있다.

"이제 몇 유다 사람 사드락과 메삭과 아벳느고는 왕이 세워
바벨론 지방을 다스리게 하신 자이거늘 왕이여 이 사람들이
왕을 높이지 아니하며 왕의 신들을 섬기지 아니하며 왕이 세
우신 금 신상에게 절하지 아니하나이다 느부갓네살 왕이 노
하고 분하여 사드락과 메삭과 아벳느고를 끌어오라 말하매
드디어 그 사람들을 왕의 앞으로 끌어온지라 느부갓네살이
그들에게 물어 이르되 사드락, 메삭, 아벳느고야 너희가 내 신
을 섬기지 아니하며 내가 세운 금 신상에게 절하지 아니한다
하니 사실이냐 이제라도 너희가 준비하였다가 나팔과 피리와
수금과 삼현금과 양금과 생황과 및 모든 악기 소리를 들을 때
내가 만든 신상 앞에 엎드려 절하면 좋거니와 너희가 만일 절
하지 아니하면 즉시 너희를 맹렬히 타는 풀무불 가운데에 던
져 넣을 것이니 능히 너희를 내 손에서 건져낼 신이 누구이겠

느냐 하니 사드락과 메삭과 아벳느고가 왕에게 대답하여 이르되 느부갓네살이여 우리가 이 일에 대하여 왕에게 대답할 필요가 없나이다 왕이여 우리가 섬기는 하나님이 계시다면 우리를 맹렬히 타는 풀무불 가운데에서 능히 건져내시겠고 왕의 손에서도 건져내시리이다 그렇게 하지 아니하실지라도 왕이여 우리가 왕의 신들을 섬기지도 아니하고 왕이 세우신 금 신상에게 절하지도 아니할 줄을 아옵소서 느부갓네살이 분이 가득하여 사드락과 메삭과 아벳느고를 향하여 얼굴빛을 바꾸고 명령하여 이르되 그 풀무불을 뜨겁게 하기를 평소보다 칠 배나 뜨겁게 하라 하고 군대 중 용사 몇 사람에게 명령하여 사드락과 메삭과 아벳느고를 결박하여 극렬히 타는 풀무불 가운데에 던지라 하니라 그러자 그 사람들을 겉옷과 속옷과 모자와 다른 옷을 입은 채 결박하여 맹렬히 타는 풀무불 가운데에 던졌더라 왕의 명령이 엄하고 풀무불이 심히 뜨거우므로 불꽃이 사드락과 메삭과 아벳느고를 붙든 사람을 태워 죽였고 이 세 사람 사드락과 메삭과 아벳느고는 결박된 채 맹렬히 타는 풀무불 가운데에 떨어졌더라 그 때에 느부갓네살 왕이 놀라 급히 일어나서 모사들에게 물어 이르되 우리가 결박하여 불 가운데에 던진 자는 세 사람이 아니었느냐 하니 그들이 왕에게 대답하여 이르되 왕이여 옳소이다 하더라 왕이 또 말하여 이르되 내가 보니 결박되지 아니한 네 사람이 불 가운데로 다니는데 상하지도 아니하였고 그 넷째의 모양은 신들의 아들과 같도다 하고 느부갓네살이 맹렬히 타는 풀무불 아귀 가까이 가서 불러 이르되 지극히 높으신 하나님의 종 사드락, 메삭, 아벳느고야 나와서 이리로 오라 하매 사드락과 메삭과 아벳느고가 불 가운데에서 나온지라 총독과 지사와 행정관과 왕의 모사들이 모여 이 사람들을 본즉 불이 능히 그들의 몸을 해하지 못하였고 머리털도 그을리지 아니하였고 겉옷 빛도 변하지 아니하였고 불 탄 냄새도 없었더라 느부갓네살이 말하여 이르되 사드락과 메삭과 아벳느고의 하나님을 찬송할지로다 그가 그의 천사를 보내사 자기를 의뢰하고 그들의 몸을 바쳐 왕의 명령을 거역하고 그 하나님 밖에는 다른 신을 섬기지 아니하며 그에게 절하지 아니한 종들을 구원하셨도다 그러므로 내가 이제 조서를 내리노니 각 백성과 각 나라와 각 언어를 말하는 자가 모두 사드락과 메삭과 아벳느고의 하나님께 경솔히 말하거든 그 몸을 쪼개고 그 집을 거름터로 삼을지니 이는 이같이 사람을 구원할 다른 신이 없음이니라 하더라 왕이 드디어 사드락과 메삭과 아벳느고를 바벨론 지방에서 더욱 높이니라"(단 3:12~30).

이 설교의 제목은 '네 번째 사람'이다.

비단 소파에 장식된 다이아몬드처럼, 예루살렘은 이 땅에 지리적으로 중앙에 위치해 있다. 그곳은 위대한 왕, 하나님의 도시다. 그곳에서 하나님의 선지자들은 거리를 다니며 하나님의 말씀을 선포했고, 하나님의 법은 땅 끝까지 전해졌다. 그리고 사람들은 참 하나님을 예배했다.

예루살렘에서 멀리 떨어져 있는 곳에 바벨론이라는 도시가 있었다. 세상은 지금까지도 바벨론에 대해 이야기하고 있다. 요한계시록은 이 도시가 어떻게 재건될지를 이야기하고 있다. 마지막 날 아마겟

돈에서 벌어지는 전투에서 바벨론은 재건되고 그리스도께서 재림하시어 마귀의 왕국을 멸하시고 그분의 왕국을 이 땅 위에 세우시는 데 중요한 역할을 하게 된다.

그곳에 이 땅을 다스린 왕국의 가장 교만한 왕인 느부갓네살 왕이 있다. 그가 세운 왕국은 세상 나라들을 정복했고, 그 나라들의 지도자들을 바벨론으로 끌고 와서 그곳에서 정착하게 했다.

왕은 또한 그들의 손으로 만들고 예배했던 우상들도 가지고 왔다. 그 우상들이 우상을 믿는 자들을 구원하지 못하는 것을 보았기 때문이다. 그러고는 자신을 신이라 칭했다. 제련사들로 순금을 가지고 자신의 모습을 따라 300미터짜리 우상을 만들고 바벨론에서 가장 눈에 잘 띄는 곳에 두었다.

왕이 원할 때면 언제든 풍악을 울리게 했고, 그 소리에 따라 모든 사람들이 그 우상에 절하며 "우리의 신 느부갓네살 왕은 위대하시다. 우리의 신 느부갓네살 왕은 위대하시다"라고 외치게 했다.

그가 정복한 나라들 중에는 수도가 예루살렘인 이스라엘이 있었다. 느부갓네살 왕은 그의 자랑스러운 군대를 이끌고 사막의 뜨거운 모래 위를 행군하여 하나님의 도시를 포위했다. 하나님의 백성들이 하나님께 순종하는 한 그곳은 절대 정복될 수 없는 도시였다. 세상에서 가장 위대한 도시이자 세상에서 가장 부요한 도시였다. 하지만 당시 이스라엘은 타락한 상태였고, 그들에게 임하던 하나님의 축복도 멈춘 상태였으며, 인간이 만든 신을 섬기고 있었기 때문에 그들에게는 저항할 힘이 남아 있지 않았다.

느부갓네살 왕은 성벽을 무너뜨리는 무기로 예루살렘을 허물고는 안으로 들어가서 성을 불태우고 솔로몬이 세운 성전을 약탈했다. 성을 약탈하고 불태운 그는 이스라엘의 젊은이, 노인 할 것 없이 그 나라의 꽃인 지도자들을 승리의 전리품으로 잡아 갔다.

특히 세 젊은이들에게 주목하기 바란다. 그들은 사드락과 메삭과 아벳느고였다. 물론 그들 중에는 다니엘도 함께 있었다. 언덕 위에 서서 예루살렘을 바라보는 이들을 보라. 무너진 도시에서 하늘로 연기를 피어 올리고 있는 예루살렘을 바라보며 그들이 늘어놓는 애가를 들어 보라: "예루살렘아 내가 너를 잊을진대 내 오른손이 그의 재주를 잊을지로다 내가 예루살렘을 기억하지 아니하거나 내가 가장 즐거워하는 것보다 더 즐거워하지 아니할진대 내 혀가 내 입천장에 붙을지로다"(시 137:5~6).

바벨론으로 안내를 받아 들어가며 인간의 왕좌에 앉아 있던 왕들 중 가장 잔인한 왕의 포로 신세가 된 그들을 바라보라. 며칠 후, 그들은 음악 소리가 들리자 사람들이 빛나는 금 신상에 절하는 모습을 바라보면서도 두 발로 서서 절하기를 거부한다.

시간이 지나도 그들은 절하기를 거절했고, 그 사실이 왕에게 알려지자 왕은 그들에게 이렇게 말했다: "사드락, 메삭, 아벳느고, 너희들이 내 신상에 절을 하지 않는다는 말을 들었다. 너희가 전에 어떤 신을 섬겼든지 간에 그 신은 너희 백성들을 지켜 주지 못했다. 너희 나라는 폐허로 변했고, 너희는 포로가 되었다. 너희는 음악 소리가 들리면 내게 절하고 영광을 돌려야 한다. 만일 그렇게 하지 않으면 너희를 산 채로 모두 불타는 풀무에 던져 버리겠다. 그렇게 되면 어떤 신이 너희를 구원해 낼 수 있겠느냐?"

이 세 청년은 인생에 있어 피할 수 없는 순간을 대면하게 되었다.

먼저, 하나님을 믿는 진정한 믿음이 시험받게 되었다. 원수 마귀가 문 앞에 서 있다. 그는 하나님의 백성을 대적하여 나아온다. 특히 사람들이 자신의 말을 듣지 않을 때는 더욱 그렇다. 마귀는 느부갓네살 왕보다 더욱 강력하다.

이 세 청년은 왕이 "내게 절하지 않으면 불에 던져 버리겠다"라고 한 말을 들었다. 그 자리에 서서 그들은 죽음을 직면하게 된 것이다. 그러한 극심한 상황에까지 믿음의 시험을 받아 보지 못한 그들의 믿음은 이제 시험대 위에 올려진 것이다. 예루살렘에는 그러한 대적들이 없었다. 당신과 나의 인생에 그렇게 시험을 받는 장소와 시간과 상황이 있게 된다. 하나님을 믿는 우리의 믿음과, 우리가 그분의 실재를 노래하는 노래와, 우리의 믿음을 선포하는 것과 그분을 향한 우리의 사랑과 맹세가 시험받게 될 순간이 오게 된다.

많은 사람들은 그 사실을 깨닫지 못하고 있다. 자신의 믿음으로 인해 핍박을 받았던 내 처제가 내게 이렇게 말했다: "형부, 하나님을 믿는 우리가 왜, 그리고 언제 이런 핍박을 받게 되나요? 모든 사람들이 행복하고 보다 나은 세상을 만들려고 노력하는 것 같은데요."

"그것은 이 땅에 마귀가 있기 때문입니다. 또 그들이 우리를 대적하기 때문이죠."

"그렇다면 마귀가 그런 짓을 하지 않았으면 좋겠네요."

"하지만 마귀는 분명히 그렇게 할 겁니다."

당신의 믿음은 시험을 당하게 될 것이다.

죽은 물고기는 물살을 거슬러 올라가지 못하는 법이다. 오직 살아 있는 물고기만이 그렇게 할 수 있다. 만일 당신의 믿음이 하나님의 아들 위에 닻이 내려져 있지 않다면, 하나님을 향한 서원을 하지 않았다면, 그리고 순종함이 온전히 서 있지 못하면, 그대로 넘어지지 않고 있더라도 시험이 올 때 당신의 믿음을 완전히 끌어내려 버리고 말 것이다. 마치 죽은 물고기처럼, 당신은 그저 인생이라는 바다 위를 떠돌아다니게 될 것이다. 하나님의 자녀로 살며, 물살에 맞서고, 인격을 쌓으며 자신의 증거를 만들어 가고, 이 땅에서 주님의 기쁨이 되지 못하게 된다. 그 누구에게도 예외는 없다.

두 번째, 당신의 인생에 있어 다음의 두 가지 요소를 대면하게 될 것이다: 하나는 믿음이고, 다른 하나는 타협이다.

당신의 매일의 삶에서 어디에서 살고 어디에서 일을 하든, 당신은 믿음으로 행하도록 부름을 받거나 성경, 교회, 천국, 예수의 탄생, 십자가, 부활, 성령 충만, 그리스도인의 삶, 기적과 이사, 그리고 하나님께서 준비하신 기적들과 타협하게 될 것을 요구받게 된다. 당신이 타협하겠다는 유혹을 받더라도 하나님께서는 당신에게 힘을 주시고 굳건히 서서 타협하지 않도록 하실 것이다.

느부갓네살 왕이 말했다.

"너희에게 한 번의 기회를 더 주도록 하겠다. 이제 음악 소리가 들리면 엎드려서 내 이름을 부르며 나를 하나님이라고 부르도록 하라.

그러면 살 것이다. 그렇지 않으면, 나는 너희를 한꺼번에 불타는 풀무에 던져 버리겠다. 과연 어떤 신이 너희를 내 손에서 건져 내겠느냐?"

이 세 청년은 하나님을 향한 그들의 믿음을 시험당하는 동시에, 다른 한편으로는 타협하라는 유혹을 받고 있다. 당신이 당하는 시험은 이들의 것과 분명 다를 수 있지만, 분명한 것은 이러한 유혹이 당신에게 온다는 것이다. 무언가가 다가와서는 당신이 믿음과 하나님을 향한 확신으로 행하거나, 혹은 타협하고 그러한 핍박과 시련, 방해가 사라지도록 하라고 할 것이다. 누군가가 이렇게 말할 것이다: "만일 절하지 않고 타협하지 않으면 너는 지는 거야. 절대 살아남지 못할 테니까. 이 땅에서는 어떠한 존재도 되지 못해. 비웃음과 조롱을 당하게 될 거야. 조금도 귀하게 여김을 받지 못할 거란 말이야."

이것이 세상이 하는 말이다.

하지만 하나님께서는 믿음이라고 불리는 다른 길을 가지고 계신다. 믿음으로 일어서든지 타협함으로 쓰러지게 된다. 그 둘의 중간이란 없다. 믿음으로만 나아가든지 타협으로 살아남든지.

마귀는 당신의 매일의 삶을 졸졸 따라다닌다. 하지만 다른 한편으로, 하나님의 능력이 당신을 감싸고 계신다. 교회는 당신의 믿음을 세우는 것을 돕기 위해 있다. 당신이 듣는 하나님의 말씀이 당신의 믿음을 세우고, 당신에게 하나님의 말씀을 가르친다. 당신 손에 들려진 성경과 아이들에게 건네주는 성경, 그리고 말씀과 함께 아이들과 함께 하는 시간은 당신을 강하게 하기 위한 것들이다. 하나님은 당신의 친구이시다. 그분은 좋으신 하나님이다. 그리고 당신을 강하게 하시기 위해, 당신에게 용기를 주시기 위해 거기에 계신다.

텔레비전을 켜면 그곳에서 하나님의 말씀을 전하는 사역자가 당신에게 필요한 말씀을 전하거나 다른 누군가가 그때에 필요한 말씀을 전해 줄 것이다. 이웃에게 필요한 말을 해 줄 수도 있다. 나와 에벌린이 54년 전에 그러했던 것처럼 요한삼서 1장 2절의 말씀이 당신에게 튀어나올 수도 있다: "사랑하는 자여 네 영혼이 잘됨 같이 네가 범사에 잘되고 강건하기를 내가 간구하노라."

그 말씀이 우리의 삶을 변화시켰다. 그리고 우리에게 힘을 주었다. 우리가 하나님이 좋으신 분이시라는 사실을 믿고 그분을 신뢰하며 믿음에 굳게 서서 타협하기를 거부한다면, 하나님께서 우리를 높이 드시고 매일의 삶에서 우리의 모든 필요를 공급해 주시는 높은 차원으로 이끄실 것이다.

한 작은 교회에서 가난한 가운데 겨우 대학을 다니면서 말씀에 어두웠고 우리가 아무것도 할 수 없다고 생각할 때, 하나님께서는 우리가 어디에 있는지, 어떠한 상태인지를 잘 알고 계셨다. 하나님은 우리의 이름을 알고 계셨다. 내가 언젠가 수천, 수백만의 사람들에게 말씀을 전하게 될 것을 알고 계셨다. 1950년대 초반에 내가 전국 텔레비전에 방송을 타고 매주 미국의 모든 가정에 치유의 선을 가져다줄 첫 번째 인물이 될 것을 아셨다. 하나님께서는 내가 오클라호마 털사에 오클라호마에서 가장 큰 대학이자 학사에서 박사까지 완전히 학위가 인정된 대학을 세우게 될 것을 알고 계셨다. 38년 전, 우리 대학은 미국에서 가장 작은 대학이었다. 하지만 지금은 미국에서 가장 큰 사립대학이 되었다.

당신 자신을 바라보며 아무런 존재도 아니고, 초라하며, 다른 사람들이 당신을 생각하지 않는다고 여길 수 있다. 하지만 하늘에 계신 하나님께서는 당신이 지금 어디에 있는지를 알고 계신다. 당신의 이름도 알고 계신다. 당신의 미래를 아시며 당신을 부르고 계신다.

"믿음을 지켜라. 타협하지 말라. 절대 타협하지 말라."

분명 단 한 가지라도 당신은 타협하라는 유혹을 받았을 것이다.

우리는 가족에 대해 타협하도록 유혹을 받는다. 그 말은 우리가 그리스도께 나아왔고, 구원을 받았으며, 그분을 사랑하고 교회를 사랑한다는 말이다. 하지만 우리가 조심하지 않으면 가정보다 교회를 우선시하게 되고, 우리의 아이들을 등한시하며 그들에게 하나님의 말씀을 가르치지 않게 된다. 당신은 분명 아이들이 교회를 무시하는 것을 보게 될 것이고, 그들을 통제할 수 없게 된 것을 알게 될 것이다.

내 부모님도 나에 대한 통제력을 완전히 상실하셨었다. 내가 16세였던 때 집을 떠나 버렸기 때문이다. 아버지께서는 목사셨고, 하나님을 사랑하셨으며, 나와 형, 누나들을 사랑하셨다. 하지만 나는 아무런 미래도 볼 수 없었다. 아버지와 같은 목사는 전혀 되고 싶지 않았다. 그렇게 가난하게 되기도 원치 않았다. 그렇게 초라해지고 싶지 않았던 것이다.

나는 정말로 변호사가 되고 싶었다. 그리고 언젠가는 오클라호마의 주지사가 되고 싶었다. 마치 어린아이와 같은 꿈을 꾸었던 것이다. 아무런 미래도 볼 수 없었다.

나는 도망쳐서 1년간 집을 떠나 있었다. 결핵이 나를 공격하기 전까지 말이다. 어머니는 체로키 인디언이었다. 결핵이 미국 전역의 원주민들을 공격했을 때 외할아버지와 이모 두 분이 돌아가셨다. 이제는 내 차례가 된 것이다.

당시 나는 야구선수였는데 코치가 나를 집으로 데려갔다. 지역 예선의 너무도 중요한 경기에서 그만 쓰러져 버린 것이다. 185센티미터에 61킬로그램이었던 나를 집으로 데려와서는 아버지께 이렇게 말했다.

"아드님을 데려왔습니다. 많이 아픈 것 같군요."

부모님은 나를 침대에 눕히셨고, 나는 그 후 5개월간 일어나지 못했다. 출혈이 너무 심해서 생명이 위태로웠고, 세 의사가 곁에 서서 아버지께 이렇게 말했다.

"시간문제인 것 같군요. 얼마 버티지 못할 것입니다."

아버지께서는 내 발치에 무릎을 꿇으시고는 기도하셨다.

"하나님, 제 아들의 영혼이 떠나가는 것을 지켜볼 수 없습니다."

내가 아버지의 얼굴을 바라보았을 때 눈물을 흘리던 아버지의 얼굴이 사라지고 갑자기 예수님의 얼굴이 보였다. 나는 정신이 번쩍 들었다. 내가 볼 수 없는 것을 보았기 때문이다. 나는 이렇게 소리쳤다.

"하나님, 저를 구원해 주세요. 내 영혼을 구원해 주세요. 이렇게 죽지 않게 해 주세요."

주님께서는 내 마음으로 들어오셨고, 나는 침대에서 일어날 수 있게 되었다. 걸을 수 있는 힘은 없었지만 침대에서 몸을 일으켜 기뻐하기 시작했다. 볼 수 없는 것을 보았으니, 이제는 불가능을 행할 차례였다.

54년 전 치유 사역을 시작했다. 나와 에벌린이 요한삼서 1장 2절을 발견하고, 한 농부가 우리에게 400달러를 가져다준 후였다. 그는 그 돈이 단순한 돈이 아니라 씨앗이라고 했고, 우리는 성경을 연구하고 씨앗 믿음을 발견하게 되었다. 우리는 이 진리를 세상에 전하기 시작했다. 하지만 무엇보다 우리가 그렇게 삶으로 인해 우리 자신이 씨앗이 되었다. 우리가 드린 10퍼센트, 십일조가 우리의 씨앗이었다. 우리는 하나님께서 우리에게 다시 돌려주실 것을 기대했다. 그것은 그 당시 가르쳐지지 않은 내용이었다.

나는 내 사역에 너무도 열중한 나머지 아이들을 등한시하게 되었다. 매달 16~17일 정도를 집에서 떠나 있었기에 아내가 집에 남아서 아이들을 양육했다. 아내는 아이들과 함께하며 자신이 할 수 있는 모든 것을 했다. 주일학교에서 배울 내용을 토요일에 아이들에게 가르쳤다. 아이들이 다니던 작은 교회 선생님들이 그 모든 내용을 다 알지 못했기 때문이다. 때로는 선생님들이 우리 아이들 중 하나를 앞에 세우고 가르치게 했다.

집에 왔을 때 나는 너무도 지쳐 있었다. 쉬고 싶었던 것이다. 나에게는 혼자만의 시간이 필요했다. 아이들을 사랑했기에 안아 주며 서로 얼마간의 시간을 함께 보냈지만, 다음에 있을 부흥회 준비를 위해 다시 10일간을 떨어져서 보냈다. 나는 너무도 심각한 실수를 저질렀다. 타협이었다. 아이들에 대한 타협이었다.

성경에 하나님께서 교회를 세우시기 전에 먼저 가정을 세우신 것을 알고 있는가? 사역보다 가정을 우선시해야 하는 것을 알고 있는가? 하나님이 먼저지 우리의 사역이 아니다. 우리의 아이들이, 우리의 가족이 최우선이다.

에벌린이 말했다.

"오랄, 당신은 심각한 잘못을 범하고 있어요. 아이들이 자라나면 목사인 당신과 사역을 미워하게 될 거예요."

하나님께서 말씀하셨다.

"너는 타협을 하고 있다. 우상에 절을 하고 있는 것이다."

느부갓네살 왕이 세 청년에게 말했다.

"불에 타 죽든지 절을 하든지 해라. 내 신상에 절을 하지 않으면 풀무에 던져져 타 죽게 된다.

타협의 법은 절하든지 죽든지다. 타협을 하는 것과 하나님을 믿는 것의 그 결과는 완전히 다르다. 만일 믿음을 붙들면 왕의 말처럼 "절하지 않으면, 타서 죽는다".

그들은 절을 하지 않으면 불에 던져질 것을 알고 있었다. 하나님께서 말씀하셨다.

"만일 타협하면, 네가 타협해서 얻으려고 했던 것도 잃게 된다."

타협을 통해 무엇을 얻게 되든지, 당신은 그것으로 즐거워하지 못한다. 그것을 절대 가질 수도 없다. 이익을 얻을 수도 없다. 작은 것이든, 중간 정도이든, 큰 것이든 타협을 하면 그 결과는 슬픔과 손해뿐이다.

하지만 믿음을 지키고 풀무에 던져지면, 하나님께서 그것을 보시고 당신을 죽지 않게 하신다. 당신의 믿음이 승리했기 때문에 당신을 구원하기 위해 기적적인 일이 벌어진다.

세 번째, 바로 오늘날의 세상이 불타는 풀무다. 당신이 어디를 향하든, 그곳에 있는 누군가 혹은 무엇인가가 당신으로 타협하게 할 것이다. 위협이 도사리고 있고, 말을 하건 안 하건 간에 그것이 거기 있는 것을 당신은 알고 있다.

"네 직장을 잃게 돼. 승진도 할 수 없어. 좋은 집이나 차도 얻을 수 없어. 그 누구도 될 수 없어. 아무도 당신을 알아보지 못할 거야. 당신의 목표도 잃게 되고, 꿈마저도 빼앗겨서 인생을 완전히 무너뜨려 버릴 거야."

이것이 바로 타협이 하는 말이다. 그리고 타협이 바로 그러한 것이다. 사탄이 당신에게 와서 타협하게 할 때 마음속에 가지고 있는 것이 바로 이것이다.

나는 내 아이들에 대한 커다란 변화를 만들었다. 내가 집에 오면, 아이들은 내가 너무 힘들게 일했기 때문에 기력을 회복하기 위해 적어도 하루 정도는 휴식이 필요하다는 사실을 알고 있다.

부흥회 마지막 날에는 1만 명 정도의 병자들이 치유의 줄을 이룬다. 나는 그들 한 사람 한 사람에게 손을 얹고 기도한다(물론 인간의 힘으로는 도저히 불가능한 일이다). 그렇기 때문에 집으로 왔을 때 내 모습이 어떠할지를 짐작할 수 있을 것이다. 휴식이 필요한 것이다.

하지만 나는 결단을 내렸다. 내가 휴식을 취할 때 아이들을 하나씩 불러서 그들에게 성경을 가르쳤다. 하나님께서는 아브라함에 대해 말씀하셨다.

"나는 아브라함이 자기 아이들을 가르칠 것을 알고 있다. 그가 아이들에게 명할 것을 알고 있다."

가족 가운데 내 존재는 아이들에게 명령과도 같았다. 아이들은 내가 어떠한 삶을 사는지 알고 있고, 내 삶이 얼마나 정직하며, 내가 얼마나 하나님을 사랑하는지, 내 사역이 내게 어떠한 의미가 있는지를 알고 있다.

하지만 나는 갑자기 그것을 바꾸어 시간을 내기 시작했다. 나는 작은 아이들을 내 무릎에 앉히고 성경을 읽어 주었다. 아이들에게 성경의 이야기들을 들려주곤 했다. 아이들을 모두 모아서는 에벌린과 함께 성경의 이야기들을 들려주었다. 기도하는 법을 가르쳐 주었고, 식탁에서 감사기도 드리는 법을 가르쳤다. 아이들과 함께 기도하며 함께 귀중한 시간을 만들어 갔다. 타협하기를 멈춘 것이다.

이제 아내의 뜻과 내가 변하고 타협하지 않겠다는 결정으로 아이들에게 영향을 주게 된 것을 알고 있다. 그리고 아이들이 그리스도께 나아와서 그리스도와 함께 살고 있는 사실을 당신에게 전하기 원한다. 또한 열세 명의 손자들이(그중 하나는 천국에 가 있다) 하나님의 은혜로 모두 구원받은 사실을 전하기 원한다.

그들은 모두 교회에 속해 있다. 또한 내 딸 레베카는 변호사다. 레베카는 털사에 있는 한 기독교 공동체에서 일하며 그곳에서 가장 유명한 변호사 중 하나가 되었다. 내 아들 리처드는 오랄 로버츠 대학의 학장이 되었다. 내가 처음 30년간 학장을 역임했고, 이제 리처드가 9년째 학장 일을 계속하고 있으며, 나보다 훨씬 잘 해내고 있다.

후계자 없는 성공은 실패와 같다. 분명 내 아들은 아버지보다 더 훌륭하게 일을 잘 해내고 있다. 우리는 우리의 믿음을 뛰어넘는 아이들을 길러 내야 한다.

당신은 지금 불타는 풀무 가운데 있을 수도 있다. 그것은 모두에게 다른 모습으로 찾아오기 때문이다. 내게 있어 불타는 풀무가 당신에게는 그렇게 보이지 않을 수도 있다. 당신의 것이 내게는 그렇게 보이지 않을 수 있는 것처럼 말이다. 하지만 당신이 고통을 받고 있는 그곳이 바로 풀무 가운데일 수도 있고, 그곳에서 위협을 받고, 하나님에 대한 순수함이 타협되도록 시험을 당하며, 믿음이 약해져 마귀가 잠시나마 이긴 것처럼 보일 수도 있다.

하지만 하나님께서는 만일 당신이 타협하면, 타협해서 얻으려고 하는 그것마저도 잃게 된다는 사실을 알고 계신다. 또한 당신이 어떠한 상황이든, 얼마나 패배가 가까이 있어 보이든지 타협하기를 거절하면 잠시나마 잃는 것처럼 보일지라도 그 순간이 지나가면 절대 패배한 것이 아님을 알고 계신다. 하나님께서는 당신을 들어 올리실 것이다. 당신에게 마귀가 빼앗은 것의 일곱 배로 회복시키실 것이다.

믿음으로 살면 당신은 이기는 쪽에 서 있는 것이다.

이제 왕이 말한다.

"너희의 결정이 무엇이냐?"

그리고 그들이 대답한다.

"이미 저희의 마음을 결정했기 때문에 조금도 조심해서 대답하지 않을 것입니다. 우리가 어떤 말을 해야 할지도 생각지 않습니다. 무슨 말을 해야 할지 알기 때문입니다. 왕께서 우리를 일곱 배나 더 뜨겁게 한 풀무에 던지실지라도 우리는 절대 당신의 신상에 절하지 않을 것입니다."

이제 견고히 서서 이렇게 이야기할 때가 이르렀다.

"마귀야, 내 삶에서 떠나갈지어다. 마귀야, 하나님의 소유인 내게서 손을 뗄지어다."

왕은 조금도 주저하지 않았다. 그들을 풀무에 던지고는 문을 닫고 세 청년이 완전히 불에 타 버릴 때까지 기다렸다. 얼마 후 화로의 문을 열고 그 안을 들여다보자 사람들의 머리털이 보였다.

왕은 관원들에게 물었다.

"우리가 세 사람을 완전히 묶어서 던지지 않았더냐?"

신하들이 대답했다.

"그렇습니다."

왕이 물었다.

"그런데 내가 보는 것은 네 명이다. 그리고 묶은 것이 풀어졌구나. 저들이 불 가운데 걸어 다니고 있고, 네 번째 사람은 그 외모가 하나님의 사람 같구나."

네 번째 사람이 화로 안에서 보였다.

이 네 번째 사람은 누구인가? 이 네 번째 사람이 누구인지 성경을 통해 전해 주기 원한다.

창세기에서 그는 여자의 후손이다.

출애굽기에서 그는 유월절 어린 양이다.

레위기에서 그는 우리의 대제사장이다.

민수기에서 그는 낮의 구름 기둥이자 밤의 불기둥이다.

신명기에서 그는 모세와 같은 선지자이다.

여호수아에서 그는 구원의 대장이다.

사사기에서 그는 사사이자 다스리는 자이다.

룻기에서 그는 구세주이다.

사무엘에서 그는 신망 받는 선지자이다.

열왕기와 역대기에서 그는 다스리는 왕이다.

에스라에서 그는 신뢰할 만한 율법사이다.

느헤미야에서 그는 인간의 삶의 무너진 성벽을 재건하는 자이다.

에스더에서 그는 모르드개이고,

욥기에서는 영원히 사시는 구원자이고,

시편에서는 선한 목자이고,

잠언과 전도서에서는 우리의 지혜이고,

애가에서는 신부이고,

이사야에서는 평강의 왕이고,

예레미야에서는 의로운 줄기이고,

예레미야애가에서는 눈물의 선지자이고,

에스겔에서는 놀라운 네 얼굴 가진 사람이고,

다니엘에서는 불타는 풀무의 네 번째 사람이고,

호세아에서는 신실한 남편이자 타락한 여인의 영원한 남편이고,

요엘에서는 성령과 불로 세례 주는 자이고,

아모스에서는 우리를 위해 짐 진 자이고,

오바댜에서는 능력 있는 구원자이고,

요나에서는 위대한 외국 선교사이고,

미가에서는 아름다운 소식을 전하는 자의 발이고,

나훔에서는 하나님께서 택하신 원수 갚는 자이고,

하박국에서는 "수년 내에 부흥케 하소서"(합 3:2)라고 부르짖는 전도자이고,

스바냐에서는 구원자이고,

학개에서는 이 땅의 모든 금과 은의 주인이고,

스가랴에서는 다윗의 집에 죄와 부정한 것에 대해 열려 있는 샘물이고,

말라기에서는 치유를 부르는 날개와 함께 떠오르는 의의 태양이다.

이 네 번째 사람은 누구인가?

마태복음에서는 메시아이고,

마가복음에서는 위대한 일꾼이고,

누가복음에서는 인자이고,

요한복음에서는 하나님의 아들이고,

사도행전에는 성령의 기적과 이사이고,

로마서에서는 하나님을 사랑하는 자들을 위해 모든 것을 합력하여

선을 행하시는 분이고,

고린도서에서는 성령의 은사와 열매이고,

갈라디아서에서는 율법의 저주에서 구원하시는 자이고,

에베소서에서는 찾을 수 없는 부요의 그리스도이고,

빌립보서에서는 우리의 모든 필요를 채우시는 하나님이고,

골로새서에서는 교회의 머리 되신 하나님이고,

데살로니가서에서는 곧 오실 왕이고,

디모데서에서는 하나님과 인간의 중재자이고,

디도서에서는 신실한 목자이고,

빌레몬서에서는 형제보다 가까운 친구이고,

히브리서에서는 영원한 언약의 피이고,

야고보서에서는 위대한 의사이고,

베드로서에서는 없어지지 않을 영광으로 관 쓰실 목자이고,

요한 서신에서는 영원한 사랑이고,

유다서에서는 만 명의 성도들과 함께 오실 주님이고,

요한계시록에서는 왕의 왕이요 주의 주가 되신 분이시다.

이 네 번째 사람은 누구인가?

그는 아벨의 제사이며,

노아의 무지개요,

아브라함의 어린 양이요,

이삭의 우물이자,

야곱의 사다리이며,

사무엘의 기름 붓는 뿔이요,

다윗의 물매 줄이고,

세례 요한이 선포한 하나님의 어린 양이며,

고아들의 아버지이시자 과부의 남편 되신 분이시다.

어두운 밤을 여행하는 자에게는 밝은 새벽 별과 같은 분이시다. 외로운 계곡을 여행하는 자에게는 계곡의 백합이자 샤론의 장미요, 바위틈의 석청이요, 생명이시다.

이 네 번째 사람은 누구인가? 그분께서는 영원하신 하나님이시다.

그분은 영원한 통치자이자 우리의 삶을 다스리시는 분이시다.

그는 누구인가? 그는 나사렛 예수, 곧 살아 계신 하나님이시다. 내가 그분을 섬기고 있는 것이 얼마나 자랑스러운지 모른다.

이제 이 말씀을 세 가지로 요약하기 원한다. 첫 번째, 당신은 화로 밖에서보다 화로 안에서 더욱 자유롭다. 당신이 타협하고 그들이 제공해 주겠다고 약속한 것보다 믿음으로 사는 것이 훨씬 자유롭다. 당신은 자유인이다.

당신은 영적일 때 더욱 자유롭다. 더욱 평안한 마음을 얻고, 육체도 더욱 쉼을 얻게 된다. 절대 무너지지 않을 용기를 얻게 된다. 형제보다 더욱 가까운 친구를 얻게 된다. 마귀를 대적하고 지옥문이 절대 이기지 못하는 교회를 갖게 된다. 그리스도께서 길이요, 진리요, 생명이라는 사실을 담고 있는 영원한 성경을 갖게 된다. 그렇기 때문에 당신이 타협하기를 거절하고 믿음으로 살면 당신은 자유롭게 된다. 심지어 불타는 풀무에 던져진다 할지라도 당신은 자유인이다.

두 번째, 당신은 그 증인이다. 대부분의 그리스도인들이 바로 그 증인이다. 그리스도인은 믿지 않는 자들뿐만 아니라 믿음이 약한 자들까지도 주님께 이끌 수 있게 된다.

요한계시록에서는 우리가 어린 양의 피와 우리가 증거하는 말씀으로 이기었다고 기록하고 있다. 여기 낯선 도시에서 하늘 같은 왕의 포로가 된 세 청년이 절을 하든지 불에 타든지 하라는 요구를 받고 있다. 그들이 의지할 것은 하나님뿐이다.

하지만 무슨 일이 일어났는가? 왕이 "풀무의 문을 열고 저들을 그 안으로 던져라"라고 명했을 때 영적인 영역에서 무슨 일인가가 일어났다. 네 번째 사람이 하늘의 아버지 곁에서 일어섰을 때 하늘에는 전율이 감돌았다. 세 청년을 들어 불에 던지려고 했을 때 성경은 그들을 묶어 던지려던 병사가 불에 너무도 가까이 있던 나머지 불에 타 죽었다고 기록하고 있다. 온전한 것들로 만들어지지 않았던 것이다.

세 청년이 불에 던져졌을 때 네 번째 사람은 아버지의 보좌에서 일어나 시간과 공간을 넘어 음속이나 광속의 속도로 날아와 바벨론의 화로 속으로 들어갔다. 왕은 사드락과 메삭과 아벳느고를 화로에 집어넣었을 때 그것이 그들을 예수님의 품에 던져 넣은 것임을 알지 못했다. 예수께서는 그들의 결박을 푸시고 화로 안의 불에게 명하셨다.

"너희는 이들의 머리나 옷, 몸을 조금도 상하게 하지 말지어다."

그렇게 화로의 맹렬한 불길을 결박하셨다.

왕이 말했다.

"네 번째 사람은 그 형상이 하나님의 아들과 같구나. 이러한 곳에서 저들을 건질 이는 하나님뿐이다."

그곳에는 증인들이 있었다. 이 세 청년에게는 분명한 증인이 있었다. 당신에게는 어떠한 증인들이 있는가. 우리는 믿음으로 사는 사람들이다.

누군가 물었다: "오랄, 믿음이란 무엇입니까?" 바로 이 질문이 내가 54년 전에 하나님께 드렸던 것이다.

"하나님, 하나님께서는 우리에게 믿음을 가지라고 하셨습니다. 그 믿음이란 무엇입니까?"

하나님께서는 다음과 같이 대답해 주셨다.

"믿음이란 네 마음에 있는 모든 의심들이 초자연적으로 사라지고 그 자리가 앎으로 채워져서 네가 알고, 알고, 알고, 또 알게 되는 것이다. 그 앎의 순간에 너는 의심하지 못하게 된다."

나는 다시 이렇게 물었다.

"하나님, 이 믿음을 어떻게 가질 수 있습니까?"

하나님께서 말씀하셨다.

"내가 모든 사람들에게 그들만의 믿음의 분량을 준 것을 로마서 12장 3절에 기록한 것을 기억하지 못하느냐? 믿음은 네가 가질 수 있는 것이 아니다. 이미 네 안에 있고, 이미 너에게 준 것이다."

당신이 당신의 믿음을 하나님께 올려 드리고 성령께서 초자연적으로 당신의 마음에서 의심을 비우시며 앎으로 채우실 때, 당신은 알고, 알고, 또 알게 된다. 그 순간부터 당신은 의심할 수 없게 된다.

세 번째, 승진이 뒤를 따른다. 성경은 느부갓네살 왕이 사드락과 메삭과 아벳느고를 높은 자리에 앉히고 이렇게 말했다고 기록하고 있다.

"만일 누구든 너희의 하나님을 대적하는 자는 나를 대적하는 것이다. 그 어떤 신도 이러한 곳에서 너희를 구원할 수 없기 때문이다."

만일 당신이 믿음으로 살고 타협하기를 거절하면 하나님께서는 당신을 승진시키실 것이다. 하나님께서는 그렇게 하셨고, 또 그렇게 하실 것이다. 지켜보기만 하라.

나는 하나님을 향해 날아가고 있다. 지금처럼 하나님과 가까이 있는 것처럼 느껴 본 적이 없을 정도다. 에벌린과 나는 63년이라는 세월을 함께해 왔다. 하나님께서는 지금까지 우리와 함께하셨다. 우리는 수도 없이 그러한 화로 속을 지나 왔다.

치유 사역과 좋으신 하나님에 대한 모든 계시들이 지금까지 일으킨 언쟁은 내가 견딜 수 있는 그 이상이었다. 하지만 나는 내 자리를 지켰다. 84세가 된 내가 당신에게 해 주고 싶은 말은, 하나님께서 내 아버지시라는 사실을 다시 한 번 붙들라는 것이다. 예수님께서는 나의 구주시다. 성령님은 나의 위로자이시다. 나는 복음을 전하는 사람들과 복음을 잃어버리고 고통당하는 사람들 모두에게 구원을 전하도록 부름을 받았다. 나는 그 일을 해 왔고, 지금도 하나님의 은혜로 행하고 있다!

나는 여전히 불가능을 행하고 있다. 그렇기 때문에 당신도 행할 수 있다! 네 번째 사람이 여전히 정말 있는 것처럼, 주님께서는 당신에게 기름 부으시고, 그것을 행할 수 있는 능력을 주실 것이다. 바로 그 네 번째 사람이 당신과 불타는 풀무에 함께하셔서 당신을 꺼내 주실 것이기 때문에, 당신은 반드시 승리할 것이다. 아멘, 아멘.